高校秘书学专业系列教材　总主编◎杨剑宇

|第二版|

中国秘书史

ZHONGGUOMISHUSHI

古代秘书工作起源时期——夏、商

古代秘书工作初创时期——两周

古代秘书工作确立时期——秦、汉

古代秘书工作大发展时期——三国两晋南北朝

古代秘书工作成熟时期——隋唐、两宋

古代秘书工作经验融合时期——辽、金、元

古代秘书工作强化时期——明朝

古代秘书工作的高峰及衰落时期——清朝

秘书工作转型时期——民国时期

历代秘书工作的经验和鉴戒

杨剑宇——主编

华东师范大学出版社
·上海·

图书在版编目（CIP）数据

中国秘书史 / 杨剑宇主编. —2版. —上海：华东师范大学出版社，2019
高校秘书学专业系列教材
ISBN 978-7-5675-9111-0

Ⅰ.①中… Ⅱ.①杨… Ⅲ.①秘书学—历史—中国—高等学校—教材 Ⅳ.①C931.46-092

中国版本图书馆CIP数据核字(2019)第068089号

中国秘书史（第二版）

主　　编　杨剑宇
项目编辑　张　婧
审读编辑　朱　茜
责任校对　孙祖安
装帧设计　俞　越

出版发行　华东师范大学出版社
社　　址　上海市中山北路3663号　邮编　200062
网　　址　www.ecnupress.com.cn
电　　话　021-60821666　行政传真　021-62572105
客服电话　021-62865537　门市(邮购)电话　021-62869887
地　　址　上海市中山北路3663号华东师范大学校内先锋路口
网　　店　http://hdsdcbs.tmall.com/

印刷者　上海昌鑫龙印务有限公司
开　　本　787毫米×1092毫米　1/16
印　　张　18.75
字　　数　363千字
版　　次　2019年7月第二版
印　　次　2025年1月第七次
书　　号　ISBN 978-7-5675-9111-0/K·535
定　　价　46.00元

出版人　王　焰

（如发现本版图书有印订质量问题，请寄回本社客服中心调换或电话021-62865537联系）

修订再版说明

本教材系由本人专著改编而成。20世纪80年代初,笔者从华东师范大学历史学专业毕业后,在一所全国著名的重点大学担任过秘书,专业的学养背景和职业岗位的经历,使我感兴趣于秘书和历史的交叉领域,产生了从事中国秘书史研究的志向。于是,我从汗牛充栋的典籍中搜求寥若晨星的史料。好在,此前我已撰写成76万字的《中国历代帝王录》,翻遍了二十四史中的纪、传,对典籍不生疏。经数年排除困难,艰辛爬梳,积累编排,考订甄别,探索构思,终于撰写成专著《中国秘书史》,于1988年7月问世,并获得学术界好评,先后获得国家级奖等多种奖项。笔者并据此首先开设出完整的中国秘书史课程。

2012年10月,秘书学专业正式被教育部列入本科专业目录。至今,已有130多所高校被教育部批准设置了秘书学专业,20多所高校设置了秘书学本科方向,还有众多成人高校开设此本科专业,有10多所高校设置了秘书学研究生专业或方向,有两所高校设置了秘书学博士点或方向,它们都开设中国秘书史课程,需要此课程的教材或参考教材;档案学、行政管理学等相关专业,300多所高职高专院校的秘书专业也需要用其作为教材和参考书。为此,应广大同仁要求,2013年7月,华东师范大学出版社出版了我的《中国秘书史》,遂被全国高校广泛使用。已重印多次。

应出版社要求,笔者现对此教材进行修订。修订理由如下:

一是此教材系由本人专著改编而来,离2013年的出版已过去6年了,需要补入新史料和本人这些年在此领域新的研究心得。

二是笔者近年应邀去了80多所高校讲学和交流,并通过有300多人的微信群等沟通方式,持续关注着此教材使用效果,广泛征求了任课教师和学生们的意见,其中不少建议值得接受,以使教材更好地服务于本课程教学。

三是教材市场上出现了多种剽窃、抄袭、摘抄、改写我专著的图书,这些图书抄袭时抄错之处不绝,使我忙于答复学界同行们的咨询,不胜其烦。修订再版,既维护了本人专著的学术严肃性,也多少是对剽窃行径的抑制。请同行们购书时认清本人的版本,以免误购剽窃品。

本修订本与前几版《中国秘书史》教材相比,具有如下特色:

1. 适合于本课程教学

自20世纪80年代起,我先后撰写、出版了几版被用作教材的《中国秘书史》,如:

    杨剑宇:《中国秘书史》,同济大学出版社,1988年7月。

    杨剑宇:《中国秘书史》,武汉大学出版社,2000年8月。

    杨剑宇:《中国秘书史》,上海人民出版社,2007年12月。

1988年7月的同济大学版,是研究我国秘书史的开创性专著,问世后先后获得所在大学著作评选一等奖、上海市高教系统优秀著作奖、全国学会著作评比一等奖;被众多高校用作教材后,又经系、院、校、上海市教委、国家教委层层逐级评选,1992年获得国家级奖。并被《文汇报》《解放日报》等媒体介绍,被国外翻译。凡最早开设中国秘书史课程的院校都用此版。

2000年8月的武汉大学版,对同济大学版作了修订,被全国高等教育自学考试教学指导委员会指定为全国统考教材,使用广泛,凡秘书学本科专业自学考试、普通高校的秘书学本科方向,包括相关的硕士、博士方向也用作教材或必读参考书。

2007年12月的上海人民出版社版,当时,上海人民出版社组织实施选编"专题史丛书"工程,将近百年来学术价值高、影响大的专题史选编成丛书,拙作被入选。笔者遂在原著和数十篇论文的基础上,作进一步研究,推敲斟酌,删改增补,重写成此部专门史。此版作为学术专著,自然侧重于学术性,所以,它更多是被相关的硕士、博士方向用作教材或必读参考书。

本修订本则是专为本科层次而写的教材,而且广泛征求了第一线的任课教师和学生们的动态建议,切合教学实际,方便了教师教和学生学,是适合于本课程教学的教材。

2. 厚古薄今

本修订本主要论述古代秘书工作,涉及现代秘书工作,其时间下限定于中华人民共和国成立前,有厚古薄今的特色。这是因为:

第一,在调查了解和征求意见中得知,各校在此课程的实际教学中,对于以往教材中现代秘书史部分省略不讲,或只布置学生自学,即给出思考题,让他们去做,考试时也不考或略有一二题题目;

第二,当代秘书工作在本系列教材之《秘书学导论》中已有涉及,不宜重复;

第三,中国共产党的秘书工作也有专门著述,如有需要讲述的,可再添章节或开设讲座。

第四,参照白寿彝先生《中国通史》的体例,本《中国秘书史》教材的时间下限也定于中华人民共和国成立前。

3. 删繁就简

秘书学专业是应用型文科专业,中国秘书史的课时不宜太多,以54课时为宜。据此,本修订本删繁就简,压缩篇幅,"瘦身减肥"。如各章的秘书机构一节,重点介绍中央秘书机构,其余机构略写或不写;文体只列主要的,减省次要的。同时,降低难度以适应学生现状。

4. 增加章前、章内、章后栏目

中国秘书史课程的内容,涉及上下几千年,知识点成百上千,师生反映是本专业核心课程中最难教、最难学的课程。本修订本接受广大师生的建议,紧扣大纲,以教材为本,在每章内容前后,设立章前、章内、章后栏目:

章前栏目——指每章开头的本章概述、学习目标和要求、重点难点等栏目,对本章内容进行提纲挈领式的介绍。确定本章教学目标和要求,根据教材的特点,梳理清教材内容的关系,能够帮助学生理解其内在结构、内在联系;指明教材中的重点和难点,并在各节内容和练习及答案中反复提及,有利于教师在教、学生在学的过程中抓住重点,攻破难点。

章内栏目——指在每一章节的正文中穿插的知识链接栏目。这一栏目的主要内容包括:介绍历代担任过秘书、有知名度的人物和典故,供教师选择使用,以丰富讲授内容,增加知识性、趣味性,使学生产生兴趣,乐于接受,并突出借鉴作用,以起到以史为鉴、古为今用的作用;知识点举例,即列举重点、难点以外的知识点,提醒教师在教学中注意面的广度,要求学生完整地学习教材内容,不只是学些重点、难点,避免纯粹应付考试的片面学习倾向。

章后栏目——指每章结束后的练习题、思考题,以及答案、扩展阅读等栏目。练习题和思考题可以检验学生的学习效果;扩展阅读可以为学生提供有助本章学习的相关的文章、书目或参考资料,让学生对所学知识有更深入的了解,以加深对所学内容的理解,并引起学生的进一步思考。

全书最后有数套模拟试题,供学生复习练习。

通过这些栏目,梳理全书脉络,突出重点难点并顾及全面,方便学习及复习,加深理解重点、难点及全面知识点,减少教和学的难度。

党的二十大报告中指出:"培养造就大批德才兼备的高素质人才,是国家和民族长远发展大计。"为贯彻党的二十大精神,我们将秘书史的讲解和学生素质的培养结合起来,加深学生对秘书工作重要性的理解,增强责任感,培养学生崇高的人格和优良的职业素养,使其成为高素质的秘书学人才。

尽管《中国秘书史》教材30余年间几经修改,力图精益求精,但学无止境,本修订本不足之处仍在所难免,希望学界同仁在使用中提出意见和指正。

杨剑宇
2024年1月于上海

总　序

秘书学专业已于 2012 年被正式列入教育部本科专业目录。我们努力了 30 余年，终于使学科正式跻身于高等教育本科专业之林，这是学科发展史上里程碑式的跨越，是学科正规化大发展的起步。秘书学科的春天真正来临了！

教材建设成为专业建设的首要任务。近年来，全国多家出版社纷纷组织编写秘书学专业系列教材，呈现出百家争鸣、百花齐放的势头，这是专业兴盛的表现，同时，通过竞争，教材也能越编越好。

回顾 30 余年来，秘书专业的教材大致经历了两代。

第一代教材产生于 20 世纪 80 年代前期，名称有《秘书学概论》、《秘书工作》、《秘书学和秘书工作》、《秘书学》等。各书的内容一般分三部分：首先是对秘书工作粗浅简单的经验总结；然后，大部分篇幅是文书工作程序介绍和法定行政公文的介绍及写法；最后，再加些秘书工作、档案工作等法规的附录。对这一代教材，宽容者称之为集专业教材、学术著作、工作手册三位于一体的连体。批评者斥其难以用作教材，不成工作手册，更远非学术著作，属生硬拼凑、不伦不类的"三不像"和"大杂烩"。客观而论，与文史哲等成熟的学科相比，这一代教材确实粗糙、幼稚，难登大学殿堂。然而，任何学科总是从低级到高级，从幼稚到逐步成熟的，因此，其开拓、铺路之功不可抹杀。

第二代教材产生于 21 世纪初，以全国统编秘书专业自考教材为代表。其主要标志是将秘书学专业的内容分解为"论"、"史"、"应用"三部分，出现了《秘书学概论》、《中国秘书史》、《秘书实务》、《文书学》、《档案学》、《秘书写作》、《公共关系学》等课程教材。这些课程教材既有相对独立的内容和理论框架，又彼此联系，初步形成了学科体系。但是，这一代教材一定程度上存在着基本概念含混、学科界限不清、研究对象欠明、体系不够完整的不足之处。

近年来组织编写的一系列教材，总结了 30 余年来的经验，是为第三代教材。本系列教材就是试图弥补第二代教材的缺陷，希望成为第三代教材中的集大成者。为此，我们要求各册达到基本概念明确、研究对象明确、课程界限明确、体系基本完整的要求。

本系列教材具有专、全、新的特点：

专——秘书学已成为独立的本科专业，其系列教材应当具有明显的专业性，即：

第一，每册教材都有各自专门的基本概念、研究对象、课程界限、基本体系。不再是既夹有"史"、"论"，又杂有文书写作、实务等于一体的"三不像"和"大杂烩"，也不能是相互混淆、重叠的复制品。

第二，本系列教材全部由长期从事该课程教学、研究的具有高级职称的专业教师对口主编,凝聚了他们十多年或者几十年的教学经验和研究成果。例如,我们邀请四川大学知名文书学专家杨戎教授、知名档案学专家黄存勋教授主编《文书处理和档案管理》,邀请从事秘书专业管理学课程教学多年的常州工学院钱明霞教授主编《管理学原理》,等等,以此保证本系列教材的专业性和高质量。

全——我们同时着手编撰秘书学专业系列教材和涉外秘书专业系列教材,这两个系列的教材,共近 20 种,可相互交叉使用。这是至今最全的秘书学本科专业系列教材。

秘书学专业的主干课程,经学界在哈尔滨、杭州、厦门等召开的几次全国研讨会上反复讨论,认为应以七门课程为核心课程,在此基础上编写教材,即《秘书学导论》、《中国秘书史》、《秘书实务》、《秘书应用写作》、《秘书公关原理与实务》、《文书处理与档案管理》和《管理学原理》。本系列教材除此七册外,还包括了专业主要课程教材《秘书心理学》、《秘书礼仪》、《秘书信息工作》等。

鉴于涉外秘书专业与秘书学专业有明显区别,我们策划、组织一批长期从事涉外秘书课程教学的专家编写了涉外秘书专业系列教材,共七册,包括《涉外秘书导论》、《涉外秘书实务》、《涉外秘书英语综合》、《涉外秘书英语阅读》、《涉外秘书英语写作》、《涉外秘书英语听说》和《涉外商务单证》。

新——各册尽可能增加新内容、新观点,选用新案例、新数据、新材料。同时,文风和版面适应新时代大学生的需求,力求新鲜活泼,一改秘书专业教材严肃、刻板的面貌。

参与这两套系列教材编写的专业教师,多达几十人,来自各高等院校,北始哈尔滨、南到湛江、东起上海、西迄广西,遍布全国,是一次学界的大兵团作战。我们希望将教材编写得尽可能好些,能成为受大家欢迎的教材,我们也为此付出了不少努力。但是,由于秘书学专业是发展中的新专业,尚在摸索探讨中行进,也由于我们能力有限,所以,书中不足之处难免,还望学界同仁批评指正,不吝赐教。

总主编:杨剑宇

中国秘书工作历史发展脉络图

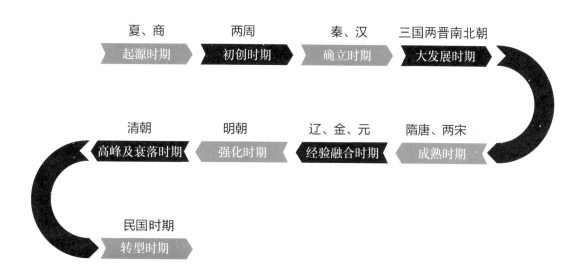

目 录

绪 论 ………………………………………………………………… 1
 第一节 中国秘书史课程的概况 ………………………………… 3
 第二节 本课程教和学的方法 …………………………………… 6
 第三节 本课程教学前的预备知识 ……………………………… 8

第一章 古代秘书工作起源时期——夏、商 …………………… 15
 第一节 孕育于部落联盟昌盛时期 ……………………………… 17
 第二节 萌发于夏朝 ……………………………………………… 21
 第三节 形成于殷商 ……………………………………………… 23

第二章 古代秘书工作初创时期——两周 ……………………… 31
 第一节 秘书机构 ………………………………………………… 33
 第二节 秘书官吏 ………………………………………………… 36
 第三节 文书档案工作 …………………………………………… 43
 第四节 西周的社会调查制度 …………………………………… 51

第三章 古代秘书工作确立时期——秦、汉 …………………… 59
 第一节 秘书机构的确立和演进 ………………………………… 61
 第二节 秘书官吏 ………………………………………………… 68
 第三节 文书档案工作 …………………………………………… 70

第四章 古代秘书工作大发展时期——三国两晋南北朝 ……… 85
 第一节 秘书机构和官职 ………………………………………… 87
 第二节 秘书和主官的关系 ……………………………………… 91
 第三节 文书档案工作 …………………………………………… 95

第五章 古代秘书工作成熟时期——隋唐、两宋 …………… 107
 第一节 朝廷秘书机构 …………………………………………… 109
 第二节 皇宫秘书机构 …………………………………………… 118

| | 第三节 秘书官吏 | 123 |
| | 第四节 文书档案工作 | 133 |

第六章 古代秘书工作经验融合时期——辽、金、元 149
  第一节 辽、金的秘书工作 151
  第二节 元朝的秘书机构和官职 155
  第三节 元朝的文书档案工作 161

第七章 古代秘书工作强化时期——明朝 169
  第一节 秘书机构和秘书官吏 171
  第二节 秘书人员的来源和地位 176
  第三节 文书档案工作 177

第八章 古代秘书工作的高峰及衰落时期——清朝 189
  第一节 中央秘书机构 191
  第二节 秘书人员 200
  第三节 文书档案工作 204

第九章 秘书工作转型时期——民国时期 215
  第一节 南京临时政府的秘书工作 217
  第二节 北洋政府的秘书工作 222
  第三节 国民党政府的秘书工作 229

第十章 历代秘书工作的经验和鉴戒 241
  第一节 秘书机构设置的经验教训 243
  第二节 秘书官吏的选拔和管理 249
  第三节 历代秘书人员的优良传统 253
  第四节 主要秘书业务的经验教训 258

模拟试题·第一套 270
模拟试题·第二套 276
模拟试题·第三套 281

绪 论

绪 论

《中国秘书史》是高校秘书学本科专业的核心课程教材,也被档案学、行政管理学等相关专业和高职高专文秘专业用作教材或参考书。

为了让教师能了解、使用本教材去教学,也为了帮助学生学好此课程,兹对相关问题作些论述。

第一节 中国秘书史课程的概况

一、本课程的地位、性质及特点

(一)本课程的地位

任何一门完整的应用型文科,必须包括史、论、应用三个有机组成部分。我国高等教育的本科专业,包括应用型文科的本科专业,其层次要求明显高于高职高专层次,不是单纯地传授操作技能,而要求增加基础理论课程,专门史和概论就是主要的基础理论课程。为此,本科专业,包括应用型文科的本科专业都设置有专门史课程,如法学有中国法制史,档案学有中国档案工作史,图书馆学有中国图书工作史等,秘书学亦然,应该有自己的专门史——中国秘书史。它是秘书学专业不可缺少的重要组成部分。有了它,秘书学专业的体系才能充实、丰富,臻于完善。所以,它被列为秘书学专业核心课程之一,在秘书学专业课程体系中地位重要。

(二)本课程的性质

中国秘书史是秘书学专业的基础理论课程之一,它能使学生了解我国历代秘书工作的现象,理解其发展脉络、规律及经验教训,以取其精华,古为今用,为做好现实秘书工作服务。它和秘书学概论构成了本专业的基础理论课程。这是它的课程性质。

(三)本课程的特点

1. 一门专门史

中国秘书史是研究我国历代秘书工作现象和规律的专史,是历史学和秘书学相互交叉、渗透的一门学问。

中国秘书史又是历史学的一个分支。秘书学是研究秘书工作的特性、规律及一般原则的学科,它需要研究、总结我国历代秘书工作的遗产,批判地继承、借鉴,并掌握我国秘书工作的一般规律,进而探索其未来。历史学是研究和阐述人类社会发展的具体过程及其规律的科学。它不但研究人类社会总的发展趋势,还能和各种学科相结合,揭示各种具体社会活动的历史过程,形成专门史。中国史学历经数千年的研究、积淀,博大精深、成果丰硕,利用其成果来研究历代秘书工作,就形成了秘书史,它形式上采用历史学的分类叙述法,内容上则以历代秘书工作为研究对象,是传统学科和新学科相结合的一门新学问。

2. 知识性、理论性强

本课程的内容以基本知识和理论论述为主。它涉及历代秘书人员、秘书机构、秘书工作制度等大量的知识和理论论述。所以,它在本专业全部课程中,明显具有知识性、理论性强的特点。

二、本课程的教学目的

(一) 取其精华、古为今用,促进现实的秘书工作

当前,秘书工作的作用越来越重要,各级领导机构对秘书工作提出了更高的要求。我们不但要总结当今秘书工作的经验,还需要从我国历史上秘书工作的丰富经验中汲取养料。如新时期要求秘书工作从偏重办文办事转变为既办文办事,又出谋划策,起咨询、参谋作用。我国历史上的秘书人员就兼有这些作用。远在秦汉,就设置了谏议大夫等官职,专掌直谏帝王缺失,唐代的谏议大夫、拾遗、补阙、给事中等官职,经常劝谏帝王、辅助决策,对唐前期的兴盛作出了重要贡献。秘书人员兼有参谋作用是历代的传统,我们应当继承和发扬这一优良传统。又如,要更新秘书队伍、提高其素质。历代培养、选用秘书都很严格,建立有完整的制度,历代秘书都十分重视自身的修养,具有广博的知识、很强的业务能力和多方面的才干,这些都是可供我们借鉴的。同时,历代秘书工作中也有许多教训,如有些王朝秘书机构庞杂、冗员众多、人浮于事、公文泛滥、办事拖拉等,这些官僚主义和文牍主义当今还有所表现,我们要引以为戒,研究历史上治理这些弊病的方法,借鉴其中成功的经验。

总之,我们有必要从浩如烟海、汗牛充栋的史籍中发掘历代秘书工作的史料,进行甄别、整理,取其精华,剔除糟粕,古为今用,开扩视野,启迪思路,这样才能有助于革新和发展现实的秘书工作。

(二) 加深对秘书工作重要性的理解

秘书工作是行政管理中的纽带,它的职能发挥程度直接影响着行政管理的效率,与社会关系甚大。从宏观上论,秘书工作的职能得到充分发挥,则能使政令畅通,国家机器顺利运转,并能使发布的政令符合实情,造成社会安定、政治清明、繁荣发达的局面,如唐太宗能充分发挥秘书机构和官员"沟通上下"的纽带作用、敢谏常谏的参谋作用,成为出现"贞观之治"的一大动力。反之,则会导致国家机构运转不灵,如南朝齐萧宝卷在位时,秘书机构职责不明,荒怠职守,全国各地上呈的奏章,经常被皇宫官吏任意取去包裹鱼肉,一时朝政混乱,政令不通,民怨沸腾,社会动荡。

从微观上论,秘书个人的素质有时能起十分重要的作用。唐太宗时任谏议大夫的魏徵,以敢于犯颜直谏著称于世,他先后向太宗陈谏两百余事,畅述政见,谏阻太宗过失,裨补太宗

思虑不周之处,大多为太宗接受、采纳,使太宗颁下的政令很少有失误,有力地发挥了参谋作用。如太宗继位的当年,下令征调数十州兵马,筹措巨量粮饷,攻伐岭南各族,魏徵以当时天下初定,民生尚未恢复,不宜大规模地用兵劝谏。太宗起初不听,经魏徵极力谏诤,终于接受,下令罢兵,防止了国初大规模用兵、耗损国力、民力的失误,也使唐与岭南各族长期保持着和好关系。又如唐代节度使郑儋府中掌书记的秘书官令狐楚,学识、才具、胆量、德行俱佳。他文才极好,凡他写的奏章,德宗都能从文辞间辨认出来,颇为赏识。他的应变能力也很强。当郑儋暴卒后,因未能及时处理后事,部下骄兵悍将聚众骚乱,喧哗不止。半夜,持刀胁迫令狐楚至辕门,要他立即拟出满意的遗表。眼见兵变一触即发,他临危不惧,于白刃相逼中挥笔疾书,顷刻拟就,并声情并茂地宣读于三军,闻者无不为遗表之内容感动、抽泣,甚感满意。一场暴乱就此被他平息。表现出他精熟的拟文技能和高超的口才以及极强的应变能力。

因此,通过中国秘书史课程的学习,我们能加深对秘书工作重要性的理解,增强责任感,努力提高自己的素质,更好地承担起秘书工作。

(三) 继承优良传统

在我国秘书工作4 000多年的历史长河中,历代秘书人员形成了诸多优良传统,如秉笔直书,忠于职守,严守制度,拟写公文落笔神速,处变不惊,临危不惧,具有民族气节,擅长书法艺术等(见本书第十章第三节)。这些都是今天的秘书人员应当继承发扬的优良传统。

(四) 完整秘书学专业知识体系

秘书学作为一门学科,必须包括史、论、应用三个有机组成部分。学生学了概论课程、实务课程,再学了中国秘书史课程,他们的秘书专业知识体系就从框架上完整了。

(五) 为建立中国秘书学提供依据

中国秘书史通过研究历代秘书工作现象,梳理出历代秘书工作发展的脉络。其宏观趋势为:我国秘书工作发轫于部落联盟昌盛时期,国家秘书工作起始于夏,草创于商周,确立于秦汉,发展于三国两晋南北朝,成熟于唐宋,完备于明清。各项具体业务、制度无不经历了从简单到复杂、从低级到高级、从初创到完善的过程。这中间就包含着规律。因此,学习中国秘书史,有助于寻溯、把握我国秘书工作规律,为建立具有中国特色的秘书学提供历史依据。

三、本课程的主要内容

本课程内容的基本框架由三大部分组成,即:

历代秘书机构——即历代各级各类秘书机构的设置、职能、地位、作用和演进过程,由于历代中央政府作为国家政务中枢,其秘书机构相对地方政府而言较为健全,故在各级各类秘书机构中,重点研究中央秘书机构(包括朝廷秘书机构和皇宫秘书机构),其次再旁及中央政府各部门内和各级地方政府、军队内的秘书机构。

历代秘书人员——包括他们的来源、培训、选拔任用、考核监督、素质和优良传统。

历代秘书工作制度——包括文书档案工作制度、公文文体、信访制度、保密制度、社会调查制度等。

中国秘书史的任务是在搜寻到翔实史料,予以爬梳的基础上,运用正确的观点和研究方法,重现出历史上秘书工作的现象、规律,总结出历史经验和教训,以取其精华,古为今用,为做好现实秘书工作服务。

第二节 本课程教和学的方法

我从20世纪80年代中期开设中国秘书史课程后,在20世纪90年代初,曾应兰州大学《秘书之友》杂志之约,撰写过讲授该课程的一些简单的教学经验体会。2011年,应邀在教育部全国高校教师培训中心讲授此课程时,介绍过授课经验。因此,对此课程的教学经验作些整理归纳,以供同行们参考,是有助于推进该课程建设的。

一、教学设计

(一) 课程安排

从全国各校开设中国秘书史课程的情况来看,所设课时不一,有如下三种模式(我采用54课时):

36课时,2学分,每周两节课,上18周。

54课时,3学分,每周三节课,上18周。

72课时,4学分,每周四节课,上18周。

安排于三四年级,多见安排于第六七学期。

(二) 所用教材

我任教此课程时,先后所用教材为:

杨剑宇:《中国秘书史》,同济大学出版社,1988年7月。

杨剑宇:《中国秘书史》,武汉大学出版社,2000年8月。

杨剑宇:《中国秘书史》,上海人民出版社,2007年12月。

杨剑宇:《中国秘书史》,华东师范大学出版社,2013年7月。

二、教学经验交流

(一) 反复强调每一章的"本章概述"

史学类课程知识点多,教学中学生感觉吃力。教材每一章的"本章概述"画龙点睛,清晰说明了本章所要求掌握的知识点。所以,教师讲课时要反复强调,以有助于学生理解该章主要内容。

（二）详略得当，突出重点和难点

教学中，学生对涉及"人"的部分，如官吏的产生和选拔、作用的发挥，都掌握得很好，也愿意学习。但对其他部分，如机构的设置、演变，掌握得较为薄弱。所以，每章的第一节应该言简意赅，让学生们了解；

第二节，应加大比重，增加人物例举，典籍、典故引用，让学生了解这些内容的历史发展，有助于加深其对这个职业及专业的理解；

第三节，文书档案工作部分，只介绍主要文体，那些和现代公文能够联系起来的，如奏、议、章、表、疏等，重点介绍，可增加一些重要篇目的阅读或提示要点。

（三）正确处理一般和重点的关系

本课程内容有一般和重点之分，但是，学习要求和考试内容则是全面的，而且，重点与一般是紧密联系的，重点是建立在一般的基础上的。所以，应要求学生在全面、系统地学习一般内容的基础上，再着重理解重点内容。切忌不顾一般，只顾孤立地抓重点，这容易使学生产生猜题、押题的应试学习心理，降低学习效果。

（四）提倡预习

1. 全面阅读教材

第一步，先认真阅读，理解该章的学习目的和要求；

第二步，粗读全章，循序渐进地阅读，了解该章的基本内容，明确其重点、难点；

第三步，精读全章。即在粗读的基础上，再次细致、深入地阅读全书，理解该章内容。对粗读中发现的重点、难点，要反复阅读，逐一攻破，理解掌握。课程中的章节内容安排是有一定的体系的。精读时，不但要仔细阅读各节，还应当将其与其他章节的内容联系起来学习和思考，才能全面、系统地理解、掌握本课程的基本理论、基本知识和基本方法，也有利于加深对重点、难点的理解。

2. 认真完成习题

精读了全书后只是理解了教材内容，还须认真完成各章的习题，巩固学习内容。

（五）运用多种教学方法（如课堂讨论、提问、习作、参观等）

提问是为了引导学生思考，师生互动，活跃课堂气氛。

课堂讨论是为了深化讲授内容，既使学生掌握知识点，又有助于培养他们分析、解决问题的能力，也能了解教师教学中的长处和短处。

习作是为了培养训练学生从事理论研究的基本能力。

参观是为了给学生以感性认识，讲到文书时参观博物馆，讲到档案时参观档案馆。

三、基本学习方法

要学好中国秘书史需要打好两个基础、掌握两种方法。

两个基础是指掌握秘书学、历史学的基本知识。

中国秘书史的研究对象、范围是依据秘书学的含义划定的,而历代秘书工作的表现方式又是复杂多变,扑朔迷离的。如前所述,历代冠以"秘书"两字的机构和官员不一定具有秘书性质,而无此两字者却承担着秘书业务;有的承担着部分,兼管其他事务,如秦汉的御史大夫,既收受奏章,协助丞相领导中央政府的秘书机构,又负有监察百官、保藏图籍等职责;有的专司某一项秘书业务,如东汉的尚书郎只管起草文书;有的终身从事秘书工作,如先秦的史官;有的仅一度参加秘书工作;有的秘书机构演变为非秘书机构。凡此种种,如果没有掌握秘书的概念、原理,就难以分辨清楚。所以,必须认真学好秘书学,透彻理解其内容,才能学好中国秘书史。

中国秘书史是依照时代顺序分章叙述的,它需要厘清各王朝、各时期的沿革,作为一门专史,它的研究内容是受历代政治制度、社会状况、思想文化等制约的,如秦朝建立起中央集权的封建制度,导致秘书工作制度初步确立;魏晋南北朝的九品中正制和隋唐至清的科举制,分别决定了它们的秘书人员的来源;清代中央集权发展至顶峰,导致完备的秘书机构"军机处"的产生。所以,只有具备基本的历史知识,了解历史上重大的政治制度、社会状况、思想文化等,才能顺利地学习中国秘书史。

两种方法是指历史研究的方法和逻辑推理的方法。

历史研究的方法,即从纷繁的古代文献中搜集有关史料,加以考证、鉴别、整理,再现历代秘书工作的现象,然后加以研究,总结出经验并寻溯其规律。研究的常用方法是比较,如将某一时期与前一时期的秘书工作比较,看其有何改进、发展,为何作这些改进、发展,其成功之处与失误之处何在;或将某一时期与现代的秘书工作比较,看哪些经验已被吸收,哪些是应引以为戒的。

逻辑推理的方法,即从一个或几个已知条件推导出一个结论的方法。在浩瀚的史籍中,有关秘书工作的记载稀少而零星,难以直接反映出秘书工作的面貌,需要将这些史料甄别后,推断出结论。如从多种地方志中发现,明清的府、州、县官衙中均设有稿案一职,管理公文的收发,据此,运用归纳推理,可知明清在地方官衙中普遍设立此职,是一种定制。由于搜集到的史料价值不同,故还需要寻找出典型史料,重点解剖,从中找出共性,揭示其中规律性的东西。

由于中国秘书史课程与不少学科有密切联系,所以,还应该学好文书学、档案学、管理学、古汉语等课程,掌握多方面的知识,以提高对中国秘书史课程的理解,进而思索、提出和解决其中的一些问题。

第三节　本课程教学前的预备知识

哪些是古代秘书工作、秘书机构、秘书官吏,这是学习中国秘书史的逻辑起点。只有先了解这些基本概念、预备知识,才能顺利学习、理解本课程内容。

一、"秘书"一词的古今区别

1. 现代"秘书"一词的来源和涵义

"秘书"一词源于拉丁文"secretarius",意思是"可靠的职员"。

英语中"秘书"一词"secretary"是由拉丁文演化而成,"secret"是"秘密"、"知己"之意。欧洲中世纪,罗马教皇和贵族已经聘用 Private Secretary(私人秘书),为自己处理保密等事务。近代,秘书作为一种职位,最早产生于英国克伦威尔资产阶级革命中,克伦威尔聘请汉密尔顿为秘书,帮助自己起草公文、处理文书、打理日常事务。[①] 法国资产阶级大革命中著名的民主革命家、激进派领袖罗伯斯庇尔也首先聘用了秘书。从此,政府招聘,企业雇用,秘书在欧洲迅速风行起来。

现代西方认为"secretary"一词包含三种含义:

第一,指一种职位或职业(job);

第二,指具有这种职位、从事此一职业的职员(officer)或人员(person);

第三,指一种高级官员(officer),这一含义也可翻译成书记、大臣,如欧洲中世纪各君主国朝廷中掌管国王印信的掌玺大臣,管理机密文件和宫廷事务的宫廷大臣、内务大臣。现代西方国家一些政府中的部长,亦称"secretary",如国务秘书。

现代西方国家中,秘书主要指"secretary"中第一、第二种含义,即指一种职位或职业,指具有此职位、从事此职业的职员、人员,包括秘书、书记、干事、负责日常事务的人。所以,在美国的职业分类中,将秘书划入"一般管理、文书、事务"这一职业大类。

我国现代"秘书"一词的概念是从国外引入的。据笔者查考,1905 年,孙中山在日本组织同盟会,就先后任命马君武、胡汉民等多人为同盟会总部秘书(亦称书记),可视作首先从海外引进了此一职名。光绪三十二年(公元 1906 年),端方等大臣奉命考察西洋列国回来后,在上奏中曾提出设立秘书一职,这是国内官方首次引进秘书职名。次年,清安徽巡抚冯煦上奏,请求在官衙中设置主官的辅助人员,以佐理文牍等事务。经皇帝批准后,在巡抚衙门中设立了秘书、助理秘书等职。接着,各省纷纷仿效,总督、巡抚下均设置秘书一职,掌管机密折电、函牍,处理公文等事宜。这是国内官方首次设置秘书职位和使用秘书职名,它成为我国现代秘书职名的直接渊源。自此,"秘书"一词沿用至今。有学者认为,日本明治维新时期,将 Secretary 翻译为汉字"秘书",并在政府中设立"秘书官",这对清末引进秘书职名和官职有直接影响。[②] 此说有可信之处。

自 20 世纪 80 年代初起,我国当代秘书学研究起步,秘书的定义至今尚有争议,但是,一般认为,秘书是"职务名称之一。协助领导综合情况、研究政策、密切各方面工作联系,办理

[①] C. E. Eckersley, *Essential English*(4), Longman Group Limited London, 1974, p.117.
[②] 钱志伟《中国近代"秘书"职名的由来(二)——日本明治维新对中国近代"秘书"职名的影响》,载上海大学《秘书》2017年6月号,第25—28页。

文书档案、人民来信以及其他日常行政事务和交办事项。"①

2. 古籍中的"秘书"并非秘书

我国几千年间的古籍中"秘书"一词触目皆是,但是,其含义却与现代大相径庭,经梳理,它有如下四种不同的含义:

第一,指宫禁中的秘藏之书。如"得汲郡冢中古文竹书,诏勖撰次之,以为中经,列在秘书。"②"诏向领校中五经秘书。"③"与国师公从事出入,校定秘书。"④

第二,指谶纬图录等类书。《说文》:"秘书说曰:日月为易。"段玉裁注:"秘书,谓纬书。""时睹秘书纬术之奥。"⑤

第三,指官职名称。始于东汉,桓帝时创设秘书监一职,掌管宫中图书经籍。使"秘书"一词开始由指物转为指人。此后屡见不鲜,如曹操创立了秘书令这一官职,下配备秘书左丞、秘书右丞,掌管尚书奏事;晋设立的秘书监,秘书丞、秘书郎,从事典籍修撰,或执掌文书图籍,唐朝有秘书令,掌管经、史、子、集。

第四,指官署名称。如晋设秘书寺,南朝梁时改称秘书省,领有国史、著作两局,主管国史的编修和著作事务,相当于现代的国家出版局。此后,历代沿置,曾改称"兰台"、"麟台",明代以后并入翰林院。又如清入关前后,于内三院中设秘书院,掌撰拟与外藩往来书札及敕谕、祭文等,并录各衙门奏疏及词状。

这四种解释中,除了曹魏时期的秘书令一职和清代的秘书院承担着一些秘书工作之外,其余均基本与秘书工作无关。而历代从事秘书工作的机构和官员却并无冠以"秘书"两字。如我国最早从事秘书工作的人员称史官,我国最早的朝廷秘书机构是产生于商末周初的太史寮。这种秘书机构、官员名实相离的现象一直延续到清朝末年。

因此,研究古代秘书工作,不能从古籍中冠有"秘书"两字的物和人上着手,应避开此两字设下的误区,避免望文生义、牵强附会之说。

二、界定古代秘书工作

既然研究秘书史不能从古代冠有"秘书"两字的物和人上着手,就得首先从界定古代秘书工作范围着手。古代秘书工作和现代秘书工作有其共性,所以,我们应当参照今天的秘书工作的概念和范围来划定古代秘书工作的大致范围。

据上述《辞海》中秘书的定义,我们宜将历代秘书工作的范围划定为:

第一,记录帝王、长官言行、政事,拟制、处理文书,保管档案。文书工作是秘书工作中最

---

① 《辞海》,上海商务印书馆1999年版,第1873页。
② 《晋书·荀勖传》。
③ 《汉书·刘向传》。
④ 《后汉书·苏竟传》。
⑤ 《后汉书·郑玄传》。

早出现,也是最主要的业务,古代的文书工作与档案工作基本混为一体,常由同一机构、官吏担任。因此,文书档案工作是古代秘书工作范围内的重要组成部分。

第二,了解下情、传达命令,起上通下达作用。调查研究,搜集信息,汇报情况,沟通上下是古今秘书共有的职责。如西周秋官属下的行人,负责巡游各地,常站在交通要道,摇着一种类以铜铃的铜口木舌的乐器,向路人征求反映民情民意的歌谣,向周王汇报,并随时接受天子的咨询,提供民情。又如不少朝代的谒者一职,负责向皇帝通报和传宣皇帝的旨意,这些均属秘书官吏。

第三,接待吏民上访,向皇帝或长官汇报,并向上访者传达处理结果。这一职责类似于今天秘书工作中的信访业务。如西周朝廷设有专职信访机构,在朝外置肺石,凡有冤屈者在此石旁站立三天由仕来听取陈述,然后奏告周王,作出处理。自秦至隋,则由宫廷中的公车司马令承担此工作,唐发展为设立匦使院,宋又发展为设立鼓院和检院,专掌受理吏民投书。

第四,处理官衙内日常事务及交办事项。前者包括的内容较多,如接待宾客、安排接见事宜,筹办会议、典礼、保管印信符节等,秦朝起不少朝代地方官衙中的主簿一职,就是协助主官处理日常事务的秘书官吏;处理交办事项者如秦朝的御史,常受命赴各地了解情况,传宣政令。

现代秘书工作还具有参谋、咨询作用。古代秘书工作中除高级秘书官,如唐宋的翰林学士、秦汉三公府中的长史等有权顾问应对,起些参谋、咨询作用以外,人数众多、地位低微的历代一般秘书小吏,只是从事日常具体秘书业务,而无权参与政务。同时,历代都设有许多无实职实权,专事咨询应对、规谏讽谕的散官,如秦汉的博士、谏议大夫、散骑常侍,唐朝的拾遗、补阙等。所以,如将一切参谋、咨询职能都列入古代秘书工作范围,既有生搬硬套之嫌,又易将大批散官划入古代秘书之列,实属牵强。故为学科研究的严谨起见,以不将其列入范围为宜。

三、界定古代秘书官署

近年来,在一些书籍和秘书史话类文章中,时有将古代秘书官署和官员的界定扩大或移位的现象。扩大者,如将古代除武官以外的大部分文官,包括宰相,都视作秘书;移位者,如将东汉桓帝时创设的、专掌保管皇宫中图书经籍、类似于现代图书馆馆长的秘书监称为秘书官,将凡冠有"秘书"两字的官职、机构均视为秘书官或秘书机构。凡此种种望文生义、牵强附会的现象,有损于秘书史研究的科学性、严肃性。我们必须对历代秘书工作范围、秘书官吏和秘书机构作出准确的、科学的界定,才能使秘书史的研究健康地发展。

根据上述划定的古代秘书工作范围,我们就能对古代的秘书官署、部门作出界定:

凡承担上述范围内全部或一部分工作的官署,即为秘书机构或具有秘书性质的机构。承担全部工作的如西周的太史寮,西汉武帝以后的尚书台,宋朝的通进银台司,明朝的通政使司,清朝的南书房、军机处等;承担部分秘书工作的,如唐朝的匦使院,宋朝的鼓院、检院,明朝专掌保管皇帝印玺的尚宝司等。

值得注意的是,古代中央政府秘书机构存在着"膨胀回位"现象,即弱小的秘书机构总是逐步发展,扩大为有相对决策权、执行权的政务机构,威胁到皇权,皇帝就予以压制、削弱或解散,重新设立一个听命于他的弱小的秘书机构。

至于历代地方官衙中的秘书部门,则相对较为稳定,如秦代地方官衙中的记室,一直沿置了1 000多年,其职责基本上限于收发、处理、拟写文书,是典型的秘书部门。

四、界定古代秘书官职

根据上述对古代的秘书官署、部门的界定,我们就能对古代的秘书官职作出界定:

第一,承担前述划定的古代秘书工作范围内一项或多项业务的官吏。

第二,他们属于帝王或长官的辅助官吏,一般上无决策之权,下无指挥之权,只在帝王或长官和下属执行部门之间起中介、纽带作用。这一界定可将有实权的官吏排除于秘书范围之外,避免将大量文官都归入秘书之列。

第三,他们有一定的文化修养,系从事智力型的事务者。秘书官吏属政务官吏,需具有相当的文化知识,古代秘书官吏均从有文才或文才出众者中选任。这一界定,可将专事文书递送的驿卒、伺候皇族生活的太监等排除在秘书官吏之外。

封建帝王视天下为一家私产,实行独裁统治,对大臣常疑虑重重,往往宠信身边的宦官,选择一些通文墨者,任用为秘书,授以起草文书、保管档案、印玺,处理日常事务,甚至代皇帝批答奏章的责任,有的朝代还在皇宫中组建宦官秘书机构,如明朝的文书房、司礼监。所以,不少朝代都存在着宦官秘书。

几千年的中国古代社会中,由于王朝的更迭,政体的变更,官制的改革,秘书官职的变化纷繁复杂。不同的朝代秘书官职名称不同,同一朝代各帝王在位时的秘书官职名称也不尽相同,同一帝王在位时的秘书官职名称也有变化。归纳起来,大致有三种变化形式:

第一,官职名称不变,而承担的秘书工作的内容和其作用、地位起了变化,如西晋时创设的中书舍人,一直沿至隋唐,都负责起草诏书,是皇帝的亲信近臣,作用重要,地位颇高,为高级秘书官,此后不断演变,到了明朝,中书舍人仅是内阁中缮写正本、抄写副本,事毕须立即离去,不得逗留的秘书小吏,职权和地位大大下降;

第二,官职、名称虽没变,却已经由秘书官吏演变为掌有决策、指挥之权的实职。如宰演变为总揽朝政的丞相,南朝宋、齐时设置的典签一职,初为处理文书的秘书小吏,后因获得皇帝信用,常受遣监视出任的方镇、宗室诸王及各州刺史,名为典领文书,实为控制州、镇军政大权的地方大员,号称"签帅",势倾一地,与起初的典签已名同而实异;

第三,原是秘书官职,后演变为执掌事务兼管一些秘书事务的官员,如御史演变为以监察百官为主,兼管一些朝廷秘书事务等。这一切,都需要我们考证甄别,以确定同一名称的官职,何时属秘书官吏,何时已演变为非秘书官吏。

还须注意的是,历代终身从事秘书工作的人物,在史籍记载中颇为罕见,而地位低微的一般秘书小吏又无资格被录入史籍,许多见诸史籍的人物都是一生中曾担任过一段时间的秘书工作,后即升迁或转任为实职官员,或他们在其他方面获得杰出成就,如成为政治家、文学家、诗人等,因而名载青史的。如战国时楚国的屈原,曾任左徒,这一官职"入则与王图议国事,以出号令;出则接遇宾客,应对诸侯",①是楚怀王亲信的高级秘书官,但是,他后来却是以文学成就而闻名;东汉孔光曾任秘书官员20多年,孔光后两度拜相,成为名相而载入史册;李白曾被唐玄宗聘为专事起草文书的翰林学士;又如清代蒲松龄,曾任宝应县秘书吏员这一史实却鲜为人知,人们只知道他是以名著《聊斋志异》而闻名。因此,对这些历史人物,不宜称秘书、大秘书,以秘书生涯称之为妥。

---

① 《史记·屈原贾生列传》。

第一章
古代秘书工作起源时期——夏、商

第一章
古代秘书工作起源时期——夏、商

本章概述

中华民族历史悠久,中国的秘书工作也源远流长。

秘书工作的产生需要两个社会条件:一是有了社会组织的领导部门,二是有了文字和公务文书。据此,从古籍记载和考古成果来探溯,可知我国古代秘书工作的起源经历了一个漫长的过程,这一过程的发展脉络大致可分为孕育、萌发、形成三个阶段,即孕育于部落联盟昌盛时期、萌发于夏朝、形成于殷商。

学习目标和要求

通过本章学习,理解秘书工作的产生需要两个社会条件:有了社会组织的领导部门、有了文字和公务文书;理解我国古代秘书工作的起源经历了一个漫长的过程,大致经历了三个阶段,即:孕育于部落联盟昌盛时期、萌发于夏朝、形成于殷商。

重点、难点

1. 秘书工作的产生需要哪两个社会条件?为什么?
2. 为何说我国古代秘书工作孕育于部落联盟昌盛时期?
3. 为何说我国古代秘书工作萌发于夏朝?
4. 为何说我国古代秘书工作形成于殷商?

第一节 孕育于部落联盟昌盛时期

一、秘书工作产生的社会条件

秘书工作的产生需要社会条件,即有了社会组织的领导部门、有了文字与公务文书。

秘书工作是领导部门的辅助性工作,因此,只有出现了领导部门,才会随之而产生秘书和秘书工作。这是秘书工作发源必不可少的社会条件之一。

领导部门是人类结成了社会组织,有了管理、指挥它的人员后形成的。社会组织的领导部门需要有人辅助,为他们处理日常事务,上传下达,参谋咨询。这导致了秘书人员的诞生。

人类早期的社会组织随着生产力的发展,阶级的产生,而演进为阶级压迫的工具——国家,其领导部门也转化为统治集团,他们的秘书人员也转化为朝廷的秘书官吏。由于国家的管理工作比部落联盟时期要复杂，事务增加，因此，作为辅助人员的秘书官吏也增多了，并开始分工、分层次，进而设置起秘书机构，并逐步形成了秘书工作制度。

文字是人类文明的标志，是表意的工具，也是书写文书的先决条件。

文书是人类在社会实践中形成的材料，它只有在文字出现后才可能产生。两河流域的苏美尔人创制出楔形文字后，才有了泥版文书；尼罗河畔的古埃及人创制出图形文字后，才有了纸草文书。各文明古国的进化史都证实了这一点。

社会组织的领导部门为了颁布命令、制定规章制度、记录事件，以便实施管理，需要制作文书，由此产生了公务文书。

公务文书需要有人拟制、处理、传颁、保管，由此产生了以文书工作为主要业务之一的秘书人员和秘书工作。因此，文字和公务文书的出现，是秘书工作起源的又一个社会条件。

国家出现后统治者为了发号施令，运筹国事，必须使用文书，因而产生了国家公务文书。

斯大林说的"生产力的继续发展，阶级的出现，文字的出现，国家的产生，国家进行管理工作需要比较有条理的文书"，[1]正是指出了文字和公务文书对秘书工作产生的重要催化作用。

二、社会组织领导部门的形成

人类最早的社会组织是原始人群。原始人群的结构极为简单，其成员只是共同劳动、共同享用劳动成果，以谋生存，尚无发号施令的领导，自然也没有领导部门。

经过几十万年的漫长发展，原始人群形成了以血缘关系为纽带的、较为稳定的社会组织，即氏族公社。

马克思说过："一切……直接的社会劳动或共同劳动，都或多或少地需要指挥。"[2]

氏族为了保证社会劳动和生活的正常进行，需要推选出首领来实施管理，建立一定的社会秩序。所以，氏族公社已经出现了首领。传说中的伏羲、神农等就是这类人物。

但是，氏族公社的结构还甚为简单，一个氏族聚居于一个村落，地域小，人口少，公共事务简单，凡交换意见、互通情况，只需交谈就能办到；如果需要决定重大问题，也在村落中央的公共房屋中聚众商议，当场决定；首领运用口语即可了解情况、表达意见、发出指令，这些意见、指令很快就能传遍全氏族。所以，氏族公社虽然有了首领，但是，其管理过程中尚未出现文书。所以说"神农无制令而民从"[3]。制、令是后世的文书。由此可见，当时尚未形成产生秘书工作的社会基础。

又经过漫长的岁月，一些有亲缘关系的氏族结成部落，不少部落又结成部落联盟。

我国部落联盟的昌盛时期起始于距今约4500年的黄帝时代。那时，黄帝部落击败了南方的蚩尤部落，降服了黄河上游的炎帝部落，结成炎黄部落联盟，以黄帝为首领，在黄河流域

---

[1]《马克思主义和语言学问题》，《斯大林文选》下，人民出版社1962年版，第537页。
[2]《马克思恩格斯全集》第5卷，人民出版社2009年版，第384页。
[3]《淮南子·氾论训》。

长期生存、繁衍下去，构成了以后华夏族（汉族的前身）的主干。

据说，当时有了许多发明创造，如养蚕、舟车、音乐、医学、算数、炼铜、文字等，说明生产发展，门类增多，公共管理事务复杂起来。为了管理的需要，黄帝设置了官职，即所谓的"六相"，分管各方面事务，由此形成了部落联盟的领导部门，黄帝成为这一领导部门的核心人物。

黄帝以后，部落联盟继续发展，其后的领导部门先后以少昊、颛顼、帝喾、尧、舜（即三皇五帝）、禹为核心。

因此，从理论上而言，秘书工作产生的社会条件之一——社会组织的领导部门，在黄帝时代开始的部落联盟昌盛时期已经具备。

三、原始文字的演进

我国最早的文字产生于约6 000年前，在西安半坡、临潼姜寨等仰韶文化遗址中出土的陶器上刻有符号几十种，郭沫若认为"其为文字，殆无可疑"[①]。在距今约4500年—4400年的大汶口文化、良渚文化、龙山文化遗址中，都发现了大量陶文，这些陶文已经是有形可识、有义可辨，字划端正规整，形体很像日后青铜器上的铭文，有的能依照古文字规律释读，和殷商甲骨文有一脉相承的迹象。

在西安市西郊一个原始社会遗址中发现的原始社会末期的甲骨文，其"字体极其细小，笔画若蚁足，刚劲有力，字形清晰，字体结构布局严谨，与殷代甲骨文字接近"。有关专家分析认为，这种甲骨文字距今约4 200年，又有专家经过大量考证认为，早在这种甲骨文之前，即4 200年以前已经有了金文。[②]

在距今约4 000多年的河南登封王城岗遗址，也出土有陶文。

这一些考古发现说明，我国的原始文字经历了漫长的演进过程，在部落联盟昌盛时期被不断改进、发展，有关这一时期伏羲造字、仓颉造字的传说，上述考古发现，分别标志着原始文字改进过程中的一个个跃进阶段。

当时，随着部落联盟活动地域的扩大，人口的增多，事务的增加，领导部门仅靠语言已经难以实施管理。因为，语言难以准确、及时地传遍整个部落联盟；一些重要的约定、经验、大事也难以依靠语言而准确、长久地留存下去，语言在空间上不能传于异地，在时间上不能传于异时。因此，必须运用文字，借助于文书以代替口语，才能实施管理。这样，原始文字开始被运用于公务活动中，首先被用于记事。

史云："自五帝始有书契。"[③]

上古政治文件的汇编《尚书》，收录的文献起自《尧典》（又称《帝典》），是尧、舜言行的记录，为战国时人所作，但近代学者蒋伯潜在《十三经概论·尚书概说》中认为它"为夏代作史

[①] 郭沫若于1958年7月6日为半坡博物馆的题词。
[②] 《人民日报》1986年5月1日报道。
[③] 《后汉书·祭祀志》。

者所追记"。

这些记载都说明，在部落联盟的昌盛时期，先民已经使用原始文字记事、记录首领言行，有了原始的公务活动记录。

四、有关秘书活动的记载

据古籍记载，黄帝除设置了六相以外，还设置了史官，陪侍于黄帝左右，记录言行，汇编成册，以备忘、信守。"史官"这一名称始见于商，黄帝设史官，可能是后人将当时的官名套用于黄帝时期。但是，它说明黄帝时代已经出现了类似于后代史官那样的人员。

古籍记载黄帝左右有不少史官。如：

仓颉是黄帝的史官，执掌记录言行。后人有将他说成是左史，偏重于记事。

孔甲是黄帝的史官，"主书史之流"，"执青纂记"。

大挠、沮诵、隶首、容成"皆黄帝史官"。

黄帝以后，部落联盟继续发展，公共管理事务越发繁忙，古籍中有关秘书活动的记载也日益增多。

据古籍记载，尧在位时，曾于庭前设置"进善旌"即一面旗帜，让百姓站在旗下，向他提出对政事的建议、评论。一时，进善言治理天下者甚众。

后来，尧又根据舜的建议，命舜在土阶前树立了一根木柱，让百姓在上面书写意见，指出自己的过失，以修明政治，称为"诽谤之木"。此处的"诽谤"指民众批评首领的过失。由于此木是舜受命而立的，舜又名重华，所以又称华表木。舜继位后，天天去进善旌下、诽谤木前，倾听和阅读百姓的意见，以便了解下情，清除社会弊端。

后来，舜由于事务日繁，抽不出时间天天去，于是，就命人在庭前设置了一面"敢谏之鼓"，凡民众欲反映情况、谏言陈事，只需击几下鼓，他就出来接见，听取意见。

这进善旌、华表木、敢谏之鼓，当是我国官方信访活动的源头。

舜在位时设立九官以治天下，其中有纳言一官，命龙（人名）担任，"帝曰：龙，朕堲谗说殄行，震惊朕师，命汝作纳言，夙夜出纳朕命，惟允"。舜命龙不论白天黑夜，需要时就宣布他的命令，并忠实地汇报民情，不让散布谣言、干坏事而使百姓震惊的人胡作非为。"纳言，喉舌之官也，听下言纳于上，受上言宣于下，必信也。"可见，纳言是调查、了解下情，向舜汇报，供舜决策，并传达舜的命令，起上通下达作用的人员，类似于当今的秘书人员。

部落联盟昌盛时期尚属我国历史上的传说时期。世界各文明古国的历史上都有这样一段传说时期，这是由于年代久远，文字尚欠发达，找不到当时的记载实物，只能依靠传闻撰史而致。但是，传说时期并非纯属虚构。近百年来，历史学、考古学、古文字学、人类学等学科，对我国传说时期进行了大量研究，证实了有关传说时期的记载含有一定的真实成分，部分反映了先民的社会生活。因此，古籍中有关传说时期秘书活动的记载当然也有一定的可信成分。

综上所述，我国部落联盟昌盛时期，已经形成了社会组织的领导部门，有了原始文字、原始公务活动的记录,有了专事记录的人员,出现了秘书活动。这一时期也就成为我国国家秘书工作的孕育时期。

【知识链接】

仓颉——原姓侯冈,名颉,俗称仓颉先师,又史皇氏。《说文解字》记载仓颉是黄帝时期造字的左史官,见鸟兽的足迹受启发,分类别异,加以搜集、整理和使用,在汉字创造的过程中起了重要作用,被尊为"造字圣人"。

据《河图玉版》、《禅通记》记载,仓颉曾经自立为帝,号仓帝,是上古时期的一部落首领。仓颉在位期间曾经于洛汭之水拜受洛书。

仓颉也是道教中文字之神。据史书记载,仓颉有双瞳四个眼睛,天生睿德,观察星宿的运动趋势、鸟兽的足迹,依照其形象首创文字,革除当时结绳记事之陋,开创文明之基,因而被尊奉为"文祖仓颉"。

进善旌——上古专为进善言的人发表意见而设置的一种标志旗帜。《史记·孝文本纪》:"古之治天下,朝有进善之旌,诽谤之木,所以通治道而来谏者。"裴骃集解:"应劭曰:'旌,幡也。尧设之五达之道,令民进善也。'如淳曰:'欲有进善者,立于旌下言之。'"唐柳道伦《进善旌赋》:"帝尧有君人之大德,恢理国之令图,将启纳善之怀于四方之士,乃立进善之旌于五达之衢。"唐司空图《丁巳元日》诗:"累降搜贤诏,兼持进善旌。"

诽谤之木——诽谤:对他人责备的表达。《说文通训定声》说"放言曰谤,微言曰诽",也就是公开表达不满叫做谤,私下表达不满叫做诽。木:木牌。在交通要塞竖立木牌,让人们写上谏言。出于《吕氏春秋·不苟论第四》的"自知"一节。原文为:"尧有欲谏之鼓,舜有诽谤之木,汤有司过之士,武王有戒慎之鞀。"

敢谏之鼓——敢:有勇气,有胆量;谏鼓:相传尧曾在庭中设鼓,让百姓击鼓进谏。敢谏之鼓是勇于向君王进谏的象征。出处:《淮南子·主术训》:"故尧置敢谏之鼓,舜立诽谤之木……"

纳言——古官名,主出纳王命。《尚书·舜典》:"命汝作纳言,夙夜出纳朕命,惟允。"孔传:"纳言,喉舌之官,听下言纳于上,受上言宣于下,必以信。"《史记·五帝本纪》:"舜曰:'龙,朕畏忌谗说殄伪,振惊朕众,命汝为纳言,夙夜出入朕命,惟信。'"

第二节 萌发于夏朝

一、国家的建立

关于我国古代国家形成的时间,众说纷纭。但是,多数学者认为,夏朝是我国古代国家的起始。夏商周断代工程的完成，为此说多少增加了说服力。此说理由如下：

第一，禹在位时，尚无私有财产，无人剥削人、奴役人的现象，即尚无阶级，是"大同"社会。禹以后，出现了私有财产，有了人剥削人、奴役人的现象，即出现了阶级，从而进入了"小康"社会。

第二，从考古成果来看，近几十年来，在河南偃师、登封等地发现的二里头文化遗址，有城墙、宫室、青铜器，并证明它是夏文化的遗址，多数学者确认它是夏朝的国都，说明夏启建国是可信的。

我国历史上最后一位部落联盟首领禹死后，其子启夺取权力，废除了禅让制，建立了夏朝。根据夏商周断代工程的研究成果，夏自公元前2070年建立，至公元前1600年被商灭，共存在470年。

从古籍记载来看，夏王是最高统治者，将其统治区域划分为九州，分官设置；王以下由六卿分掌各方面事务，称"六事之人"，还有牧正、庖正、车正等官职，组建起军队，设立了贡赋制度，制定了刑法——禹刑，修建起监狱——夏台，对奴隶和平民实行专政。

于是，随着生产力的发展，部落联盟产生了阶级和阶级压迫，逐渐演变为国家，其原为管理公共事务的领导部门，也随之蜕化为统治集团，即朝廷。

根据前述，国家出现后，出于行政管理的需要，必然催生出国家公务文书。夏朝也产生了公务文书。

二、夏朝的文字和公务文书

登封王城岗出土的陶文，就其形体结构而论，已较大汶口发现的陶文前进了一大步，众多专家认为，它已经是较为成熟的古文字，它上承大汶口文化的陶文，下启殷商甲骨文，其产生的时间正处于夏代。因此，不少专家认定，这就是夏朝的文字。

"大道衰而有书，利害萌而有契。"①

夏朝一开国，就产生了公务文书。由于夏是废除禅让制而建国的，遭到维护禅让制者的激烈反对。因此，开国之初，战争频繁，其公务文书也大多是讨伐敌方的军事动员令。如《尚书》中收录的：

《甘誓》——启讨伐有扈氏时发布的檄文。

《胤征》——启之子仲康在位时，掌管天时历象的官员羲和沉湎于酒乐，荒废职守，仲康命胤侯带兵征讨，行前作《胤征》。

夏代末年，商汤征伐夏桀时，战前也发布了檄文，即著名的《汤誓》。

这些以帝王名义发布的命令，格式相同，都是先谴责敌方违逆天命，罪恶深重，己方秉承天意，予以剿灭，将征讨神圣化、合法化，最后，激励将士奋勇作战，勇猛者赏，违命或贪生怕

---

① 唐·张怀瓘《书断》。

死者严惩。其文字虽简略,但中心突出,要言不烦,措词干净利落,明快有力,富有气势和鼓动力,且已有了文体名称"誓"。所以,它已是一种比较规范的古代公文。

孔子云:"夏礼,吾能言之,杞不足徵也;殷礼,吾能言之,宋不足徵也。文献不足故也,足,则吾能徵之矣。"①杞国和宋国,分别是夏和殷商后裔的封地,由于年代久远,保存下来的夏商档案和熟悉这些档案的人已经不多。孔子虽然能讲夏礼和殷礼,但杞和宋已经不能为之作证了。

史料记载,夏末代帝王桀荒淫昏暴,亡国在即,太史令终古取出宫藏"图法",展示于桀而哭谏。"图法"当时是宫中的重要档案,终古则是保管这类档案的官员。桀执迷不悟,终古只得携带"图法"投归商汤。

这些史料都说明,夏朝已有了公务文书和宫廷档案,并有了以此为主要业务的官员。由于有关夏朝的记载甚少,至今尚难断定其秘书工作是否已经形成。但是,秘书工作在夏朝萌发,这是基本可以断定的。

第三节 形成于殷商

一、商朝的史官

(一) 史官的分工与名目

继夏而起的商朝依靠奴隶的血汗劳动,提高了生产力水平,创造出大量财富,推动了社会的发展,使更多的人脱离生产劳动,专门从事管理事务。因而,国家官职增多了。根据甲骨文、金文和古籍记载,商朝的官职名目已有 40 多种,大致可分为政务官、武官、史官、事务官 4 种,各司其职,其中史官主要从事秘书工作。

商朝的史官名目众多,有十几种,他们不同层次、不同职掌,大致可分为四大类:

1. 贞卜史官

有卜、多卜等名目,负责占卜、解释"卜兆"(即神意)、刻写卜辞。

"天道鬼神灾祥卜筮梦之备书于策者何也?曰此史之职也"。② 仅甲骨文上记载的贞卜史官就有 30 人之多。

商朝人笃信鬼神,"殷人尊神,率民以事神,先鬼而后礼"。③ 所以,商王每遇有疑难,或逢战争、祭祀、婚姻、筑城、任官等事,都先自己考虑一番,再和卿士商量,最后占卜询问天意。贞卜史官就是天意的解释者,即使商王、卿士都同意干某一件事,只要占卜的结果为相反意见,就得按卜兆所示,改变主意。贞卜史官在这种神权统治中,实际上参与了军国大政的决

---

① 《论语·八佾》。
② 清·汪中《述学》。
③ 《礼记·表记》。

策,起着举足轻重的作用,他们辅助商王决策,实施神权统治,是商王的高级助手。

商朝的占卜有两种方法:一是用筮(即蓍草)占卦问吉凶,二是用龟甲询问天意。所以,商朝的贞卜史官又分为巫和史两种:巫偏重鬼神,是鬼神的直接代言人和化身,他们擅长歌舞、音乐、医术,以筮法占卦;史偏重于人事,他们能观测天象,熟悉旧典,长于征实,以龟甲占卜。

2. 祭祀史官

有祝、多尹等名目,负责商王室祭祀事务。"国之大事,在祀与戎。"①祭祀是商王室的头等大事。祭祀的对象有四类:天神、地、人鬼、物魅。天神包括日月、星辰、风雨;地包括山川、河海;人鬼包括祖先、圣贤、功臣;物魅指鬼怪。祭祀的目的是为了求得庇护。如帝辛甲骨H11:1记载,周武王出兵伐商后,商纣王闻讯,立即去宗庙祭祀先王成汤、帝乙,求他们保佑自己打败周军。

商朝祭祀的名目繁多,次数频繁,除了平时经常性的祭祀以外,还规定每3年举行一次大合祭,每5年举行一次宗庙大祭。祭祀史官就专管各种祭祀,安排一切祭祀仪式,如祭坛的布置、程序的制定、礼器祭品的筹办、参加祭祀的人选、位次的排列等。他们类似于现代社会负责大会或典礼的会务人员。

3. 作册史官

称乍、乍册右史等。他们原先的职责是祭祀时负责奉商王册命以告神。后来,专门负责制作、保管、宣示册命(即王命文书),并兼管册命诸侯大夫,类似于商王的贴身秘书。

4. 记事史官

有史、卿史等名目。他们负责记录商王言行、王朝大事,保管典籍,观测天象,记录历法等等。商朝的观测天象和神权统治密切相关,记录历法是为了安排农事,实际上是在编制王朝的工作年历。所以,记事史官主要承担文书档案工作。

这四类史官中,贞卜史官和祭祀史官占多数,地位较高,带有宗教色彩,所以,有的学者称他们为宗教官。就作用而言,贞卜史官、作册史官偏重于在政务方面为商王服务,祭祀史官、记事史官偏重于处理事务,而作册史官和记事史官的职能与现代秘书人员最为相近。

综上所述,商朝的史官已经分成层次,有了分工,初步形成了一支秘书队伍。

(二) 史官的来源

自夏代起,我国进入了奴隶社会,实行天子"家天下"。奴隶社会的一切大小官职都由王族和旁系、支系的大小贵族担任。贵族即意味着官职,官员都为贵族,亲贵合一,官贵合一。这时是"天下为家,各亲其亲,各子其子"②。因而,商朝的史官源于贵族,而且,他们是父死子继、兄终弟及,代代世袭。

---

① 《左传·成公十三年》。
② 《礼记·礼运》。

1976年，在陕西扶风庄一号西周青铜器窖藏中出土的"史墙盘"，盘底有铭文280字，后半部分记述了一位名叫墙的史官的家世。墙的祖先是商朝属国微国的史官，世代相袭，是史官世家。商朝灭亡后，墙的祖先"微史剌祖来见武王"。周武王命周公接纳、安排他做周朝的史官。从此，这一家族就成为西周的史官世家。

史官世袭，究其原因，有如下两点：

第一，由于奴隶社会等级森严，贵族和奴隶有着不可逾越的鸿沟。史官属于"劳心"、"务治"的贵族，必须代代世袭。

第二，史官的职掌需要有广博的知识、专门的业务技能。当时的文化知识为贵族阶级所垄断，史官的业务技能也依靠手工式的家传而得以延续，在社会上是无法学到的。所以，史官都是子承父业，或弟承兄业，代代世袭。

在当时的历史条件下，秘书官职世袭有它的积极作用。它能使史官不断积累、总结祖先的经验，加以揣摩、改进，使秘书技能一代高于一代，并能使史官的职位具有稳定性、连续性，不会因帝王的更替而中断。

二、中央秘书机构太史寮诞生

商朝末年，大举用兵，平定了东夷，势力扩展至江淮流域，俘获了大量奴隶，史称商纣王"有臣亿万"，"有亿兆夷人"。

随着统治区域的扩展，人口的激增，国事日趋繁忙。作为辅助管理者的秘书人员也相应增加，他们需要被组织起来，各司其职，互相配合，才能有效地处理各方面事务，这样，就导致专门秘书机构的产生。据甲骨文和金文记载，商朝末年，朝廷中出现了秘书机构——太史寮，其主官称太史，下隶有层次不同、职掌各异的史官，它的主要职责是负责商王的册命及祭祀等事宜。其结构虽然简单，但是，它却是我国历史上最早诞生的中央秘书机构，由于商王朝不久即灭亡，它尚未得到发展，仅为雏形，直到西周时，才臻于成熟。

三、甲骨文与甲骨文书

（一）甲骨文的发现与研究

甲骨文是刻写在龟甲或兽骨上的文字，是我国已发现的最早的成熟的古文字。

至今，甲骨文已出土15万多片，流散于世界各地，共约有5 000个字，其中1 500多个字已被释读，其余大多是人名、地名等，尚在研究中。研究成果表明，由于商王敬天信神，凡事必先占卜询问天意，才制作了大量的甲骨文卜辞。

占卜即在甲骨上钻一小洞，用炭火炙烤，使之受热而显出各种形状、走向的裂纹，称为"兆"，兆被视为天的示意。贞卜史官据此解释，判定吉凶，指出某事可行或不可行。然后，将占卜时间、事由、答案和日后验证结果刻在甲骨上。因龟甲、兽骨篇幅有限，故文辞简赅，大多为十几字、几十个字，最多仅见90多字。今人将单个字体称作贞卜文字，成句的贞卜文字称作卜辞。

卜辞的内容以商王的活动为中心,主要记录自武丁至纣王150年间的事情,涉及政治、经济、军事、文化、社会组织、风俗习惯、科学技术等方面,是殷商王室活动的真实记录,较全面地反映了当时的社会状况。

(二) 甲骨文书的认定

卜辞有其基本结构,大致可分为四部分:

前辞——某日某人卜问,史官姓名;

命辞——卜问何事;

占辞——"兆"显示的答案;

验辞——日后是否应验。

从体例来看,这类卜辞有时间、事由、占卜者姓名、办法、措施、验证结果,已经形成格式;从内容来看,它以记录商王活动为中心,并出现了类似请示、报告的上行文。它初步具备了文书的基本要素,所以,我们认定它是一种文书,并称其为甲骨文书。

四、甲骨档案的保管

文书是档案的前身,档案是文书的归宿。

殷商时期,商王室制作的大量甲骨文书,记录了以商王室为中心的各种活动和世系、祭祀谱表、贵族家谱、官制和年历、月历、日历等,它们直接关系着商王室的利益,具有查证、参照的作用。所以,当使用完毕后,商王都命专人郑重地将它们收藏起来,从而,形成档案。这些甲骨档案已经有了简单的收藏规则。

(一) 收贮于都城宗庙、社稷

出土殷商甲骨文最多的地方是河南安阳小屯庄,这是盘庚迁殷民于此而建立的都城,习称殷墟,它存在了270多年,是商朝后期的政治、经济和文化中心。所以,商朝后期史称殷商。大量甲骨文出土于此,证实了甲骨档案被集中收藏于都城,以便于商王室查证、使用。

宗庙是历代王朝的神圣之处,被视为王权统治的精神支柱、国家权力的象征。所以,历代王朝一开国,在修建宫室之前,都必须先修建宗庙。"宗庙为先,厩库为次,居室为后"[①],就是指这一意思。

古代以农为本,开国伊始,与建宗庙同时修建土神和谷神庙,称社稷。

宗庙和社稷是按照左宗右社的规定,修建于王宫的前面。

从殷墟发掘来看,王宫内的宫殿基址有53座,宫殿排列成行,东西、南北对称,中为广庭。小屯庄的庄北、庄南和附近侯家庄南是宗庙、社稷的遗址,在此两处出土的甲骨文最为集中,这证实了甲骨档案被收贮于宗庙、社稷。

---

① 《礼记·曲礼下》。

由于宗庙、社稷都有专人严加守护,一般臣民不准进入,所以,保存于此的甲骨档案很安全,不易流散、外传。这一方面,说明商朝统治者将甲骨档案视为价值甚高的神圣之物,予以高度重视;另一方面,也说明我国档案工作起步之初,首先考虑的是安全。

(二)出现了简单的分类收藏法

殷墟的宗庙、社稷左右散布着半穴居式的地下室,室内多有圆窦形或方形的窖。绝大多数甲骨档案是被埋藏于这些窨窖中,有些窨窖内埋藏着一个帝王在位期间的甲骨文,如YH127号坑中就集中出土了商朝第23代王武丁时期的甲骨文1 700余片,HS20号坑内的甲骨文则全是第26代商王廪辛时期的。这说明甲骨档案是按帝王划分为类收藏的。

有的甲骨档案是按内容分类收藏的。如YH127坑中,有少量兽骨被包裹成一包一包地埋着,B区101号坑中,除了一片龟甲外,全是较大的兽骨。根据商朝"龟甲占卜,兽骨记事"的原则,可知这是将卜辞和记事文书分类收藏,以便查找、利用。

这一些,当是我国档案分类法的源头。

(三)有了简单的编号

如YH127号坑中的龟甲,其状如刀,中间钻有小孔,有一片还刻有"册六"两字。它们排列整齐,记序之数自1至10有条不紊。这说明甲骨档案已有了简单的编号,被编连成册了。

(四)有了简单的"归档"

殷墟出土的一些甲骨文,其占卜之地不在殷墟,而在别处。如商纣王征伐人方时制作的卜辞,这说明别处的卜辞,臣下向商王递呈的请示、报告,被集中至殷墟保存起来,它类似于今天的归档。

此外,根据商朝史官的分工,宗庙系由祭祀史官管理,可以推断,甲骨档案的收藏、保管是由他们负责的。

综上所述,商朝已有了不同名目、不同职掌、不同层次的史官,商朝末年建立起了我国最早的中央秘书机构——太史寮,有了甲骨文书,文书档案工作起步。因此,我国古代的秘书工作从部落联盟昌盛时期孕育,经夏朝萌发,至迟在殷商已经形成。

【练习题】

(一)单项选择题

(在备选答案中只有一个是正确的,将其选出并把它的标号写在题后括号内)。

1. 秘书工作的产生需要两个社会条件,即:有了文字和公务文书,有了( )。

   A. 社会组织的领导部门　　　　B. 原始人群

   C. 社会组织　　　　　　　　　D. 氏族公社

2. 社会组织的领导部门需要有人辅助,为他们处理日常事务,撰写文书,上传下达,参谋咨询,这导致了( )的诞生。

A. 文字　　　　　　　　　　B. 文书
C. 公务文书　　　　　　　　D. 秘书人员

3. 我国古代的秘书工作萌发于(　　)。
A. 部落联盟昌盛时期　　　　B. 夏朝
C. 殷商　　　　　　　　　　D. 西周

4. 文书只有在(　　)出现后才可能产生。
A. 秘书人员　　　　　　　　B. 文字
C. 社会组织　　　　　　　　D. 国家

5. 多数学者认为,(　　)是我国国家的起始。
A. 商朝　　　　　　　　　　B. 西周
C. 夏朝　　　　　　　　　　D. 尧舜时期

6. 夏台(又称钧台)是夏朝的(　　)。
A. 贡赋制度　　　　　　　　B. 都城
C. 监狱　　　　　　　　　　D. 刑法

7.《甘誓》是夏王(　　)讨伐有扈氏时发布的檄文。
A. 大禹　　　　　　　　　　B. 启
C. 仲康　　　　　　　　　　D. 商汤

8. 贞卜史官、作册史官偏重于在(　　)方面为商王服务。
A. 生活　　　　　　　　　　B. 宗教
C. 政务　　　　　　　　　　D. 人事

9. 今人将成句的甲骨文字称作(　　)。
A. 卜辞　　　　　　　　　　B. 命辞
C. 贞卜文字　　　　　　　　D. 前辞

10. 殷商将大量甲骨档案集中收藏于都城的社稷和(　　)。
A. 王宫　　　　　　　　　　B. 厫库
C. 宗庙　　　　　　　　　　D. 广庭

(二)多项选择题
(在备选答案中有二至五个是正确的,将其全部选出并把它们的标号写在题后括号内)。

1. 社会组织的领导部门为了(　　),需要拟写文书。
A. 显示地位　　　　　　　　B. 颁布命令
C. 记录事件　　　　　　　　D. 制定规章制度
E. 轻松省力

2. 语言在空间上不能(　　　　), 在时间上不能(　　　　), 因此, 必须运用文字, 借助于(　　　　)以代替(　　　　), 才能实施管理。

A. 传于异地　　　　　　　　B. 传于异时

C. 传达　　　　　　　　　　D. 文书

E. 口语

3. 下列哪些是夏朝的公务文书, 即讨伐敌方的军事动员令: (　　　　)。

A.《甘誓》　　　　　　　　B.《书断》

C.《世本·作篇》　　　　　D.《胤征》

E.《帝典》

4. 纳言的职责是(　　　　)。

A. 调查了解下情　　　　　　B. 起草文书

C. 传达舜的命令　　　　　　D. 保管档案

E. 上通下达

5. 商朝的史官名目众多, 大致可分为这几类: (　　　　)。

A. 贞卜史官　　　　　　　　B. 祭祀史官

C. 作册史官　　　　　　　　D. 记事史官

E. 传达史官

6. 史官源于贵族, 而且都是(　　　　)。

A. 礼聘而来　　　　　　　　B. 子承父业

C. 拜师学成　　　　　　　　D. 弟承兄业

E. 代代世袭

7. 记事史官有如下名目: (　　　　)。

A. 祝　　　　　　　　　　　B. 多尹

C. 史　　　　　　　　　　　D. 卜

E. 卿史

8. 卜辞已有其基本结构, 大致可分为如下几部分:

A. 前辞　　　　　　　　　　B. 命辞

C. 占辞　　　　　　　　　　D. 验辞

E. 贞卜

9. 商朝甲骨档案简单的收藏规则有(　　　　)。

A. 收贮于都城的社稷　　　　B. 分类收藏法

C. 编号　　　　　　　　　　D. 收贮于都城的宗庙

E. "归档"
10. 我国古代秘书工作的起源大致经历了如下阶段：（　　　）。
A. 孕育于部落联盟昌盛时期　　B. 萌发于夏朝
C. 发端于仲康　　D. 发端于商汤
E. 形成于殷商

（三）简答题
1. 什么是进善旌？
2. 什么是华表木？
3. 什么是敢谏之鼓？
4. 什么是纳言？
5. 什么是《尧典》？
6. 什么是图法？
7. 什么是《甘誓》？
8. 什么是作册史官？
9. 什么是记事史官？
10. 什么是甲骨文？

（四）论述题
1. 秘书工作的产生需要哪两个社会条件，为什么？
2. 为何说我国古代秘书工作孕育于部落联盟昌盛时期？
3. 为何说我国古代秘书工作萌发于夏朝？
4. 为何说我国古代秘书工作形成于殷商？

【扩展阅读】

《开创和引领——杨剑宇论秘书学学科建设》，黑龙江工业学院秘书学资料中心整理选编，黑龙江人民出版社2018年6月出版。

第二章

古代秘书工作初创时期——两周

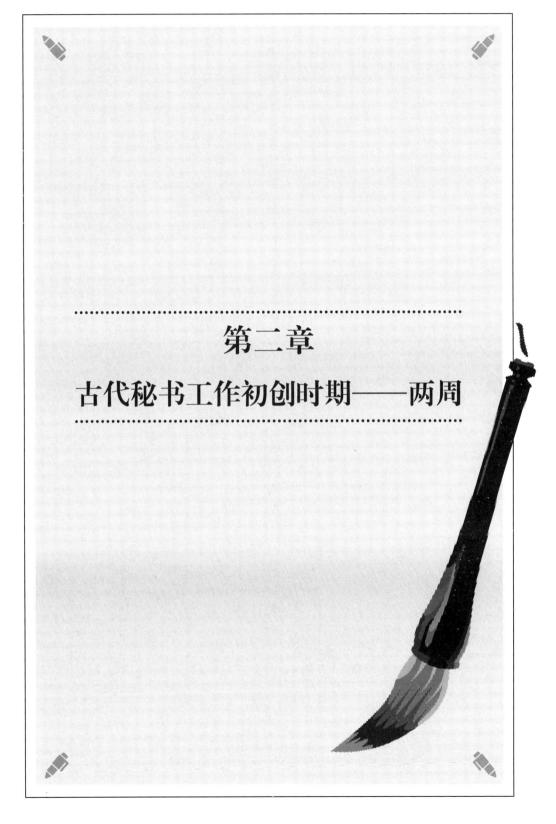

第二章
古代秘书工作初创时期——两周

本章概述

西周时期,中央秘书机构太史寮成形,王官、地方政府和诸侯国中也设立了秘书机构或配备有秘书人员;最早的中央档案机构——天府设立;产生了初步的公文拟制、用印、制作制度,公文种类增加,档案被广泛利用;秘书人员形成了职业道德和职业个性。

东周时期,史官衰落,产生了御史等一批新的秘书官职,大批士的加入,更新、扩大了秘书队伍。社会调查制度流行。因此,两周时期,是我国秘书工作的初创时期。

学习目标和要求

通过本章学习,理解最早的中央秘书机构太史寮和中央档案机构天府的设立、作用;理解初步的文书档案工作规则;理解秘书人员形成的职业道德和职业个性;理解东周时期,史官衰落,产生了新的秘书官职,大批士的加入,更新、扩大了秘书队伍;理解两周时期的社会调查制度;归纳理解两周时期是我国秘书工作的初创时期。

重点、难点

1. 太史寮的设立、作用。
2. 天府的设立、作用。
3. 初步的文书档案工作规则包括些什么内容。
4. 秘书人员形成的职业道德和职业个性。
5. 东周时期,秘书官职和秘书队伍产生的变化。
6. 两周时期的社会调查制度。
7. 理解两周时期是我国古代秘书工作的初创时期。

第一节 秘书机构

继商而建立的周朝,史称西周。"殷因于夏礼,所损益,可知也;周因于殷礼,所损益,可知也。"① 西周王朝是在夏、商制度的基础上,发展为中国奴隶社会的鼎盛时期。

西周的中央政府比商朝复杂,不但官职增加,层次也越分越多。有三公,即太师、太傅、太保,直接辅弼天子,三公之下设置执掌政务的官署,称卿事寮,其长官称卿士,亦称卿事、卿史。卿事寮包括"六大"官员,亦称六卿,其下有司徒、司马、司空、司寇、司士管各方面事务。

---
① 《论语·为政》。

中央机构的复杂,必然导致秘书机构的形成。

一、中央政府的秘书机构

(一) 太史寮

1. 太史寮成形的社会背景

西周之初百废待举。统治者事务繁杂,如周公为处理事务,常常一饭三吐哺,一沐三握发,忙得无喘气之机。迫切需要一个机构,协助他们处理大量日常事务,如拟制、处理公文,保管档案,组织会议,宣布政令,联络接待,调查研究,提供下情,接受咨询等。于是,他们将商末中央秘书机构的雏形——太史寮加以发展,使之成形。

2. 太史寮的"五史"

成形的太史寮有如下人员组成:

太史:亦作大史,太史寮的长官,总管起草公文、策命诸侯卿大夫、记载史事、编写史书、管理国家档案典籍、制定天文历法和组织祭祀等,相当于中央政府的秘书长。太史负责起草的是国家一级的法令性文件,如"建邦六典"和"法"、"则","建邦六典"是天子与诸侯之间关系的法则,"法"是官署之间关系的准则,"则"是都(城市)与鄙(乡村)的治理条例,这些都是国家重要的行政法。

小史:太史的副手,掌邦国之志和贵族家谱。西周实行以宗法制为基础的分封制,邦国之志和家谱是分辨贵族与天子之间血缘关系亲疏远近的依据,决定着各贵族的地位、等级。小史是掌管贵族人事档案的秘书官。平时还分工负责重大活动(如祭祀)的组织。

内史:亦称作册内史、作命内史、作册,从商朝的作册史官演变而来。内史有多人,其为首者称内史尹,或称作册尹,掌拟制简册,宣示天子的诰命。如东周匡王继位时就由内史手捧先王之诰,宣布匡王即位的合法性。[①] 可见其作用之重要。内史拟制的简册主要为"八方之法",即天子驾驭臣属的一套规则。由于内史最接近天子,拟制的简册直接关系到天子的利益,所以,其地位渐渐上升,后来,内史为中大夫,太史却仅是下大夫,地位高于太史。

外史:掌四方之志及三皇五帝之书,四方之志是王畿之外的诸侯国内部世系家谱,是决定诸侯子孙谁承袭侯位、谁受封何种官职的依据,相当于人事档案。外史还有"达书名于四方"之职责,即整理、改进、推行文字。

御史:亦称柱下史。据说常侍立于朝堂殿柱之下,接收四方文书,并负有保管档案、典籍的责任,是太史寮中职位最低的秘书官员。

太史寮的这些秘书官员总称"五史",他们等级有高低,职掌有分工,标志着太史寮已经发展成形,也说明秘书机构作为一个独立的部门,在西周中央政府中形成了。它对于中央政

---

① 《尚书·顾命》。

府而言,是一个辅助机构,起着参谋咨询、处理日常事务的作用;对下属职能部门而言,是一个综合性机构,凡各种请示、报告均须先通过它上达中央政府,起了中央政府和下属部门之间的桥梁、纽带作用。

(二) 王宫秘书人员

卿事寮以太史寮为辅助部门,作为与下属联系的秘书机构,史籍上常合称为"卿史寮"。

西周天子高居于百官之上,通过卿事寮处理政务,卿事寮需要向他请示、汇报,他要向卿事寮发号施令,这样就需要在天子和卿事寮之间建立一个联系通道,由此导致了王宫秘书人员的产生。西周的王宫秘书人员的首领主要有如下名目:

宰:也称内宰,为王宫秘书人员的首领,直接协助天子处理文书和日常事务。宰在商代已经出现,属事务官,初为天子的厨师,由于经常接近天子,逐渐被引为亲信,西周时使之掌管王宫事务,包括秘书工作。凡天子的命令由他向下传颁,臣民的奏事由他接受、递呈,相当于天子的宫廷总管兼机要秘书。宰地位的升擢,首开帝王近侍执掌机要秘书的先例,此后历朝近侍被任用为机要秘书,成为惯例,即源于此。

左史、右史:陪侍于帝王身旁,专掌记录天子言行。"动则左史书之,言则右史书之。"①持相反意见者则认为:"左史记言,右史记事。"②但是,学者公认他们均专司记录天子言(政治性言论)、行(政务活动)。这些记下的资料被秘藏于王宫,供后代史官作为撰写史书的依据。

承:侍立天子之侧,为天子提示遗忘之事,回答天子提问的史官。"博闻强记,接给而对者谓之承。承者,承天子之遗忘者也,常立于后,是史佚也。"③可见,承者知识广博,善于应对,是天子身边以参谋、咨询为专职的秘书人员。

女史:分两类。一类直接辅助宰掌管有关王后礼仪的典籍;另一类掌文件书写。她们当是具有相当文化知识的女子,是我国历史上最早的女秘书。

典瑞、掌节:保管天子印信的人员。西周天子已有了表示权力的信物,即"瑞"和"节",特设立官职专司其保管,典瑞保管"瑞",掌节保管"节"。

值得指出的是,按照宗法制,周天子既是王族的家长,又是天下的共主,家和国混为一体。周王虽通过六卿处理国事,但卿事寮并不像秦汉以后的相府那样具有相对的独立性。所以,王宫秘书人员往往从事中央政府内的秘书事务;中央政府内的秘书人员也往往参与王宫内的秘书事务。两者并非泾渭分明,具有流动性。这是两个秘书机构初创时期的必然现象。

此外,西周的诸侯国、地方州府,间府官署也有了秘书部门,秘书工作在全国范围已初步建立,说明了秘书部门是政府机构不可缺少的辅助性部门。

---

① 《礼记·玉藻》。
② 《汉书·艺文志》。
③ 《大戴记·保傅》。

二、信访机构诞生

人类出现了社会权力组织之后,就产生了信访活动。部落联盟昌盛时期的进善旌、诽谤木、敢谏之鼓就是我国最早的信访活动的形式。进入阶级社会后,有了国家机构和各级官府,信访活动增多,建立信访机构成为客观需要。

西周初年,周公下令在朝堂外设置了一大块颜色赤红如肺的石头,委派"士"专职掌管。并号令民众:"凡远近孤独老幼之欲有复于上而其长弗达者,立于肺石三日,士听其辞,以告于上而罪其长。"①原来,西周上诉须事先交纳保证金,贫苦百姓往往无力交付这笔保证金,周公这一命令的意思就是说,不管远近,凡孤独无援,无力交纳诉讼保证金的百姓,如上诉后地方官扣压冤情不上报,百姓可以站在肺石上三日,表示自己有冤屈要申诉。这时,掌管此事的"士"就得出来接见,倾听百姓的陈诉,并将情况上报六卿或天子,调查核实后予以处理,并要处罚扣压冤情不上报的地方官。这"士"就是专职的信访官员了。

西周还在朝门外悬挂大鼓,凡吏民有事,可以击鼓,由专职官员接待,将他们反映的情况向主管大鼓的太仆汇报,再由太仆上奏天子。

第二节 秘书官吏

一、史官的特点

先秦的史官作为我国秘书的鼻祖,表现出时代特点,有的特点被日后历朝的秘书官员发扬光大,成为传统。概括起来,他们具有以下一些特点:

(一) 宗教色彩由浓至淡

史官的产生带有浓厚的宗教色彩,他们作为实行神权统治的得力助手,位尊权重,声名显赫。随着生产力水平的不断提高、社会的进步,人们能解释的自然、社会现象日渐增多,积累的科学知识日见丰富,神权统治愈见削弱,史官的宗教色彩也随之由浓转淡。

夏朝,史官已表现出以文书档案工作为专职的趋势。如太史令终古负责保管"图法"。

商朝,史官已分为神职史官和主要从事记事、作册的人事史官两大部门。

西周,统治者重人治而轻鬼神,导致"周人尊礼尚施,事鬼敬神而远之"②,神权统治明显削弱,神职史官的人数减少,职掌缩小,地位下降,不再像以前那样被奉若神明,位尊权重了。而人事史官的人数却大大增加,从王宫、太史寮到各诸侯国、地方政府中遍布着这类史官,职掌扩大为起草、处理文书,记录帝王言行、国家大事,保管档案,参与制定政治、军事、外交、经

---

① 《周礼·秋官·大司寇》。
② 《礼记·表记》。

济等重要法则,地位提高。这样,专司人事的史官无论从数量上,还是从作用、地位上都超过了专司神职的史官,表现出史官的宗教色彩减弱了。

春秋时期,由于周天子势力衰落,威望大降,为其鼓吹"受命于天"的神职史官也黯然失色,被从神圣的祭台上请下来,去从事人间实务性的秘书工作,转化为人事史官。"史官,记事者也。"①以后各朝的史官,就以记事为主要职责了。这一重大的转变奠定了秘书人员以文书档案工作为主要职责的基础,对我国秘书工作的发展,起了重要的作用。

(二) 史官的分工、分层次由浅至深

史官在商朝首次被初步划分为四类。西周,由于国家事务复杂、头绪增多,使秘书人员进一步分工,这种分工表现于两个方面:

一方面,同一秘书机构中的秘书人员分别承担各种工作。如太史寮中的太史除总管中央政府的秘书工作以外,还具体负责起草国家根本性的文书;小史主要掌邦国之志和贵族世系;内史负责拟制简册、宣示天子诰命;外史掌四方之志和三皇五帝之书;御史负责收受四方文书、保管档案典籍,职责明确。

另一方面,不同秘书机构中的秘书人员承担内容各不相同的业务。随着社会分工的越来越细,国家机构中的部门也趋于多样,各承担某一方面的事务,其中的秘书人员也专门从事该部门中的秘书事务。如司马属下的秘书人员专事兵马方面的秘书工作,司寇属下的秘书人员则专事司法方面的秘书业务。这是我国专业秘书的起始。

秘书人员进一步分工有利于他们熟悉、精通业务,提高秘书工作的质量和效率,是秘书发展史的一大进步。

受礼治制度的制约,西周的秘书人员进一步分成不同层次,这也表现于两个方面:一方面,根据国家机构间的从属关系,秘书人员分成王宫、朝廷、地方政府、诸侯国等不同的群体层次,上级机构的秘书人员一般比下级机构的秘书人员地位重要、作用要大;另一方面,同一部门的秘书人员层次增多,如太史为太史寮的长官,小史为其助手,御史地位最低微,内史、外史介于其间。这种层次的增多,使秘书人员出现了等级,高级秘书有权议政,辅助决策,低级秘书却无此权力,仅负责具体事务。这成为以后历朝的普遍现象。

(三) 产生了职业道德

西周秘书人员记录帝王言行、国家大事时有一定的规则,即"书法"。"书法"的核心是"君举必书"(凡天子、诸侯的言行均予以记录)和"秉笔直书",即实事求是予以记载,称"书法不隐",这种"书法"使史官起草的文件和记录的大事在一定程度上保持了事件原有的面貌,具有真实性和可靠性。自此,这一职业道德成为我国古代秘书人员的优良传统,经久不衰。同时,客观上对天子、诸侯的言行起了一定的制约作用,要他们遵循礼治制度,"非礼莫动",以维护奴隶制的秩序。

---

① 许慎《说文解字》。

（四）形成了职业个性

依据"秉笔直书"、"君举必书"的职业道德，史官逐渐形成了刚正不阿、威武不屈的鲜明个性。比如，公元前548年，齐国大臣崔杼弑齐庄公，立庄公之弟杵为景公，齐太史据此秉笔直书"崔杼弑其君"，崔杼命令他删改，太史坚持不改，崔杼大怒，遂杀死太史。太史弟弟闻讯，继承兄长遗志，继续直书"崔杼弑其君"，又遭杀害。另一弟弟仍然坚持直书如故。崔杼慑于太史弟的凛然正气和舆论的指责，只得罢手，无可奈何地让太史记下自己的罪行。与此同时，正在外面的史官南史氏，闻知国内太史因据实记录朝廷大事而被杀，毅然手执记录的竹简，赶回都城，准备继承太史遗志，走到半路，获知太史兄弟已拼死记录在册，才返身而去。齐太史和南史氏为了维护"大事记"的真实性，不畏强暴、前仆后继、不惜以身殉职的精神，千百年来为人们所崇敬，也说明实事求是历来是我国秘书工作者的优良传统。

又如，公元前607年，晋灵公企图杀死执政的正卿赵盾（即赵简子）。赵盾被迫出走，未及越过晋国国境，他的族弟赵穿已经杀了灵公。赵盾闻讯立即返回国都，迎立成公继位，自己继续执政。董狐时任太史，在记录这一事件时，书道："赵盾弑其君"，并将此向朝臣宣示，以正视听。赵盾不服，辩解自己并未杀灵公。董狐反驳说："你身为正卿，避难逃亡未出国境，返朝后不讨杀乱臣，罪责难逃，弑君的罪名应该由你承担。"可见董狐是严格依据礼治观念来记录史事的。他不畏权臣，敢于记载执政的罪行，其胆识可嘉。故孔子称赞他"书法不隐"，是"古之良史"。

这种鲜明的个性被代代相传，成为史官的特色，千百年来被人们所美誉，史官给人们留下的是一个可敬、可信赖的良好形象。

（五）文化素质优秀

史官作为贵族，自小就被送入专门学校，学习文化等"六艺"。使自己学识渊博、见闻广异，成为社会上文化素质优秀的群体。"周制，学术、艺文、朝章、国故，凡寄于语言文字之物，无不掌之于史。故世人之咨异闻、质疑事者，莫不于史。史之学识，于通国为独高。"[①]他们一定程度上代表了当时的文化水平，他们的记录、汇编反映了当时的先民对自然、社会的认识程度，"六经皆史也"，"子集诸家，其源皆出于史"。西周的秘书人员在总结、保存和发展灿烂的民族文化上作出了重要贡献。

这些都说明，我国秘书工作的初创时期，秘书人员是统治阶级中的一部分优秀分子，表明了秘书工作的重要性和其职业要求的严格性。

二、史官衰落的原因

公元前771年，西周灭亡，次年，平王东迁洛阳，延续周祚，史称东周，东周分春秋（公元前770年—公元前476年）和战国（公元前475年—公元前221年）两个时期。

---

① 夏曾佑《中国古代史》，河北教育出版社2003年版，第86页。

春秋战国是奴隶社会走向崩溃，封建社会逐步建立的时期，社会经历着翻天覆地的变革。"礼崩乐坏"，周王室衰微，已无力控制诸侯。各诸侯国为了争夺土地、人口，取代周天子"天下共主"的身份，连年混战，相互兼并，争霸不休，在国内先后进行社会改革，以废除奴隶制，建立封建制。到了战国时期，卷入混战的数以百计的小国被大量吞并，主要剩下"战国七雄"，最后由秦攻灭六国，一匡天下。在长达500多年的春秋战国时期，由于生产关系的变革引起了上层建筑的变动，国家机构内的秘书工作也发生了相应的变化。

春秋初期，东周王室和各诸侯国内的秘书机构和官职基本沿袭西周体制。春秋后期，诸侯国的政权机构逐步扩大，秘书机构和官职也随之冲破礼治制度的束缚，发生了变化，这一变化主要表现于史官地位的衰落，新秘书官职的出现，大批士加入秘书队伍。

在先秦兴盛了千百年的史官，到了战国时期，已不能在国君身边参与政务、辅助决策，地位明显衰落。究其原因，有如下几个因素：

（一）人治观念继续增长

战国时期，诸侯认识到，要在残酷的兼并战争中求生存、图发展，靠的是实力，而实力来自人治，并非靠天和神的恩赐。"春秋时犹严祭祀、重聘享，而七国则无其事矣"。[①]"天下之本在国"[②]、"治大国如烹小鲜"，这些都反映出战国诸侯十分重视人治，残存的神职史官的势力、影响被大大削弱，趋于衰落。

（二）史官与国君观念上发生冲突

各国统治者在剧烈的兼并战争中觉察到，不改革无以自强，不自强无以站稳脚跟、争霸天下，而改革首先必须抛弃"礼乐征伐自天子出"、"政出公门"等旧观念，树立起"礼乐征伐自诸侯出"、"政出私门"等新观念，选用具有新思想的人才实施改革。人事史官由于"世守官业"，承袭职务，也承袭了礼治、宗法、等级等传统观念，思想保守，维护旧制度，难以适应变化了的形势。如人事史官恪守"书法"，以"君举必书"为原则，凡国君的一言一行都予以记录，制约着国君"慎言行，昭法式"、"非礼勿言"、"非礼勿动"，否则，被记录于史册，声名就会受影响。如鲁庄公准备赴齐国游玩，有人劝谏，这违反了礼，史官要记下来的，庄公只得作罢。尤其是各国君在争霸中纵横捭阖，玩弄权术，有许多隐私，不希望史官记录于史，更反对有讥讽自己的记载。因此，史官的传统"书法"难以为国君所接受，史官为国君所贬降。如秦在受封立国初期就不设记录国君言行的史官。所以，"秦仲之前，本无年世之记"，[③]直到秦文公时才设记事史官，但记述受限制，所以内容简略，"秦记，又不载日月，其文略不具"。[④]

这样，史官和国君在政治见解、斗争策略、社会观念上都发生了对立，必然被剥夺参政议政的权力。

---

① 明·顾炎武《日知录·周末风俗》。
② 《孟子》。
③ 唐·释道宣《广弘明集》卷十一引《竹书纪年》。
④ 《史记·六国年表》。

(三) 选官制度的变化

西周为了保持贵族的特权,采用爵位世袭制,即世卿世禄制。春秋战国时期,随着生产关系的变化,这一制度逐渐瓦解,如魏国实行"实有劳而禄有功",燕王实行"察能而授官"①,秦国商鞅变法后,实行按军功授爵,废除了世卿世禄制。这样,世代相袭的史官就被新兴贵族所取代,逐渐离开了国君身边,无权参与政务、起辅助决策作用了。

史官为我国古代秘书工作的产生和初创,为文字和文化的发展作出过不可磨灭的贡献,其地位的衰落说明每当社会大变革之时,秘书人员如不站在改革的前列以新观念、新眼光去研究、解决新问题,支持、辅助改革,顺应历史潮流,就势必落伍,为形势所抛弃。

三、新秘书官职的产生

战国时期,史官在新形势下已不适宜承担国君的秘书工作。但是,秘书工作却是必不可少的。为此,各诸侯国内纷纷设置起一批新的秘书官职,来替代原先史官的职能。其设置的方法有如下几种:

(一) 从原先低级史官中提拔高级秘书

西周太史寮中,御史是职位最低微的史官,负责收受文书、保管档案等。各诸侯国也仿照中央王朝设有此职。战国时期,御史被提拔为国君的亲信,接替内史,负责起草国家的重要文书,并作为重要随员,跟随国君出现于重要场合。如秦、赵两国国君渑池之会时,秦王、赵王身边都有御史陪同,各自记录会谈内容。

御史还负责代替国君收受机密文书。游说之士张仪替秦来说服赵王连横,自称"敝邑秦王使臣敢献书于大王御史"。②

御史不但负责秘书工作,还兼有监察百官的责任。"赐酒大王之前,执法在傍,御史在后",③这是指大臣淳于髡因御史在场而不敢放量饮酒。可见御史职掌之宽、权力之大、地位之高。

(二) 重新设置一批秘书官职

各诸侯国国君不仅从旧的低级史官中提拔秘书官员,还重新设置了一批秘书官职。这些秘书官职各国名目不同,经爬梳史料,罗列如下:

尚书,秦国设立。"尚"为执掌国君事物之意,"书"指文书奏章,尚书即在国君身边执掌文书的官员。

掌书,齐国设立。"掌"为掌管之意,掌书即掌管国君文书的官员。

主书,魏国设立。"主"为主管之意,主书即主管国君文书的官员。如魏文侯命主书取出文件以示大将乐毅的故事。

---

① 《战国策·燕策二》。
② 《战国策·赵策二》。
③ 《史记·滑稽列传》。

尚书、掌书、主书名异而实同，都是国君左右的秘书官员。

令正，鲁国设立。"子叔为令正。""主作辞令之正。"说明令正是鲁国国君身边负责制作重要文书的秘书官员。

（三）从宦官中提拔一些秘书官员

西周时期王宫中已经出现了宦官，他们主要操持杂役，照料皇族生活。春秋战国时期，各诸侯国中普遍有了宦官，有些宦官被引为亲近之人，"委用渐大"，"故奏请机事，多以宦人主之"。"未见君子，寺人之令"①，即未见到国君，而由寺人（宦官）传下国君的命令。这些宦官或传达命令，或保管国君的印章，有的通文墨者被委以处理文书，成为宦官秘书。如秦王嬴政任用宦官赵高为符玺令，是为保管印玺的宦官秘书。

四、士充实秘书队伍

（一）士加入秘书队伍的历史背景

士原来是西周宗法制下最低级的贵族，有权接受"官府之学"，掌握了文化知识和一定的统治经验，具有政治见解，往往善文章、辞令，是当时的知识分子阶层。春秋战国时期随着宗法制、世袭制逐渐瓦解，旧贵族没落，士丧失了特权。同时，随着"学在官府"的局面被打破，私人办学之风盛行，许多平民拜师求学于私门，也成为士，士的数量遂大增。他们为寻求个人出路，或欲实现抱负，必须投靠、依附某个国君、集团或贵族。

各国国君在强则存、弱则亡的兼并形势下，迫切希望士帮助他们出谋划策，实现强国、统一天下的大业。同时，为了战胜旧贵族势力，他们从士中选用官员，许多人被任用为客卿之类无具体职掌，主要为国君谋划，起咨询、辅助决策作用的官员。他们"不治而议论"，是顾问、谋士、幕僚之类的人员，往往兼任起草文书工作，实际上是国君的高级秘书。

（二）士担任秘书工作的特点

士担任秘书工作，除了主要职责为谋划、咨询以外，还有如下特点：

任期短，流动性大。士往往将献计献策当作见面礼，换取有实权的官职，所以，他们担任秘书工作的时间都不长。范雎为秦制定远交近攻的战略后，被任用为相，手握大权；商鞅与秦孝公纵论方略三天三夜后，即被委为左庶长，受命处理国策；苏秦、张仪入秦不久，即奔波于六国之间，致力于游说，成为专职外交家；邹忌鼓瑟自荐，献策于齐威王，三月而受相印。当时"朝为布衣，夕为卿相"之事屡见不鲜。士一旦授实权之官职，则基本上脱离了秘书队伍，成为某一部门的主管了。

同时，士如不被重用，则离去，到别国游说，即所谓"行不合，言不用，则去之"。② 春秋中晚期，中原大地就出现了"楚材晋用"、"晋材吴用"的流动状况。

---

① 《诗经·秦风·车邻》。
② 《史记·魏世家》。

战国时期,思想领域中完全形成了中国是一个整体、它应当统一的"大一统"观念,士的本土观念、故国情感较淡薄,并不以为别国效力为可耻。"士不产于秦,而愿忠者众。"①以历代秦王招纳的客卿而论,由余为晋人,首事西戎,后入秦;商鞅为卫国人,不为卫王重用而入秦;范雎为魏人,受冤屈而投奔秦;韩非为韩国人,不受韩王所重而赴秦;蔡泽为燕人,游说列国均未受重用,最后至秦;李斯则是楚国人,一度入赵游说,后入秦。这说明士的流动性很大。

秘书工作中的参谋职能,不像文书档案业务那样须具有相对的连续性和稳定性。所以,士任秘书时间的短暂和流动频繁,一方面有不利之处,另一方面也有有利之处。就国君而言,各色优秀人才先后担任一段时间的秘书工作,利于他们获取各种知识、信息,了解各国情况和各种政见,开阔眼界,便于权衡得失,取其长而提高决策水平;就士而言,能吸收、交流、传播各种新观念、新思想和提高参政、辅助决策的技能,从而提高整个秘书工作水平。

(三) 士充实秘书队伍的意义

春秋战国时期,大批士加入秘书行列,壮大了秘书队伍,为原有的秘书队伍注入了新鲜血液,带来了新观念、新思想,提高了秘书工作的质量,开创了秘书工作的新局面;也对社会发展起了促进作用,同时,提高了秘书人员的地位和声誉;并且,导致古代秘书工作中文书档案和参谋咨询业务相对分离为独立性较强、各有专门秘书承担的两大部分,对日后的秘书工作产生了深远的影响。

五、私人秘书出现

士不但担任国君的秘书,也为一些贵族私人所招纳,如齐国的孟尝君、赵国的平原君、楚国的春申君、魏国的信陵君和秦国的吕不韦等人都纳士数千,称食客、门客和舍人,他们来源复杂,但以有文化的游说之士为主。这些纳士的贵族有大量土地、人户,类似于小邦之君,家政管理复杂,他们往往从门客中挑选人才,替他治理家政(称宰)。吕不韦曾组织门客撰写《吕氏春秋》一书,可见其中善文者甚多,李斯就曾为吕不韦之门客。门客参与谋划、起草书信、处理日常事务、承担交办事项,实际上是主人的私人秘书,为日后幕僚的祖师。

这些私人秘书往往以各自的才干学识服务于主人,为主人排忧解难,有的还起了很大的辅助作用。比如,孟尝君曾放债于封地薛(今山东省滕县),为维持家门的巨大开支,他派门下食客冯谖前去收债。冯谖至薛后仅收账十万,将其余多数无力偿付的债券当着借债人之面焚毁,然后回来复命,孟尝君十分不快,责怪他没办好事。后来,孟尝君因名声震主而被齐湣王免职,离开都城回薛。百姓闻讯,远至百里外迎接。孟尝君这才知道冯谖当时的作为是为自己收买民心,留下后路,感激地说:"先生为我买的情义,我今天才明白了。"后来,冯谖又游说秦王和齐王,使孟尝君得以复职。

私人秘书的出现,说明秘书工作向社会化发展,使服务对象扩大。

---

① 秦·李斯《谏逐客书》。

第三节　文书档案工作

两周普遍建立起秘书机构，有了专司文书档案工作的秘书人员，文字继续被改进，如周初的史官史佚曾先后创制"虎书"、"禽书"、"鱼书"，周宣王的史官史籀创制了籀书（大篆）。由于这些原因，使两周的文书档案工作超越了商朝的水平。

一、文书载体

人类早期社会的文书载体形式纷繁，国外有泥版文书、草纸文书、羊皮文书等，我国早期的文书则表现为独特的形式，主要有甲骨文书、金文文书、简牍文书、缣帛文书等。

（一）甲骨文书

甲骨文书是迄今发现的最早的官方文书实物，广泛使用于商朝后期。

西周的甲骨文书绝大部分是贞卜文书，主要是文、武、成、康、昭、穆六王时期所制，尤以武、成、康三王时期的为多，记载着文王遇姜尚、文王受封为西伯、武王伐纣、周公东征、营建洛邑等重大事件，书史性质增强，故学者称其为"周初历史活动的大事记"。由于周人重人治轻鬼神等原因，甲骨文书已被简牍文书和金文文书所逐渐替代，趋于淘汰。

（二）金文文书

商朝已经掌握了很高的青铜冶炼和铸造技术，铸造出青铜器，并在青铜器上镌刻文字，最长的有45字，被称为"铜器铭文"，又称"金文"或"钟鼎文"，字体类似甲骨文，已初步具有书史性质，所以，我们称它为金文文书。

殷商的铭文，"夫铭，天子令德，诸侯言时记功，大夫称伐……且夫大伐小，取其所得以作彝器，铭其功以示子孙，昭明德而惩无礼也"，[①]可见，金文文书主要是用来记载祖先功德、勋劳，留示后人的，它既记录了史实，又寓教于史，目的明确，其内容涉及政治、军事、民族、宗教、经济等各领域。但是，商朝的青铜器主要为了使用，故金文文书不多。

到了西周，青铜器主要供勒铭记事。其刻辞字数增多，记事加详，具有明显的书史性质，"凡大约剂书于宗彝"，[②]即凡属重要的和需要长久保留的文件都镌刻于钟鼎彝器上颁布，然后收存起来。其内容广泛，包括颂扬祖先、记载功业、录写历史、典章制度、册命、赏赐、征伐、诉讼、训诰、契约等，涉及政治、军事、经济、外交、法律、文化各个领域。是统治阶级活动的直接记录，均出自当时人之手，是"古之真迹"，记事确凿可靠。"盖史牒出于后人之手，不能无失，而刻词当时所立，可信不疑。"[③]它能证实或纠正史籍记载，为"《周书》之逸篇"。

春秋战国时期的金文文书大为减少，其功能也从歌功颂德为主转为颁录法典和记载史

[①]《左传·襄公十九年》。
[②]《周礼·秋官·司约》。
[③] 宋·赵明诚《金石录·序》。

实为主。如当时郑国政治家子产为了推行社会改革,制定了一套国家大法,称刑书,起初为简牍文书,传布面窄,广大平民无法见到,一些旧贵族乘机随意曲解,阻碍改革。为此,子产于公元前536年命人将刑书镌刻于鼎上,史称刑鼎,置于王宫门口,让全国百姓都知晓,普及了法律。可见,在同旧贵族的斗争中,金文文书被作为一种重要工具。

(三) 简牍文书

简牍文书是刻写在竹片或木片上的文书,在纸张普遍使用之前曾长期流行。刻写在单片竹片上的称竹简,也称简策、汗简、简册、杀青;刻写在单片木片上的称"版",写上字称"牍",一尺见方、四面可书写的牍称"方",也称"觚"。近人称信稿为"尺牍"、文稿为"文牍",源出于此。简牍文书内容包括帝王、官员的命令、文告、书信、簿册、典籍等。根据以下理由,可以推断商朝已经有了简牍文书。

第一,甲骨文中有"册"字,《说文解字》中作"冊",解释为"一长一短,中有二编",是用绳将竹片串连起来的象形文字。出土的大量简牍有的以丝或绳系连,有的绳虽断而简牍上凿有扎绳用的凹槽,这证实甲骨文中的"册"即指简牍文书。"册"中的重要者称"典",金文写成"典",《说文解字》解释为"从册兀在上",即将册置于桌上,故又称"大册"。

第二,周灭商后,周公曾告诫殷商遗民时说"惟殷先人,有册有典",①史载周公曾读《书》百篇,是为了熟悉商朝历史、民情、典章,以便制定如何安置殷商遗民的妥善措施,故此处的《书》当是商朝的典籍。这些"册"、"典"、《书》当是商朝的简牍文书或其汇编。

至今未有商朝的简牍文书出土,可能是竹木难以长久保存,加上商朝时防腐技术不发达,简牍绝大部分自然毁坏了。

西周时期,日常文书都刻写于简牍上,"文武之政,布在方策",②就是说文王、武王的政令是书写在简牍上的,"凡命诸侯及卿大夫,则策命之。"③说明天子分封诸侯大夫的命令是书于简牍上的。"百名以上书于策,不及百名书于方。"④"策"即指竹简,金文中常见"策命"两字,佐证当时大量文书是简牍文书,可知西周是以简牍文书为主的。

战国时期的简牍文书已大量出土。从中可以看出简牍文书的形式,牍和方用来写简短的文书,竹简则用来写长些的文书。写的方法有用刀刻,或以漆书写。多片竹牍以麻绳、素丝、青丝或熟皮条系扎成策(即册),如文书不止一册,则将数册再编连在一起,称编(即篇)。据说孔子晚年喜《易》,经常翻阅,以致"韦编三绝",即断了三次,"韦"即指系扎的熟牛皮条。

简牍文书表面覆盖有一或两片简牍,比正文的简牍稍宽,称"检"或"赘简","检"的背面书明收件人的地址、姓名,"检"的结绳处加盖封泥。"检"相当于现代公文的封页,遮盖文书

---

① 《尚书·多士》。
② 《礼记·中庸》。
③ 《周礼·天官》。
④ 《仪礼·聘礼》。

内容以防泄密。当册收卷成一束时,"检"背面的字即显露出来,类似现代卷轴护首外面的题签,这是文书、典籍称"卷"的最初形式。

可以说,先秦时期,使用最多的是简牍文书,它一直被沿用到东晋桓温当政时才被废止。

(四) 缣帛文书

春秋战国时期开始用缣帛(丝织品,像今天作画用的素绢)制作文书,我们称为缣帛文书。《墨子》中提到"书于竹帛",帛即缣帛。20世纪初,新疆楼兰遗址曾出土缣帛文书。

简牍文书笨重,常以车载,书写、制作、携带、翻阅都不方便,编连的绳子日久易磨断,使简牍散乱。缣帛文书却不同,它柔软光润,书写时容易着墨,可依据文书的长短,随意裁取篇幅,又能任意折叠或卷拢,便于运转、阅读、收藏,也不会散乱,远比简牍文书优越,故它的出现,是文书工作中的一个进步。但是,由于缣帛制作工艺复杂,产量有限,成本过高,所以"缣贵不便于用",仅在贵族间使用,难以普及,只是作为简牍文书的辅助品。

二、文书工作的初步规则

约从西周开始,文书工作产生了一些初步的规则,这些规则主要有:

(一) 文书运转有了初步程序

西周中央政府发布的文书,主要由太史、内史或王宫中的女史拟制,各部门的文书各由其秘书人员拟制。如"建邦六典"(即治典、教典、礼典、政典、刑典、事典,是天子与诸侯间各方面关系的法规性文件)由太史总掌,并亲自拟制治理官府、整顿吏治的"治典",其余各典则由相关部门制作,如"刑典"由司寇所属部门拟制,由布宪颁发、司宾递送。

周天子的命令由宰传颁,政府、诸侯、军队及臣民的奏事,由宰接受上呈。

中央政府内还特设有行夫的官职,"掌邦国传递之小事",即负责公务文书的递送,下有下士32人、府4人、史8人、胥8人、徒80人。显然,这已是一个专门机构,可知当时文书传递业务已初步专门化。

这样,文书的拟制、收呈、颁发、传递都各有专人负责,初步形成了其运转程序。

(二) 根据文书运行方向分类

商朝的甲骨文书是以记录王室活动为主的,为处理国家政务而直接下达的指示性公文不多,因此,它尚是记录性文件,是初级形态的文书。

西周时文书的职能扩大,凡传布政令、颁发命令、布行法规、报告情况、请示问题、商洽事务、订立协议都使用文书。这些文书都是西周各级政府制发,有特定的作者、内容、收受对象和目的,完全具备了文书的特征,已发展为成熟的、功能广泛的政务文书。

根据文书的作者、内容、收受对象、目的和运行方向的不同,发展为不同类型的文种。

史云"内史掌书王命","外史掌书外令"。"王命"指周天子直接颁布的命令性文书,如《牧誓》;"外令"是中央政府根据周天子的旨意而颁布的文书,如"建邦六典"。这些文书运行方向为自上而下,遂形成下行文。

"凡四方之事书,内史读之,""言四方之事书者,诸侯凡事有奏白于王,内史读示王。"①这些"事书"即诸侯、各级官员向周王汇报情况、请示问题的文书,其运行方向为自下而上,遂形成上行文。

各诸侯国之间为了协调关系、解决争端而订立的各种协议性文书,其运行方向为横向平行,遂形成平行文。

从古籍记载中和金文文书中有大量这三类文书,从上行文来自"四方"而不是某一方,从内史专掌此类文书来看,这三类文书已经稳定成形,并经常被使用。因此,可知西周时,为了适应国家不同层次、不同部门管理的需要,已经出现了一个由下行文、上行文、平行文三类文种组成的配套的文书体系,这一分工明确的文书体系一直沿用至今。所以,西周是我国文书工作史上一个重要的开拓时期。

(三) 拟文有了规定程序

春秋战国时期,公文拟制产生了程序。如郑国"为命,裨谌草创之,世叔讨论之,行人子羽修饰之,东里子产润色之",②产生了起草、讨论、修改、润色四个环节,然后定稿。每个环节均有专人负责,成为制度。其他诸侯国也实行这一制度,如春秋时鲁襄公的臣子大叔就是专门负责修正文告辞句的官员。这一制度,尤其是修改、润色两个环节的建立,不但保证了文书的准确性,而且使文字风格大有改进,出现了不少散文体的文书,它们文字精练、语言丰富、逻辑性强,有的对人物和事件的记录颇为详细、深刻。

(四) 用印制度

印章在西周已出现,春秋战国之际开始流行,除了政府部门、官员以外,生产、贸易、人事交往等方面也使用印章。以作为表明身份、证实权力、履行职能、沟通上下的信物。

各国诸侯的印章称玺,它表示周天子赋予的权力。各国国君任命卿大夫时也都授予印信为凭,印证明了官员的地位、身份,也是各级政府职权的合法凭证。所以,国君或卿大夫的公文都须加盖印章,方为有效。免职时收回。如公元前316年,燕国国君哙为了削弱旧贵族,决定将王位禅让给相国子之,以推行社会改革,下令将俸禄三百石以上大官(多为旧贵族)的官印全部收回,由子之重新任命新官员。

当时的简牍文书由多片竹简或木片组成,由绳系连,封页称"检",在"检"的结绳处糊上一块粘泥,在粘泥上加盖印章,显出印文,粘土干后坚硬,称为"泥封",也称"封泥"。

战国时期,各国国君还有虎符,是调动军队的印信。虎符以铜铸成虎状,一分为二,出兵时,国君收存其一半,另一半授予统兵出征的将领,国君如欲调动军队,须派使臣携带自己的半边虎符去传令,将领以另半边对验,如吻合无误,命令才生效。公元前257年,秦攻赵,赵求救于魏,魏王惧秦而不敢出兵相助,魏信陵君在魏王宠姬如姬帮助下,从魏王卧室窃出半边

---

① 《周礼·春官》唐·贾公彦疏。
② 《论语·宪问》。

虎符,赶往驻扎在边境的大将晋鄙军中,假传王命,并击杀晋鄙,才调动十万大军击败秦军,解邯郸之围,挽救了赵国的危亡。可见印章作用之大。

文书用印制度保证了文书的有效性、严肃性,防止了公文被伪造,加强了对文书的管理和控制,是文书工作、也是秘书工作中的一大进步。

(五) 公文传递制度

春秋战国时期各国内部和国与国之间频繁的公文往来,导致公文传递制度产生。西周已有行夫领导的机构"专掌邦国传递之小事",东周当沿置这一机构,发展传递业务。当时陆路交通四通八达,江河和海上交通也颇为发达,为公文传递创造了良好的条件。

史载"德之流行,速于置邮而传命"。① 此处的"邮"即路途间专供传递文书者食宿的"传书舍",也称"传舍",设有传舍吏专管。说明当时已建立了公文传递网。而且,根据公文的缓急和传送目的地的远近,分别以车、马快传或徒步传送。记载吴王的言论时说"徒遽来告,孤日夜相继,匍匐就君",韦昭注:"徒,步也。遽,传车也。"②明顾炎武也断定,春秋时已经用驿马传递文书急件了。③

公文传递制度的建立,使文书有了畅通的运转通道,保证其能较迅速地送达目的地,同样是秘书工作中的一大进步。

三、公文文体

从夏至战国,公文文体由简单至复杂,越来越多。兹依据典籍记载,梳理介绍如下:

(一) 王命文书(下行文)

誓——帝王动员部下讨伐敌方的命令性文书,是我国最早出现的公务文书,夏朝就已经产生。如夏朝的《甘誓》、商朝的《汤誓》、西周的《牧誓》等。

诰——帝王或执政大臣勉励属下的文书,商朝出现。如商汤的《帝诰》,西周时的《召诰》、《酒诰》等。

命——帝王或执政大臣代表国家发布的命令性文书,商朝产生。有的用以任命官员,如《尚书·说命》、西周的《顾命》;有的用以封爵,如《尚书》中的《微子之命》、《蔡仲之命》;有的用以饬职,如《尚书·毕命》、商朝伊尹的《肆命》;有的用以赏赐,如《尚书·文侯之命》。

策——帝王封赏王族宗子、贵族、功臣及发布命令的文书。西周时出现。

典——夏以前的"典"为记录首领典范行为的文体,如《尚书》中的《尧典》、《舜典》;西周时为中央政府颁布制度、法规的文书,如"建邦六典"。

训——是帝王教导臣下的文辞。始见于《尚书·盘庚》:"予告汝训汝。"孔安国《尚书序》解释曰:"教导之文曰训。"有时以下戒上也可用训,如伊尹教训太甲的《伊训》。

---

① 《孟子·公孙丑上》。
② 《国语·吴语》。
③ 明·顾炎武《日知录·驿》。

令——上古时帝王对臣下的言词称为令,意思为发号施令,小于命,始见于《尚书·同命》;战国时期由于周王室衰微,令已不常见,其作用也大为减弱。

檄文——周天子、各国诸侯或卿大夫用来征召、晓谕或声讨敌方的文书。产生于战国时期,檄文的特点是"事昭而理辨,气盛而辞断",即叙事明白、说理雄辩、气势强盛、话辞果断,忌隐晦曲折、和缓细巧。声讨性质的檄文往往要宣扬己方的英明,揭露敌方的罪行,分析敌我形势和人心向背,算计彼此力量的强弱,以鼓舞士气,有些类似于古代的誓。由于各国间战争频繁,此文体最为常见。

(二) 上行文

谟——臣下为君主谋划治政大事的文书。如《尚书》中的《大禹谟》《皋陶谟》。

上书——臣下向天子或国君陈述政见的文书。是后代奏、章、表、疏等的前身。上书往往就一件事,运用铺陈、排比的手法,依据确凿的历史事件,纵横议论,逻辑性很强,富有说服力,而且语言形象、生动,音节铿锵有力。其代表作如李斯上秦王的《谏逐客书》。

事书——诸侯及地方政府官员向天子或中央政府汇报事情、请示问题的文书。

(三) 平行文

盟书——西周天子与诸侯,各诸侯国之间、诸侯和卿大夫之间杀牲歃血、对神盟誓而订立的协议,它没有命令的性质,而是各方均须共同遵守的规则,所以,当划入平行文一类。

载书——也称盟书,系由西周时的盟书演化而来。可分为两类,一类是由霸主召集各国君制订的协议,表面上是平等的,实质上是强国兼并弱国,大国瓜分小国的手段;另一类是各诸侯国内部新兴地主阶级联合起来向奴隶主旧贵族夺权而订立的协议。春秋末期开始,各国内部新旧势力的斗争趋于激烈,这类盟书较多。著名的有《侯马盟书》。这一类盟书,签约各方地位平等,平行文的性质明显。

移书——国与国之间、各国官员之间或国内不相统属的各官署之间的往来公文。当时各国交往频繁、国内事务繁琐,这类文书甚为常见。

此外,尚有:

约剂——周朝为维护各种关系而制定的法律性文书,使用范围广泛,大致分为两类,一类是天子与诸侯、臣民之间的关系准则,有邦国之约、万民之约等,类似于下行文,因各种典虽是治国的根本大法,但不完善,当出现新问题时,典难以施行,就另立约剂为具体规定,作为典的补充;另一类是诸侯、大夫之间关系的准则,类似于盟书,故合称盟约,相当于平行文。

四、档案工作

(一) 中央档案机构天府的设立

西周时期,由于档案种类、数量增多,设立起我国历史上最早的中央档案机构——天府。根据笔者寻查古籍、梳理史料,研究考订,兹勾勒天府的面貌。

1. 天府收藏的档案种类

天府收藏的档案,主要有如下几类:

第一类,版、图。是记载王朝土地、人口的重要材料,是周天子实行统治的基础。

第二类,谱籍。是王族特殊政治地位的依据,保证家天下世代相袭的标志。

第三类,盟约。"凡邦之大盟约,莅其盟书,而登之于天府。"①

第四类,各级官府上呈的重要文书。"凡官府乡州,及都鄙之治中,受而藏之。"②

第五类,金文文书。它们记载的都是重大史事和天子的训诰,当严加保存,以昭示后代。

第六类,甲骨文书。它是周初重大政事的真实记录,也须集中保存。

可见,天府收藏的档案种类较多,内容较丰富,它们统称为"天府之藏"。

2. 天府的处所

天府置于何处?古籍中没有直接记载,但根据旁及的记录,可以推知其是置于都城的宗庙里,理由如下:

第一,"天府掌祖庙之守藏",③即重要的档案收藏于祖庙,由天府掌管、守护。

第二,"凡大约剂书于宗彝",宗彝即收存于宗庙的金文文书,可知天府设于宗庙。

第三,商朝的甲骨档案藏于宗庙,周当继续这一传统。西周的甲骨文集中出于早期的都城周原凤雏村宫殿遗址内,就证实了这一点。

宗庙是周王室祖先神灵所在的神圣之处,建筑较坚固,便于保密和守护,所谓"事莫始于宗庙,地莫严于宗庙",重要档案收藏于此,既安全,又有祭供祖先、求取庇佑的用意。

3. 天府的地位

周初的中央政府设有"九府",即九个职能部门,计有:大府、王府、内府、外府、泉府、天府、职内府、职金府、职币府。天府为"九府"之一,相当于现代的部级单位,地位颇高。由于宗庙和其中的档案在统治阶级心目中占有神圣的地位,所以,这一机构为统治阶级高度重视。保管天府档案的人员称"守藏史",他们父死子继,世代相袭,成为天府世家。

"盖五庙之制,自虞至周,自天子至附庸皆同。"④就是说各诸侯国也各自筑有宗庙,他们当也仿照周制,于宗庙置天府以收藏档案,只是限于礼治制度,其规模没有中央政府的天府那样大而已。

(二)副本制度和金滕之匮

西周的重要文书,除正本之外,大都录制有副本多份。正本收贮于天府,其余副本"太史、内史、司会及六官皆受其贰而藏之",⑤即这些机构分别保存有副本,同时,地方政府的重

---

① 《周礼·秋官·司寇》。
② 《周礼·春官·天府》。
③ 同上注。
④ 清·焦循《群经宫室图》。
⑤ 《周礼·秋官·司寇》。

要文书也录制有副本,一份自行保存,另一份交上级衙门保存,如"宰告闾史,闾史书为二,其一藏诸闾府,其一献诸州史,州史献诸州伯,州伯命藏诸州府"①。这可视为我国文书档案工作中副本制度的起始。

约于西周时,创制了用金属封缄的匣子(一说以金质绳索捆扎的箱匦),称"金縢之匮",用来收藏一些最机密、最重要的档案。如武王于开国后病倒,周公眼见王朝初立,天下未定,不能失去武王,就祈求祖先神灵,愿自己代武王去死。这一记录就藏于"金縢之匮"中。这一方法为历代王朝所继承,如刘邦与功臣剖符盟誓,将盟书封存于金匮石室,藏于宗庙。

(三) 档案开始被广泛利用

夏、商、西周三代,档案作为神圣之物,被保存得森严壁垒。自东周起,由于周王室内乱不断,奴隶、平民起义不绝,各诸侯国之间兼并战争剧烈,中央政府和各诸侯国的大量档案或被毁,或流散于社会,为社会所用。当时,对档案的利用主要有几种形式:

1. 作为统治和施政的工具

与衰落的周王室、被攻灭小国的档案流散相对应,强盛起来的大国和战胜国纷纷加强了对档案的收藏、保管、利用,其中最被重视的是版、图,它们是征服和吞并小国的标志,是统治权力的象征,是争夺天下的基础,各国无不严加收藏。如秦在攻灭六国过程中,对本国和被攻灭国的版、图都由丞相府和御史府收贮,由柱下史专门保管,并加以完善。如商鞅变法时,凡境内的男女人丁悉数被登录于户籍上,"生则著其名,死则削其籍",作为征调赋税、兵役、力役的精确依据,以使"民不逃粟,野无荒草,则国富,国富者强",②被用作剥削人民的重要工具。

各国变法中繁多的法令文书,颁行后也都被妥善收存起来,以供统治者随时查用。商鞅变法时,凡法令除正本之外,复制有副本多份,一份收存于王宫禁室内,"封以禁印",由少府派遣尚书保管,不准私自启阅,专供国君查用,其余的分别存放于丞相府、御史府、郡、县官员处,各设专人保管,以供各级官员及平民查询。

2. 作为传授学问的工具

流散于社会上的档案,主要被士所利用。士为了提高自身的文化修养,完善自己的政治主张,学习理政经验,希望从官府档案中吸取养料,寻找历史依据。所以,他们十分注意收集档案,进行研究,其中造诣深者还利用档案开办私学,招纳弟子,传授学问,形成了一股解释、探索社会大变革趋势的风气,出现了文化学术上老子、孔子、墨子、荀子、孟子、庄子、韩非子等百家争鸣的繁荣局面。孔子曾"适周问礼",求教曾负责保管东周王室档案的老子,遣弟子四处搜求而"得百二十国宝书"。

孔子等利用档案办学,开创了"学在私门"的风气,打破了"学在官府"的垄断局面,培养

---

① 《礼记·内则》。
② 《商君书·去强篇》。

了大批人才,其中不少人作为游士,担任过秘书官职,为培养秘书人员起了一定的作用。

3. 档案被汇编成集

孔子等人在收集了大量档案,整理研究后汇编成籍。相传仅孔子就曾经"删诗书,定礼乐,赞周易,修春秋",即删定"六经"——《诗经》、《尚书》、《礼记》、《礼仪》、《周易》、《春秋》。"故夫子之述六经,皆取先王典章。"①

各国史官也纷纷利用档案进行著述。相传《左传》和《国语》就是鲁国太史左丘明依据大量档案编纂而成的,《国语》完全是春秋战国时期各国史事的汇编。

这些古籍将我国古代大量的珍贵档案保存了下来,流传至今,使我们能了解几千年前先民的活动。同时,也形成了我国秘书工作中的一大优良传统,利用档案汇编成典籍、史书。

第四节 西周的社会调查制度

社会调查是行政决策的基础,是秘书部门的一项重要业务。西周统治者在立国伊始的一些做法事实上建立了社会调查制度。

周朝民间流行编唱民歌,"男女有所怨恨,相从而歌。饥者歌其食,劳者歌其事"。② 民歌真实地反映了劳动人民的处境生计、喜怒哀乐,以及民俗风情、社会状况。"凡诗所谓风者,多出于里巷歌谣之作"。③ "风"即民歌。西周统治者通过采集"风",了解民情,"治世之音安以乐,其政和;乱世之音怨以怒,其政乖;亡国之音哀以思,其民困",④这就是一种社会调查,采风有各种规定,形成了一套制度,采风的内容丰富多彩,真实地反映出社情民意。

一、社会调查兴起的原因

西周统治者为何建立采风这一社会调查制度呢?概括起来,有如下原因:

第一,鉴于商灭亡的教训,慑于人民群众的巨大威力。

周原是商的附属小邦,周武王趁商纣王昏暴乱国、众叛亲离、民心思变之际,联合众多小邦,经牧野一战,攻灭了商。牧野之战中,纣王亲自统率的 70 万大军阵前倒戈,成为周胜商亡的重要原因。这一重大事件引起周初统治者的震惊,感到民心的可畏,人民力量的巨大,要使初建的周王朝站稳脚跟,必须了解民情。

第二,周初统治者对新的统治区域缺乏了解。周以偏居一隅的小邦成为天下共主,亡商的疆域广袤,域内小邦林立,商残余势力尚存,对周初统治者来说,这是一片陌生而危机四伏的地域,一汪深浅莫测的海洋,除了周活动过的旧地以外,对大部分地区的风俗、情况少有所

---

① 清·章学诚《文史通义》。
② 东汉·何休注《公羊传·宣公十五年》。
③ 宋·朱熹《诗集传序》。
④ 《毛诗正义·国风·关雎》。

知,要在这些地区建立起新的统治秩序,必须进行社会调查。

第三,西周统治者重人治、轻鬼神。"殷人尊神,率民以事神,先鬼后礼。"而"周人尊礼尚施,事鬼敬神而远之。"①西周统治者虽然也祭神祀祖,然更注视人治。周公就曾表白:"天不可信,我道惟宁王德延。"②所以,他们勤于朝政,谨慎于民事,不敢懈怠,必然要求了解、掌握民间动态。

第四,社会调查是周的传统。《诗经·大雅》中的《生民》、《绵》、《皇矣》、《大明》等篇,反映了周的祖先后稷、公刘、古公父一直到文王时的社会情况,说明周早在建国前就有了社会调查的传统。文王积善累德,教化推行于南国,使周成为人心归向的强盛之邦,为灭商奠定了基础。文王少年时曾亲自参加农牧生产,直接接触民众,并关心百姓疾苦,懂得了解民情的重要性。周初统治者继承了这一行之有效的方法。

二、社会调查制度的内容

西周的社会调查工作由专人总管,由多种人员承担调查,调查的时间、方法、情况的上报、汇集等都有规定,形成一套较严密的制度。

(一) 各类调查人员和调查方法

全国主管调查工作的是太师。政府设有"采诗之官",他们分成不同的层次。行人是秋官的属下,专管朝觐、聘问,随时接受天子的咨询,提供民情。为此,"孟春三月,行人振木铎,徇于路以采诗。"③他在每年的阳春三月,巡游各地,站在交通要道,摇着木铎(一种类似铜铃的乐器,铜口,木舌),征求民歌,是朝廷中指定的采风官员。

《国语》中记召公语曰"公卿至于列士献诗",相传《诗经》中的《豳风·鸱鸮》、《小雅·棠棣》即周公所作。可知天子要求公卿列士这些高官也要采集民情,向他反映。

此外,古籍中还有"国史采诗"的记载,说明史官也负有采风的任务。

周天子也亲自定期下民间调查,"天子五年一巡守,岁二月东巡守……命太师陈诗以观民俗。"④

此外,还招募60岁以上的男子,50岁以上的女子中无子者,由官府供给衣食,让他们从十月底到次年正月止,从民间采诗。

调查是定期的、经常性的,民间提拔的采风人员调查时间是每年"十月尽正月止",行人是每年"孟春三月",天子为每隔五年的春二月。

(二) 调查情况的上报程序

调查所获情况需及时上报。上报有几种方式:一是逐级上报,民间采风人员将调查情况

---

① 《礼记·表记》。
② 《周书·君奭》。
③ 《汉书·食货志》。
④ 《礼记·王制》。

由"乡移于邑,邑移于国,国以闻于天子"①,"故王者不出牖户,尽知天下所苦"②。

二是职位高的官员可直接将调查情况向天子陈述,如"公卿至于列士献诗"。

三是行人采集之风,应"献之于太师,比其音律,以闻于天子"。③ 朝廷专设有乐官,将采集之诗配上乐曲,唱给天子听。"有瞽有瞽,在周之庭。"④"瞽"就是乐官。

(三)调查地域和延续时间

西周社会调查的目的是使统治者"不出牖户而知天下",从中"观风俗、知得失、自考正也"。⑤ 所以,调查的范围几乎遍及周王朝的整个统治区域。《诗经》中占大部分篇幅的《国风》,即各国的风俗民情,涉及15国,相当于今之陕西、山西、河北、河南、山东及湖北一带,主要在黄河流域,也远及长江流域。可见调查范围之广阔。

《诗经》中所收之民歌,绝大部分是西周初年至春秋后期的作品,从公元前11世纪,延续了500多年,西周在公元前771年灭亡,说明采风既盛行于西周,也为东周所沿袭。

(四)调查内容

《诗经》的内容,有反映劳动人民生计艰难、贵族对他们的剥削、压迫和他们的愤怒,如《七月》、《伐檀》、《硕鼠》、《黄鸟》等篇;有反映人民对连年不断的战争的厌恶和妻离子散、田园荒芜的惨景,如《何草不黄》、《击鼓》、《伯兮》、《东山》等篇;有反映人民对统治者的怨恨,如《节南山》、《小弁》、《正月》等篇;有反映统治阶级内部矛盾,如《雨无正》、《巧言》、《召旻》等篇;也有的反映人民的家庭生活和对安定生活的向往,前者如《氓》,后者如《十亩之间》、《苤苢》、《野有蔓草》等篇。

总之,采风的内容包罗万象,涉及社会的各个角落,是对社会现状的综合调查。明智的统治者可以从中"知天下",觉察到隐伏的危机,制定出相应的政策来缓和矛盾、安定社会秩序、巩固统治。

三、社会调查制度的意义

西周进行的规模如此之大、范围如此之广、时间如此之长的社会调查,是我国古代国家管理工作中的一大创举。它之所以能实行并长期坚持,一个重要的原因是各级政府中普遍设置了秘书人员,行人是中央政府的秘书官员,将调查情况从乡、邑、国上报天子的工作,也由各级秘书人员承担,所以,这又是我国古代秘书工作的一大创举。这一制度除了被东周继承,直到西汉还在实行,如汉武帝曾"立乐府,采诗夜诵"。这说明我国秘书工作者有着注重社会调查,广泛收集第一手资料以供领导者决策参考的优良传统。

---

① 何休注《公羊传》。
② 《汉书·食货志》。
③ 同上注。
④ 《诗经·周颂·有瞽》。
⑤ 《汉书·艺文志》。

【知识链接】

太史寮——西周王朝史官的官署名。与卿事寮同见于《番生簋》、《毛公鼎》。掌管册命、制禄、图籍、记录历史、祭祀、占卜、礼制、时令、天文、历法等。其长官为太史,位仅次于太师。

天　府——西周王室档案库。古者尊祖为"天","府"、"库"相通,是谓天府。记载始见《大戴礼记·少闲》,殷代武丁时开先祖之府,国家典制及官府档案均藏其内,制有禁令,以禁守不得妄入。西周于"春官"下设"天府",《周礼·春官·天府》:"天府,掌祖庙之守藏与其禁令。凡国之玉镇大宝器藏焉。若有大祭大丧,则出而陈之。既事,藏之。凡官府乡州都鄙之治中,受而藏之,以诏王察群吏之治……若祭天之司民司禄而献民数谷数,则受而藏之。"西周的重要档案的正本均上呈天府,意为拜受神祖的赐予、并受其考察,要求神祖的保证信誓以及显示周天子共主的地位,也是统治者处理政事、稽察官员、统治臣民的重要凭据。天府库藏档案在春秋时期数百年动乱中,遭到巨大损失。公元前256年,东周灭,天府遂亡。

史　佚——原名尹佚、尹逸,西周初年太史。周文王时史官。明·陶宗仪《书史会要》记载:文王仁及草木,有虎不害,名曰驺虞,白质玄章,驯于灵囿,佚乃错综其体而为虎书。及武王观兵盟津,渡河中流,白鱼跃入王舟中,武王俯取以祭,命佚纪瑞,作为鱼书。又文王时,赤雀衔书集户,至武王复感丹鸟流室,佚又纪此二瑞,作为鸟书,势若翔羽。《书林纪事》《大戴记·保傅》记载:武王崩,成王立,唐有乱,周公诛灭唐。成王与叔虞戏,剪桐叶为珪,以与叔虞,曰:"以此封若。"史佚因请择日而立叔虞。成王曰:"吾与之戏耳。"史佚曰:"天子无戏言,言则史书之,礼成之,乐歌之。"于是遂封叔虞于唐。正是史佚这句"天子无戏言",为后人留下了"君无戏言"的典故。

董　狐——亦称史狐,春秋晋国太史。《左传·宣公二年》:"乙丑,赵穿攻灵公于桃园。宣子未出山而复。太史书曰'赵盾弑其君',以示于朝。宣子曰:'不然。'对曰:'子为正卿,亡不越竟,反不讨贼,非子而谁?'"意思是:公元前607年,晋灵公企图杀死执政的正卿赵盾(即赵简子)。赵盾被迫出走,未及越过晋国国境,他的族弟赵穿已经杀了灵公。赵盾闻讯立即返回国都,迎立成公继位,自己继续执政。董狐时任太史,在记录这一事件时,书道"赵盾弑其君",并将此向朝臣宣示。赵盾不服,辩解自己并未杀灵公。董狐反驳说:"你身为正卿,避难逃亡未出国境,君臣之义还在,返朝后不讨杀乱臣,罪责难逃,弑君的罪名不由你承担谁承担?"后孔子称赞说:"董狐,古之良史也,书法不隐。"董狐也就成为史官秉笔直书的代表性人物。

齐太史兄弟和南史氏——《左传·襄公二十五年》载,公元前548年,齐国大臣崔杼弑齐庄公,立庄公之弟杵为景公,齐太史据此秉笔直书"崔杼弑其君",崔杼命令他删改,太史坚持不改,崔杼大怒,遂杀死太史。太史弟弟闻讯,继承兄长遗志,继续直书"崔杼弑其君",又遭杀害。另一弟弟仍然坚持直书如故。崔杼慑于太史弟的凛然正气和舆论的指责,只得罢手,无可奈何地让太史记下自己的罪行。与此同时,正在外面的史官南史氏,闻知国内太史因据实记录朝廷大事而被杀,毅然手执记录的竹简,赶回都城,准备继承太史遗志,走到半路,获知太史兄弟已拼死记录在册,才返身而去。齐太史兄弟与南史氏为了维护"大事记"的真实性,不畏强暴、前仆后继、不惜以身殉职的精神,千百年来为人们所崇敬,也说明实事求是历来是我国秘书工作者的优良传统。

【练习题】
(一) 单项选择题
(在备选答案中只有一个是正确的,将其选出并把它的标号写在题后括号内)。

1. 太史寮中掌拟制简册、宣示天子诰命的秘书官员是( )。

   A. 太史　　　　　　　　B. 小史
   C. 内史　　　　　　　　D. 外史

2. 西周执掌政务的官署称( )。

   A. 太史寮　　　　　　　B. 卿事寮
   C. 天府　　　　　　　　D. 间府

3. 西周中央政府内分管司法的司寇属下有负责登录万民之数以奏报天子的秘书人员,称( )。

   A. 司约　　　　　　　　B. 司马
   C. 司民　　　　　　　　D. 布宪

4. 战国时期,原先职位最低微而被提拔为国君身边的亲信、负责起草重要文书的秘书官员是( )。

   A. 御史　　　　　　　　B. 小史
   C. 内史　　　　　　　　D. 外史

5. 各诸侯国不仅从旧的低级史官中提拔秘书官员,还重新设置了一批秘书官职,如秦国设立了( )。

   A. 尚书　　　　　　　　B. 掌书
   C. 主书　　　　　　　　D. 令正

6. 西周专掌公文传递的机构是由( )领导的。

   A. 行人　　　　　　　　B. 行夫
   C. 传舍吏　　　　　　　D. 传书吏

7. 周天子与诸侯之间,各诸侯国之间,诸侯和卿大夫之间杀牲歃血、对神盟誓而订立的协议,这种文体称( )。

A. 谱牒 B. 盟书
C. 丹书 D. 事书

8. 我国最早的中央档案机构是（   ）。

A. 外府 B. 泉府
C. 天府 D. 职内府

9. 作为朝廷中指定的采风官员，每年的阳春三月，巡游各地，站在交通要道征求民歌，以向天子提供民情的是（   ）。

A. 公卿 B. 列士
C. 行夫 D. 行人

10. 两周时期，是我国古代秘书工作的（   ）时期。

A. 萌发时期 B. 成熟时期
C. 形成时期 D. 初创时期

（二）多项选择题

（在备选答案中有二至五个是正确的，将其全部选出并把它们的标号写在题后括号内。错选或漏选均不给分）。

1. 下列哪些是太史寮的秘书官员：（   ）。

A. 太史 B. 小史
C. 内史 D. 外史
E. 御史

2. 下列哪些是王宫的秘书官员：（   ）。

A. 左史 B. 右史
C. 承   D. 女史
E. 行人

3. 西周初年，周公的长子伯禽被分封赴鲁国之时，天子还给他配备了（   ）等，让他带去，以建立鲁国的秘书机构。

A. 宗 B. 祝
C. 卜 D. 史
E. 行人

4. 周朝秘书人员的"职业道德"包括：（   ）。

A. 分工、分层次 B. 君举必书
C. 宗教色彩浓   D. 秉笔直书
E. 宗教色彩淡

5. 周朝秘书人员的"职业个性"是（　　）。
A. 正直不阿　　　　　　　　B. 君举必书
C. 威武不屈　　　　　　　　D. 秉笔直书
E. 书法不隐

6. 史官是当时社会上（　　）的群体。
A. 学识渊博　　　　　　　　B. 见闻广异
C. 家境富裕　　　　　　　　D. 最有知识
E. 文化素质优秀

7. 两周时期的文书载体主要有：（　　）。
A. 甲骨文书　　　　　　　　B. 金文文书
C. 简牍文书　　　　　　　　D. 缣帛文书
E. 石头文书

8. 西周文书处理的（　　）都各有专人负责，初步形成了运转程序。
A. 拟制　　　　　　　　　　B. 印刷
C. 收呈　　　　　　　　　　D. 颁发
E. 传递

9. 春秋战国时期，公文拟制产生了程序，即（　　），然后定稿。
A. 起草　　　　　　　　　　B. 讨论
C. 修改　　　　　　　　　　D. 颁发
E. 润色

10. 两周的档案被利用于如下方面：（　　）。
A. 作为统治的工具　　　　　B. 作为施政的工具
C. 传授学问　　　　　　　　D. 收藏保值
E. 被汇编成集

（三）简答题

1. 什么是太史？
2. 什么是小史？
3. 什么是内史？
4. 什么是外史？
5. 什么是御史？
6. 什么是"建邦六典"？
7. 什么是"泥封"？

8. 什么是檄文?

9. 什么是上书?

10. 什么是简牍文书?

(四) 论述题

1. 简述史官衰落的原因。

2. 简述士加入秘书队伍的历史背景、特点、意义。

3. 简述天府的概况。

4. 试述西周社会调查制度的起因和内容。

5. 为什么说两周时期是我国古代秘书工作的初创时期?

【扩展阅读】

杨剑宇:《秘书学专业的进展和对策》,《秘书》2018年第1期。

第三章
古代秘书工作确立时期——秦、汉

第三章
古代秘书工作确立时期——秦、汉

本章概述

秦汉是我国封建社会的确立时期。

秦始皇统一中国后，创设起一整套中央集权的国家机构，从中央到地方，在全国范围内统一的秘书机构也随之形成。同时，又建立起全国划一的各项秘书工作制度，并初步试图以法令的手段使这些制度稳定下来，从而为封建社会的秘书工作举行了奠基礼。

由于秦朝的短命而亡，这些制度未在秦朝得到充分发展，继起的两汉王朝对秦朝的秘书工作制度增损变通，予以充实，使之逐步趋于稳定，并确立下来，其基本内容为以后历代王朝所仿照、沿袭，视作基本模式。

因此，秦汉时期是我国古代秘书工作的确立时期。

学习目的和要求

通过本章学习，理解秦汉是我国古代秘书工作的确立时期。这是因为：随着统一的中央集权政权——秦的建立，从中央到地方，全国范围内统一的秘书机构也随之建立，同时建立起全国划一的秘书工作制度，并尝试以法律手段使这些制度稳定下来；继秦而起的汉对秦的秘书工作增损变通，予以充实，使之逐步趋于稳定，并随着统一封建王朝的确立而确立下来，成为我国封建社会秘书工作的基本模式。

重点、难点

第一，中央秘书机构由丞相府到尚书台的演变过程；
第二，秘书官吏的选拔、任职资格和考核制度；
第三，文书工作制度和皇命文书文种；
第四，档案库的建立和档案保护制度。

第一节 秘书机构的确立和演进

公元前221年，秦攻灭六国，一匡天下，建立起我国历史上第一个统一的封建君主专制王朝。随之，它建立起了全新的政体，设置了各级秘书机构。

一、从丞相府到尚书台[①]

秦朝以丞相府、太尉府和御史大夫寺为政府的中枢机构，其秘书工作以丞相府为主，御

[①]《汉书·百官公卿表》。

史大夫寺为辅。

丞相府设有左、右丞相,由皇帝任命,职责为"掌丞天子,助理万机"①,即秉承天子旨意,协助处理国政。丞相府内设有各曹,各曹均配备有办事官吏。

由于秦始皇实行高度的君主集权,集军事、政治、经济大权于一身,事无大小,一决于己。因此,秦朝的丞相府仅有参谋权,没有决策权,以处理日常政务为主,具有明显的从属性。凡地方郡县和军队上呈的文书,都送交丞相府,由丞相府整理后送给皇宫秘书官尚书,转呈皇帝,然后根据尚书转达的皇帝的口谕或批复议决、处理,事毕后收藏。凡皇帝下达的诏书,由尚书转交丞相府,分送相关官衙执行。

所以,秦朝的丞相府实际是皇帝处理政务的办公厅,丞相则相当于皇帝的首席参谋兼办公厅主任,具有秘书首脑的性质。在二世昏庸、赵高为相时,丞相府的职权已出现扩大的趋势,由于秦朝不久就灭亡了,所以,这一发展趋势被中止。

公元前202年,西汉建立。汉初,政体沿袭秦制,到武帝时,对政体开始实行变革,中央政府的秘书机构也随之演进。这一演进过程经历了以下几个阶段:

(一) 削弱相府,起用尚书

汉初,丞相府仍如秦制,是皇帝处理政务的办公厅。但是,随着国家管理事务增多,其下属机构也增多,增加了掌管章奏的奏曹、统领百官奏事的西曹、掌管全国户籍的户曹等。各曹均设有令史或掾负责文书事务,使属官大量增加,最多时达360多人。丞相的职权也随之扩大,凡选用和罢黜官吏、执行诛罚、郡国的上计、考课、百官的朝仪、奏事、封驳、等等,丞相都有权过问,拥有相对独立的决策权,虽须上奏皇帝,然而,"丞相所请,靡有不听",丞相的地位提高了。萧何为相时,可以佩剑上殿,入朝不趋,奏事不名,皇帝要"御座为起,在舆为下"②。汉武帝时,丞相田蚡入朝奏事,武帝"所言皆听",后来,田蚡不断要求武帝任命他中意的人为官,武帝十分不满,说:"君除吏已尽未?吾亦欲除吏。"③

可见,丞相已不再是秦朝时对皇帝俯首贴耳的办公厅主任,而是手握重柄的执政大臣了;丞相府也不再是往日皇帝的办公厅,而演变为政权实体。

自刘邦起,有为的皇帝都致力于建立提高皇权的制度。"汉天子正号曰皇帝,自称曰朕,臣民称之曰陛下。其言曰制诏,史官记事曰上。车马衣服器械百物曰乘舆,所在曰行在,所居曰禁中,后曰省中,印曰玺,所至曰幸,所进曰御。"④这样,一方面是皇帝要极力提高专制地位;另一方面是丞相的权势日益增大,皇权与相权产生了矛盾。汉武帝时,这种矛盾尖锐化,他怀着对皇权旁落的担忧,开始削弱、抑制丞相的职权,命令三公之下的九卿可以不经过相府,直接向他奏事,由他批答。起初,文书数量不多,他能够亲自处理。后来,奏章日多,他无

---

① 《汉书·百官公卿表》。
② 《汉书·萧何列传》。
③ 《史记·魏其武安侯列传》。
④ 蔡邕《独断》卷上。

法承担,遂委托尚书初阅。

尚书在秦朝已有,汉朝沿置,隶属于皇帝的私府(即少府),设有四人,以其中一人为首领,称尚书仆射。尚书负责皇帝的文书收发事务,凡丞相府上呈的文书,由他们转呈皇帝,凡皇帝的诏令由他们转交丞相府或御史府,颁布执行,并保管专供皇帝查阅的档案。他们属吏一类人员,秩位不高。由于经常接近皇帝,取得信任,汉武帝就委托他们拆阅章奏,提出初步意见,进而又有权裁决奏章。史载:"故事,诸上书者,皆为二封,署其一曰副,领尚书者先发副封,所言不善,屏去不奏。"[①]这说明尚书职权增加,地位提高。

(二) 尚书台的设立

成帝时,又将原为副丞相的御史大夫改称大司空,与大司马(太尉)、丞相并列为相,进一步削弱相权(哀帝时,更将丞相名称去除,改称大司徒)。同时,进一步信用尚书,将尚书组织成独立的官衙,称尚书台,其办公处设于皇宫内,称禁中,也称省中、台阁。尚书台设尚书五人,以一人为首领,称尚书仆射,其他四人分曹办事。

尚书台的设立,标志着新的秘书机构形成,开始将丞相府的秘书职能转移至皇宫来,使它成为皇帝的机要秘书处,其首领颇受皇帝信重,不少人由此职位升任为丞相。如成帝时的孔光,任尚书台首领十余年,掌管朝廷机要,尽心尽力,深受信用,后被升任丞相。

(三) 尚书台最后取代相府

西汉灭亡后,皇族刘秀利用农民大起义的力量,于公元前25年重建汉朝,史称东汉,其制度沿袭西汉。

刘秀鉴于王莽篡国的教训,极力提高皇权,进一步削弱三公权力,直接处理政务,为此,他继续增强其机要秘书处尚书台的职权,使其职掌更宽,凡章奏的收发、拆阅、批处、审查,诏书的起草、封印、转发、记录,底本的保存,帝命的传达,直至对百官的选任、奖罚,无所不统。"今陛下之有尚书,犹天之有北斗也。斗为天喉舌,尚书亦为陛下喉舌……尚书出纳王命,赋政四海,位尊权重,责之所归。"[②]"光武皇帝……政不任下,虽置三公,事归台阁。"[③]三公已成为无实权的荣誉职称,尚书台的作用已大于三公府。

这样,新的中央秘书机构确立了,它替代原先的相府,成为皇帝的办公厅,这标志着从汉武帝开始的将相府的秘书职能转移至皇宫的任务已经完成。

(四) 尚书台的结构及地位

光武帝时的尚书台规模颇大,结构严整,主要由以下官员、部门组成:

尚书令,尚书台的主官,直接对皇帝负责,总揽台务,相当于皇帝的办公厅主任。

尚书仆射,尚书令的副手,尚书令不在时由他代行其职。

尚书左丞,负责台内纲纪,处理台内日常事务,相当于尚书台内的秘书长。

---

① 《汉书·魏相传》。
② 《后汉书·李固传》。
③ 《后汉书·仲长统传》。

尚书右丞,掌管台内钱谷等后勤事务,相当于台内的事务长。

尚书台下分设六曹理事,六曹主官分别为:

三公曹尚书,掌管断狱之事的奏章。

吏部曹尚书,掌管公御的奏章。

民曹尚书,掌管低级官吏的奏章。

二千石曹尚书,掌管郡国二千石以上官员的奏章。

南主客曹尚书,掌管南方各外邦和少数民族的往来文书。

北主客曹尚书,掌管北方各外邦和少数民族的往来文书。

尚书台还从孝廉中选有才能者36人,配给每曹6人,称尚书郎——在皇帝左右处理文书,初入台时称"守尚书郎中",满一年后称尚书郎,满三年后称侍郎。

每曹另辖有令史3名,掌管曹内文书事务。①

尚书台官员品位不高,如尚书令、尚书丞、尚书郎(三者统称台官)均为年薪四百石的低品官员,但备受皇帝优待。尚书令朝会时,皇帝特为他设专座,不与百官联席,以示殊荣。凡公卿大夫、皇宫内的左右中郎将等高官路遇台官,都得礼让台官先行。由于尚书令地位重要,无论三公、大将军,要成为有实权的执政大臣,必须被授予"领尚书事"或"录尚书事"头衔,意为总领尚书台事务,有权审阅、批发奏章和经手诏书,才能真正掌管国家行政大权。

尚书台发展至东汉末年,职权膨胀,俨然如昔日丞相府,旋被曹操以秘书令替代。

丞相府被尚书台逐步取代的过程,说明封建社会中,皇帝设置秘书机构的目的是集国家大权于一身,保证其实行君主独裁。一旦此秘书机构职权扩大,威胁到皇权,皇帝就予以抑制、削弱,或直接解散,重新设立一个听命于他的新的秘书机构。这种现象自西汉武帝始,在以后2 000多年中反复出现,形成一条规律。笔者称之为膨胀回位现象。它导致封建社会中央秘书机构处于反复建立、兴盛、削弱、解体、又重新建立的周期性演变之中,致使秘书官员的职名处于不断变更、秘书人员处于不断流动中,具有明显的不稳定性。

二、其他中央秘书机构

(一) 御史寺秘书职能的盛衰

秦在战国时期设置了御史,统一全国后,御史作为皇帝的亲信秘书官员,受到擢升,与丞相、太尉并列为三公,有官署御史寺,配合丞相领导中央政府的整个秘书工作。御史的职掌在秦代很宽,除监察百官,遣往军队监军之外。主要有:

第一,收受公卿、百官吏民的奏事。

第二,掌管"图籍秘书",即版籍、地图等重要档案和法律文件,以供官民查询。秦朝重法治,法令繁多,为使其推行,规定一切法令都须定期向御史校对,不容许有任何错乱或篡改,

---

① 《后汉书·百官志三》。

保证全国一致。

第三,受命处理皇帝亲自交办的事项。如公元前 211 年,有陨石坠落于东郡,有人在陨石上刻写了"始皇帝死而地分"一语,秦始皇立即派御史前往调查。

第四,受遣代皇帝巡视各郡。秦二世曾"遣御史曲宫乘传之代"[①],"御史冠盖接于郡县"[②],说明御史受遣巡视于各郡县是经常性的。

第五,被遣往各郡监理郡务。"秦以御史监理诸郡,谓之监御史。"[③] 如监督开凿灵渠的监禄就是派出的御史。

可见,御史实际上是皇帝的亲信秘书官。古籍中所见的秦朝御史甚多,如冯劫、钱产、李昌、张苍、曲宫、监禄、程邈等人。

西汉初期,御史寺的职权增大,除监督百官、执法等职责以外,承担的秘书工作增多,某些制书、诏书须经御史大夫过目,再由丞相府发给各部门办理。下级部门或地方官署上呈的文书,也由御史初阅、筛选,对违反圣意或不合规范的公文予以筛除,直至弹劾上呈该公文的官员;国家的律令和郡国的上计文书均由御史寺收存。为了削弱相府,皇帝在起用尚书的同时,还将相府的一些秘书职能划给御史寺,使御史寺的规模也随之扩大。

御史大夫配备有副职御史中丞、下隶御史 30 人,处理纠察百官的文书,又有侍御史 15 人,分为两部分,分别对口管理中朝和外朝的往来文书,其中有符玺侍御史专管皇帝的玉玺、符节,治书侍御史在皇帝身边记录言行。这一时期,是御史寺秘书职能最盛之时。

御史寺也分曹办事,奏曹专管拟写奏章,书曹负责收受、处理文书,令曹掌管秘令、法令,印曹掌管刻印。各曹均设有令史,下隶吏掾等一般秘书吏员。

成帝时,御史大夫被擢升为与丞相、大司马并列的相,御史中丞逐递补为御史寺首领。东汉"事归台阁",御史寺承担的秘书事务,一部分移至尚书台,一部分转归太尉府,它成为专事监察百官、保管图籍档案的机构,其秘书职能也就消失了。

(二)皇宫、朝廷的秘书机构分流

秦朝设置有皇宫秘书官员,在中央实行三公九卿的政体,三公府是朝廷事务机构,九卿中除廷尉、治粟内史、典客、奉常四卿外,其余基本上是为皇宫服务的私府,与三公府相混合,其中的不少秘书官员既是三公府官员,又属皇宫秘书人员,划分不明显。

西汉武帝时,在起用尚书、削弱相府的同时,将中央官员划分为"外朝"和"中朝"两大体系。丞相府被划为"外朝",官衙设于皇宫外,属政府系统;由皇帝的近侍组成"中朝",在宫内秉承皇帝旨意办事。由此,皇帝私府和中央政府官署混合的局面结束了,中央秘书机构也随之划分为皇宫和朝廷两部分。

---

① 《史记·蒙恬传》。
② 《淮南子·泰族训》。
③ 《通典·职官》。

武帝以后的皇宫秘书机构以尚书台为主,并有宦官秘书和其他秘书官职。

西汉的朝廷秘书机构以丞相府为主,御史寺为辅。

东汉中期,因外戚专权,太尉府的权势上升,凡国家大政都由司徒、司空议决,形成"三公综理政务"、"三公复为宰相"的局面。原丞相府中的曹大都转归太尉府,还增设了法曹、尉曹、贼曹、金曹、谷曹等部门,原先属御史寺的一部分秘书业务也转归它承担,故太尉府成为外朝秘书机构之所在。

(三)皇宫其他秘书官职

秦汉两代,除尚书和宦官秘书以外,主要的皇宫秘书官职有:

谒者——负责传达皇帝命令的人员。

符玺令——秦统一中国前称符节令,负责保管皇帝印玺的人员。鲁国被楚国攻灭,鲁顷公之孙入秦,在皇宫任符节令,并改姬姓为符姓。①

汉朝的太史令,职掌转为推算历法、保管档案、图籍,不再参与政事。司马迁就任过汉武帝皇宫中的太史令。

皇宫中还有专掌起居注(逐日记录皇帝言行)的女史,"汉时起居,似在宫中,为女史之职"。②

东汉桓帝时,在皇宫中设置了秘书监一职,掌管图籍档案,相当于皇宫档案馆馆长,六百石,品级不高。但是,由于此档案秘籍是供皇帝查阅的,他能接触皇帝,往往得到宠信,实际地位并不低。这是我国历史上首次出现的带有"秘书"两字的官职,但并非秘书官员。

(四)宦官秘书

秦始皇实行独裁统治,晚年对大臣疑虑甚重,很少接见公卿,行踪诡秘,深居简出而宠信身边的宦官,授以保管印玺、起草文书的秘书职权。由此产生了封建统一王朝中的宦官秘书。如秦始皇任用赵高为符玺令。

两汉,皇宫中的宦官秘书主要有:

中常侍——为列侯至郎中的加官,出入宫廷,侍从皇帝,传达诏令,掌管机要文书。

侍中——也为列侯至郎中的加官,往来殿中奏事,后被提升为"切问近对"的侍从顾问,能"喻旨公卿、上殿称制,秉陪见",品级虽低,权力不小。

黄门侍郎——又称给事黄门侍郎,侍从皇帝,传达诏令。

起初,这些官职大都由宦官充任,尤其中常侍一职,几乎全由宦官担任。刘邦时,大将樊哙告诫刘邦不能亲近宦官,被刘邦采纳,任用士人为中常侍,与宦官秘书相互监督,限制了宦官权势。但是,刘邦死后,吕后专政,又专任宦官为中常侍,使之"出入卧内",传宣诏命,刘邦的措施逐渐废弛,宦官秘书开始参与朝政。

---

① 《通志·氏族略》。
② 《隋书·经籍二》。

武帝时,曾设:

中书令,负责起草、传宣诏命,掌管机要,也多以宦官充任。西汉后期改称中者令,也任用一些士人担任,但已不足以监督、制约宦官秘书。汉宣帝提拔宦官石显为中书令,掌管机要文书。至汉元帝时,石显利用职权,欺蒙元帝,害死元帝老师、德高望重的儒臣萧望之,扰乱朝政,宦官秘书势力抬头。

刘秀建东汉,宫中尽用宦官。东汉中期起,外戚势力膨胀,常擅自废立皇帝,为了专断朝政,所立皇帝都是儿童。小皇帝一旦年长,不甘作傀儡,就利用身边宦官秘书,铲除外戚,旧的外戚被消灭,新的外戚又纠集力量捕杀宦官,另立新帝。东汉王朝就在外戚和宦官的相互残杀中衰落、灭亡。和帝时,外戚窦宪执掌朝政,欲除掉和帝。宦官郑众发动宫廷政变,逼杀窦宪,被封为大长秋、剿乡侯,准参与政务,并将中常侍增至10人,小黄门增至20人,还设置了宦官衙署。从此,宦官秘书作为一股强大的政治力量卷入了东汉的政治旋涡,他们操纵朝政,专横跋扈,导致政治黑暗。

皇帝是名义上的主宰,一切任免大臣的命令只有以他的名义颁布才有效。而拟制、颁布诏命的是尚书台。所以,尚书台成为宦官秘书和外戚争夺的焦点,控制了它就能洞察机要,能借皇帝的命令置政敌于死地。如桓帝时外戚梁冀专政,桓帝密令宦官单超等人除掉梁冀,梁冀获悉,立即派亲信张恽日夜值宿尚书台,以防宦官制诏。单超等人见状,即先下手捕捉张恽,再请桓帝出面,命令尚书令尹勋将尚书台官员武装起来,把守台阁,并将各种传令的印玺符节全部封存,使梁冀无法发布诏令,然后以皇帝名义发禁军逼杀梁冀。

宦官在一系列残酷的杀戮中能成为一股势力,是因为他们利用皇帝秘书身份,控制着皇宫秘书机构,能假皇帝之名发号施令。如灵帝在位时,外戚窦武与官僚文人集团的首领陈蕃联合,准备铲除宦官集团,遂写好奏章,上呈窦太后(窦武之女),待批复后动手。收受奏章的宦官见了,立即将奏章送交头目朱瑀。朱瑀与中常侍曹节先发制人,唆使灵帝下令武装宦官,禁闭宫门,收缴传令用的印玺符节,并胁迫尚书台官员起草诏书,软禁窦太后,捕捉窦武。次日,又假传灵帝诏令,宣布窦武谋反,瓦解窦军,击杀窦武,彻底消灭了窦武、陈蕃的力量。自此,宦官势力气焰熏天,其核心为"十常侍",即十个中常侍,他们胡作非为,直接导致了东汉王朝的崩溃。

(五)信访机构

秦汉时期,在九卿之一卫尉的属下设立公车府,置公车司马令主管,配有助手公车司马丞。他们主要掌管皇宫的外门——司马门,晚间巡逻宫中,平时有官吏和百姓要上书陈述冤屈,或欲面见皇帝诉冤,由公车司马令受理,向皇帝转达。公车府中设有谤木和肺石,凡不属朝廷受理范围的建言申诉,都可来此处陈述。因此,它成为皇宫兼职的信访机构。

秦汉时期的各级地方政府中,都设有秘书部门,有主簿、记室令史、书史、书佐等秘书人员。军队中则有掾史、守卒史、书佐、令史等名目的秘书人员。

第二节 秘书官吏

一、秘书官吏的选拔

(一) 秦朝秘书官吏的来源

自秦朝始,秘书官吏列入封建王朝的文官系统,其选任途径也类似于文官选用方法。

秦朝中央政府的重要秘书官员,其来源一是从开国功臣中选用,如李斯;二是从六国旧部中招用,如博士。地方政府的秘书官吏则用试吏法简选出来。所谓试吏法,即根据各地民意反映,推荐,由县以上官员对地方人才面试、口试,选优秀者派至县以下基层当秘书吏员。萧何就是通过试吏法被任用为县衙中的秘书吏员的。

中央各部门及地方郡府的一般秘书人员,则通过学校培养、输送。

秦"焚书坑儒"后,封闭所有私学,规定欲求学者,一律以吏为师。将一些幸存的博士集中至京城官府,授予官称,以行政官吏的身份从事教育,培训贵族子弟,这些人称为吏师。他们按照中央政府的规定,以《秦记》等为指定教材,教育学员。学成后,由吏师推荐,至有关部门供职,包括从事秘书事务。

(二) 汉朝秘书官吏的来源

汉朝吸取了战国以来选士的经验,建立了一套选用官吏的制度,除了皇宫中的重要秘书(如中书令)和外朝的高级秘书官员(如御史中丞)由皇帝直接任命以外,各级秘书人员大多通过察举、征召、辟除等途径选任。

1. 察举、征召、辟除

察举即皇帝诏命大臣,依标准推荐人才进京,由皇帝提出各种政治问题,考其学识、才能,凡对策(书面考试)、射策(抽签考试)成绩合格者,即分等授官,其中不少人被任用为皇宫秘书人员,如房凤以射策合格而被武帝用为太史。

征召即皇帝慕其才名,礼聘文人名士为官。这一方法在汉初即实行,由于刘邦、萧何、曹参等西汉的开创者在秦朝分别担任过亭长、掾史、狱吏等低级官职,萧何还直接从事过秘书工作,理解秘书工作的重要作用,所以,立国后很注重招纳秦朝的秘书人才。

辟除即三公九卿、刺史、郡守等高官有权自行聘用僚属。被辟除的有名士、小吏、平民。如元帝时"材智有余,经学绝伦"的匡衡,被贵戚史高聘用为议曹史;东汉卓茂被丞相孔光辟为丞相府长史;原为郡史的孙宝被御史大夫张忠辟为属员,专掌文书。被辟除的僚属不算朝廷命官,只对主官尽职。工作一段时间后,可由主官推荐给朝廷,经考试(一般士人考经学、文吏考制作章奏)合格后,可任用为正式官吏。可见其前途依附于主官,尤其郡府的僚属依附关系更深,他们往往事郡守如君臣父子:郡守在,他们尽职尽力;郡守死,为之服丧;郡守获罪,随同流徙,或声言替死;郡守被斩,则冒死领尸。秘书与主官这种结成死党、引援附合的倾向,助长了割据势力,是造成东汉地方豪强与中央争权的原因之一。

2. 学校培养

汉武帝时,为了培养官员创办了太学,以五经博士为教员,儒学五经为教材,以统一学员思想,传授历代兴亡得失及理政经验。学员称博士弟子,或从民间优秀青年中选拔,或是郡县选送的优秀青年官吏,或是皇亲国戚、高官的子弟。首批博士弟子仅50人,至东汉质帝时发展至3万人。其中不少人学成后被派遣为中央政府及郡府的秘书官员。

汉灵帝光和年间,还设立了鸿都门学,专门教授辞赋、书法等,毕业后授官,其中不少人被用为秘书官员。这是古代第一所有书法课程的高级学校,它对提高秘书人员的书法水平和文书的书法质量有积极作用。

汉武帝在中央开办太学的同时,还诏令全国各地的郡(国)仿照太学,兴办官学,培养人才,其中不少人被委任为地方官衙中的秘书官吏。

二、秘书官吏的任职资格

(一) 秦朝秘书官吏的任职资格

秦朝对秘书人员的任用有严格的规定,凡从事文书工作的史,其职务是世袭的,史的子弟从小就有资格被送入专门培养读写能力的学校,接受教育,继承父业。不是史的后代一律不准进入这类学校,如违犯即依法惩处。秦律规定:"非史子(也),毋敢学学室,犯令者有罪。"如不是秘书人员,即使能拟写文书者,也不准代史草拟文书。规定:"下吏能书者,毋敢从史之事。"①犯过罪的人,更严令不准任用为史。秦朝采取这些措施,显然是为了保证秘书人员政治上的可靠性。

(二) 汉朝秘书的任职资格

两汉的尚书台、御史府等中央秘书机构的一般秘书人员,需要通过严格的考试而录用。年龄须在17岁以上,能背诵籀书9 000字以上,并考其大篆、小篆、刻符、虫书、摹印、署书、殳书、隶书等八种字体,年终试于郡,合格者由郡守送于太史,太史再面试之,取其优秀者任为尚书或令史,掌写文书。②

对于尚书台的尚书侍郎,不但注重其文采,还注重其实际工作的经验,规定初入台时只能称尚书郎中,满一年后称尚书郎,满三年后才能称尚书侍郎。

三、秘书官吏的考核制度

(一) 秦朝的"五善"、"五失"考核法

秦统一天下后,在"明主治吏,而后治民"思想指导下,制定了对官吏,包括对秘书官吏的

---

① 云梦秦简《内史杂律》。
② 《汉书·艺文志》。

考核标准。"凡为吏之道,必精洁正直,谨慎坚固,审恶无私,微密纠察,安静毋苛,审当赏罚。"①这是对官吏的原则要求。为便于理解和落实,秦政府又把这些原则要求分解为必须遵守的"五善"和必须防止的"五失"。

"五善"是:

"忠信敬上",就是忠顺于朝廷,尊重上司;

"清廉毋谤",就是廉洁奉公,任劳任怨;

"举事审当",就是处理政事要谨慎、妥当;

"喜为善行",即多做好事,利国利民;

"恭敬多让",即谦虚为事,诚恳待人。

"五失"是:

"夸以泄",即防止夸夸其谈,滥唱高调而不务实;

"贵以大",即防止好大喜功,不实事求是;

"擅制割",即防止独断专行,飞扬跋扈;

"犯上弗知害",即防止犯上作乱,目无法纪;

"贱士贵贝货",即防止轻视知识和知识分子,只重视钱财。

凡做到"五善"而无一失的秘书官吏予以升迁授爵;如有一失或多失者,予以削爵、降职、罚赀、罢官直至处以死刑。

(二)汉朝的"常课"和"集簿"

汉朝规定,中央政府各部门的主官要对其所属的秘书官吏每年考核一次,称"常课"或"小考",每三年一次"大课",即大考核。小考根据其德行、勤懒、是否忠顺朝廷、忠于主官、勤于职守为标准,对一年工作作出评定,好的评为"最",差的评为"殿"。大课是根据三次小考的成绩予以综合,分别奖或罚。

郡(国)的秘书官吏也由主官郡守或国相考核评绩,"以纠怠慢也"②。

县的秘书官吏由县令(长)考核,"丞尉以下课校其功"③,即对县丞以下吏员,考核其实绩,予以记录,这种记录称"集簿"。根据考核的结果实行赏罚。可见,汉朝已经建立起了对秘书官吏由各级主官定期考核的制度,较秦朝进步了。

第三节 文书档案工作

秦汉时期,随着封建统一王朝的建立和确立,政务日繁,文书工作量大增;自秦始皇推行

---

① 云梦秦简《吏道》。
② 《后汉书·百官志注》。
③ 《通典·县令》。

"书同文"政策后,小篆、隶书等字体先后出现,成为全国通用文字;公文书写材料——毛笔和纸产生。这些因素,推动了文书工作发展,在此基础上,制定了一些文书工作制度,并将之订入法律条文之内。

一、文书工作制度

秦汉时期的文书载体,以简牍为主,缣帛为辅。汉朝出现了纸质文书和铁质文书。

从大量出土的秦汉简牍文书和古籍记载中可以看出,秦汉时期,已经建立了一系列文书拟制、处理制度,主要有:

(一) 行文规定

秦政府规定,凡该行文请示之事,必须书面上报,不得口头或托人代办请示。"有事请(也),必以书,毋口请,毋(羁)请"①应该行文的事项甚为繁琐,如规定凡下了及时雨和谷物抽穗、遇旱、涝、虫灾,都须及时报告。②

(二) 书写格式

秦汉的皇命文书书写格式比较自由。从汉高祖《求贤诏》、文帝《议佐百姓诏》、景帝《令二千石修职诏》、武帝《求茂材异等诏》和《贤良诏》③来看,其正文一般由缘由、内容、要求等部分组成,文尾使用公文专用语,如"布告天下,使明知朕意"。

自秦朝始,臣下上呈皇帝的文书格式已严格化。文首必须自报官职、爵位、姓名,然后写"臣昧死上言"或"臣昧死再拜上言"。到了汉朝,上书者在自己的姓名之前还须加上"粪土臣"三字,以示卑恭。如东汉蔡邕上奏中写道:"议郎粪土臣蔡邕顿首,再拜上书皇帝陛下。"④

文尾则写"稽首以闻"或"死罪死罪",以示对皇帝的敬畏。

同时,文书上凡遇有"皇帝"两字,必须换行后抬头、顶格书写。

(三) 避讳制度

秦始皇为了维护自己的威严,命令无论是颁布的制、诏,上呈的奏、议,还是史官的记录,各级政府的文书中,凡遇有皇帝名字的字和音近似的字,一律以其他字、词代替,如"正"字,因与秦始皇嬴政的"政"音似,就将文书中的"正月"改称"端月",以"端"代替"正"。史官记录中则以"主"、"上"代替嬴政名字。这种制度称作避讳。"其俗起于周,成于秦。"⑤

上述书写格式和避讳制度,明显表现出尊君抑臣的特点,渗透着封建君主专制的液汁。它为以后历代王朝所沿袭,直至清亡才告终。

(四) 文书运转程序

从简牍文书中,可以看出秦汉的公文运转已很具程序。《居延汉简甲乙编》中的12·1枚

---

① 云梦秦简《内史杂律》。
② 秦简《秦律十八种·田律》。
③ 清·吴楚材、吴调侯编《古文观止》。
④ 严可均《后汉文》卷72。
⑤ 陈垣《史讳举例》。

木牍,是诏书下发程序的样板。这是一支觚,共有四面。第一面(B面),抄录了诏书全文,文末是张掖郡太守府中抄录此诏书的秘书的签名。

第二面(A面),是张掖郡太守督责都尉执行此诏命的文件。

第四面(D面),是都尉下发给居延县令,命令他执行诏令的文件。

第三面(C面),是居延县令下发给各候官、燧长的文件。

居延汉简中最典型的中央政府的下行文是《甘露二年丞相御史律令》,它是宣帝时以丞相、御史的名义下发给有关地方政府的一道通缉令。

该文文首写明此公文于何时由丞相府和御史府秘书某人拟写并经手下发的,是发给张掖郡太守的。文尾写明何时何地收到此公文,应速报中央,且必须严肃认真地办理,不得耽搁。并言明速将追查逃犯的结果写成文书上报。

接下来是张掖郡太守和郡丞将此文转发给都尉,都尉转发给候官,候官转发给候长的记录。自郡守府至候官,都有经手秘书签名。

从这两件简牍文书中可以看出:

第一,从中央到地方政府,对收文、发文都详细注明年、月、日、时辰,规定须将收文日期、地点上报,各级经办的秘书人员都须签名。说明汉代公文的签收、签发制度已很严格。

第二,对诏书和中央政府的下行文,各级收文单位都层层转发,并根据来文精神,结合当地实际情况,作出具体指示。说明汉代已有了公文转发制度。

(五)文书校勘制度

秦朝规定,文书草拟完毕,必须校勘,准确无误才能发出;在文书传抄过程中,也必须校勘,以免抄错,并且,校勘后须作记录。居延汉简中保留有不少这类记录。云梦秦简的《秦律答问》中有对"发伪书"者的处置条律,可知秦朝就有了公文校勘、查核制度。这一制度保证了文书在运转过程中能始终保持其准确性。

(六)用印制度

秦统一中国后对印章作了整理、划一,规定皇帝之印称"玺",有六种,即皇帝行玺、皇帝之玺、皇帝信玺、天子行玺、天子之玺、天子信玺,不同内容的文书加盖不同的玺。百官的印章统称印。根据官职高低,授予不同质地和系扎有不同色彩之绶(丝带)的印,印的质地有金、银、铜,绶的色彩有紫、青、黑、黄。丞相、太尉和将军授予金印紫绶;御史大夫、九卿、中尉、詹事等授予银印青绶;郡守、郡尉授予银印青绶;郡丞、边郡的长史和大县的县令授予铜印黑绶;小县的县长和县丞、县尉均授予铜印黄绶。县府中的属吏和下属的亭长也有印,如传世的秦印中的"官田臣印"是管理官田的小吏之印。"右牧"半通印是管理畜牧事务的县啬夫之印。秦始皇陵墓附近发现的"丽亭"、"焦亭"等印文,即为亭长之印。

秦朝公文必须加盖印章后才生效,允许发出。秦简中的"符"、"传"等类通行证、身份证上,不少加盖有印章。秦朝对于玺印的管理很严格,规定凡丢失、私制或盗用官印者都以犯法论处。① 并一再严令识别"伪书",即加盖假玺印的文书。

秦朝玺印的广泛使用,用印制度的统一,反映了中央政府对各级各类文书控制之严,是君主集权制的必然产物。

(七) 公文传递制度

秦始皇推行"车同轨",大修驰道,建立起了以咸阳为中心,四通八达的水陆交通网。为了便于传递公文,秦朝继承和发展了战国时期的邮传制度:在水陆交通线上每隔五里设一邮,十里设一亭,三十里设一驿。驿分骑马传送的陆驿和以舟船递送的水驿。各县衙所在地设传,传筑有"传舍",即馆舍,为传递公文的人员提供食宿、快马(称传马)。驿传制度在全国范围内的建立,大大加快了公文传递速度,提高了公文效率。

2002年8月24日,考古学家在湖南省的里耶古城发掘出一枚书写有"迁陵以邮行洞庭"七个古隶字的竹简,它相当于现在所使用的邮签。简上有"酉阳丞印",是当时人们发送信件时用胶泥盖在封口上的印记,类似于今天的密封条。这枚竹简距今2200多年,是迄今为止发现的我国最早的书信实物。

在另一枚里耶出土的邮书性质的木简上,发现了"快行"两字,说明秦代已经有"特快专递"了。

为了保证文书安全、迅速、及时地送达,秦朝制定了详细的规章制度,归纳如下:

第一,公文分为急和不急两类,凡皇帝颁发的诏书、制书和标明急字的公文,必须立即发出,收到者立即向下一站传送;不急的公文也须在当天发出或传送,不得过夜,凡有耽搁者以法律论罪。

第二,传递文件的人员须谨慎挑选,不可靠的奴隶和年老体弱者不得充任。

第三,路近的文件,由行走快捷的小吏步行递送;路程远的,则派小吏骑快马传送,或通过邮亭,一站一站向前递送。机密文书,军事命令、报告等特别重要的公文,则选派专门人员传送,所经各县不得查问和阻拦,违者受罚。《佚名律》中规定:"轻车、张赴、引强、中卒所载传到军,县勿夺。夺中卒传,令、尉赀各二甲。"据学者考证,轻车、张赴、引强、中卒是指专门传送重要文件的强健勇武的劲卒。

第四,公文传送规定有期限。如《田律》中规定有一篇公文须于当年八月底前送达。

第五,无论送出或收到的文书,必须详细登记送出、收到的时间和经手人的姓名,以备查考,并明确责任。这是签收、签发制度的开始。

第六,严格防止公文在传递过程中的遗失,如一旦遗失,要立即向有关官府报告。

第七,严格防止传递伪文书,如收到、拆阅伪文书而未能识别者,要受罚。

第八,定期检查公文传递的情况,专职收发文书的部门,开辟有日报专栏,凡遇有公文该

---

① 云梦秦简《秦律答问》。

到而未到的要派员追查。①

这些规定具体、详细,说明秦朝的公文传递制度已初步成形。

秦朝的文书工作制度用法律的形式予以规定,强制秘书人员遵守,说明了统治者对秘书工作的高度重视、严格控制,也说明了秘书工作制度已初步确立。

二、公文文体

秦朝建立后,李斯提出建议,"命为'制',令为'诏'"②,臣子向皇帝上书、呈文统称"奏",获得秦始皇允准。从此,制、诏成为皇帝发号施令的专用公文文体,奏则成为臣子呈皇帝的专用公文文体。这是中国历史上第一次由最高统治者明文划定公文文体,它为封建公文构筑起了基本框架,同时,也给封建公文蒙上了一层浓浓的等级色彩。

经过发展,秦汉公文文体主要有:

(一) 皇命文书

制——也称制书,是皇帝颁布重大制度的命令性文书。

诏——也称诏书,是皇帝发布一般性命令、训示、答复臣下上奏,或皇帝即位、逝世时颁告天下的文书。

制与诏的区别是"命为制,令为诏。"命是重大的、有关全局性的命令;令是一般的、局部性的命令,所以,制书的规格高于诏书。

汉代,皇命文书的种类有了发展,汉天子的下发文书有四,"一曰策书,二曰制书,三曰诏书,四曰戒书",③制、诏书系沿用秦朝,策书、戒书为增设。

策书——用于册封或罢免诸侯王、三公等大臣的王命文书,一般书写于两相连的竹简上。

戒书——也称敕、敕戒或戒敕,起初为皇帝教诲、训戒刺史、太守及三边营官地方军政长官的文书,后来,凡对京外官员的诏谕也用戒书。

诏记——皇帝的手诏、诏令。

(二) 上行文

臣下上呈皇帝的文书有:

奏——臣下评议政事、陈述政见、弹劾官员的报告。

汉代,臣下上呈皇帝的文书除沿用秦朝的奏以外,增加有:

章——官员受封赠后向皇帝谢恩的文书。东汉以后凡论谏、庆贺都用章,唐以后不用。

表——官员向皇帝陈述事情的文书。凡论陈、劝请、陈乞、进献、荐举、庆贺、请安、讼理、弹劾均可用表。

---

① 云梦秦简《行书律》。
② 《史记·秦始皇本纪》。
③ 蔡邕《独断》卷上;《后汉书·光武帝纪》李贤注《汉制度》。

疏——也称上疏，类似表，凡官员对政事的建议以及弹劾官员皆可用，一般多用于对朝政表示看法或有所匡谏，其特点为分条陈述。如贾谊的《论积贮疏》、晁错的《论贵粟疏》。

议——也称驳议。"议"词源流甚远，《周书》中就有"议事以制，政乃不违"的记载，是臣下抒发意见的形式，管仲曾言，轩辕（黄帝）有"明台之议"。汉代设置此文体，作为官员向皇帝陈诉不同意见之用。

状——官员向皇帝陈述事情或申诉所用的文体。

书——官员、吏民向皇帝报告情况的文书。汉律规定任何人均可向皇帝上书，报告情况，《居延汉简甲乙编》387·12枚和562·17枚木牍就是侯官史熹向皇帝报告情况的"上言变事书"。

（三）各级政府的下行文

汉代，各级政府的下行文有：

告——王国的诸王、公侯向下属发出的公文。《居延汉简甲乙编》484·30枚就是宣帝时丞相于定国向二千石郡太守和侯国发出的告。

令——中央政府向中下属发出的命令性文书。《甘露二年丞相御史律令》就是以丞相、御史代表中央政府向有关地方政府下达的通缉令。

教——官员向吏民发布的文书。史载："汉京兆尹王尊教告属县"，①陈懋仁注："教，效也，言出而民效也。"

敕——官员向下属发布的文书。"汉时人，官长行之掾属，祖父行之子孙，皆曰敕。"②可见此文体使用对象较宽，后演变为皇帝专用（见前述之"戒书"）。

（四）平行文

汉代，各级政府之间的平行文有：

檄移——各级官署和部门之间通行的平行文书。

品约——郡、县、侯官、侯长等同级官署之间互相往来文书，或共同签订的公约。居延汉简中的《塞上烽火品约》就是居延都尉属下33个烽塞商定临敌报警、燔举烽火而订立的联防公约。

（五）机密文书

汉代，公文注意保密，凡机密文书都另行封送，其主要名目有：

封事——密封的奏章。凡百官上书奏机密事，为防泄密，用皂囊封缄呈进，故称封事，亦称封章。"自汉置八仪，密奏阴阳，皂囊封板，故曰封事。"③

合檄——用于军事命令或重要通报的机密文书。

飞檄——紧急军事文书，都书写于加长的竹简上。

---

① 任昉《文章缘起·教》。
② 明·顾炎武《金石文字记》。
③ 《文心雕龙·奏启》。

(六) 公开张贴的文书

汉代,公开张贴的文书除榜外还有:

露布——也称露板、露版,是各级官署为了使四方官民迅速知晓其内容而不加封检,公开张贴于宫门、城门及交通要道的文书,类似今天的告示。最早源于军中,后推广为各类文书所用。

扁书——类似露布的公开张贴的文书。《居延汉简甲乙编》139·12枚就是西汉居延都尉命令下属各地接到后用大字写出,张贴于里、亭之门上的扁书。

板檄——用来公开传递、宣示,类似于露布的公文。

秦汉有不少文书对社会政治产生过很大的影响,如刘邦发布的《入关告谕》,废秦苛法,约法三章"杀人者死,伤人及盗抵罪",公布后大得人心,成为刘邦取得人民支持,击败项羽的重要原因之一。还有些文书,如贾谊的《论积贮疏》、晁错的《言兵事疏》等,直陈政见,内容丰富,语言朴实,是当时公文的范例。

汉代公文的总称为"文书",也称"文案"。

三、档案工作

(一) 档案的收集

秦在攻灭六国和建立统一王朝的过程中,较为注意收集档案。

汉代统治者对档案的收集更为重视,刘邦占领秦朝都城咸阳时,诸将竞相争夺金帛,独有萧何将秦丞相府和御史府中的档案悉数接收,妥善保管起来。在此后的楚汉之争中,刘邦、萧何等人正是从这些档案中,对天下地理险要,人口、物产分布了如指掌,据此征收兵员、筹集粮饷,成为击败项羽、建立汉王朝一个重要原因。立国后,他们又从这些档案中吸取了秦朝的统治经验,建立起律法、礼仪、军法等根本制度,对汉王朝站稳脚跟起了作用。

汉开国后,统治者继续收集各种档案。如惠帝广开献书之路,向民间征求档案。成帝派遣谒者陈农负责征集天下档案。河间献王刘德还规定,凡从民间收到好的典籍,都誊抄一份给献书人,留下原件存档,并赐给献书人财物,致使四方人士不远千里,前来进献旧档案。

这样收集到的档案数量可观,加上汉王朝的档案,至西汉中期,档案已堆积如山。

(二) 档案的利用

秦朝奉行法家思想,它的档案主要是法律档案和版籍。王朝的档案工作由御史府主管。对于法律档案,秦朝沿用前代的副本制和金縢之匮制,复制有多份,分别收藏于王宫密室、丞相府、御史府和郡、县官府中,各有专人保管,供皇帝、臣民查阅。并规定,凡吏民对法令条文的查询,以及法官的解答都必须记录在竹简上,注明日期,与档案正文一起收藏于封缄的匣子中,以备日后查考。这说明法律档案被作为推行法制的重要工具而被重视、利用。

同时,秦始皇"以吏为师",以法律档案为教材,对官民实行教育,以达到推行法治、巩固王朝的政治目的。

秦朝推行上计制度，境内百姓、官吏分别被登记于户籍、名籍、市籍上。户籍由县府秘书编制，连同应征赋税的数额上报郡府。郡府秘书于每年九月编妥计书，上报中央政府，作为重要档案分别收存于丞相府和御史府。这些档案作为征调赋税的依据而被经常利用。

秦朝在攻灭六国的过程中收缴了版籍等部分档案。但是，六国大量的典籍等档案却流散于民间，或仍留存于原官衙中。这些档案都详细记载了各国原先的典章制度，秦朝对他们的攻掠、屠杀，饱含对秦国的谴责、讥讽，使人民怀念故国、仇视秦朝，是一种潜在的威胁。于是，秦始皇于公元前213年采纳李斯建议，下令"烧灭经书、涤除旧典"，将原六国的典籍、档案一律送官府焚毁，违者严惩，有敢以古非今者灭族，导致了焚书坑儒的惨剧。

秦始皇焚毁六国档案和战国时期各国销毁周王室的旧档案，性质不同。后者是在封建生产关系发展过程中对束缚其的旧制度的否定，具有进步意义；秦始皇焚书，虽然含有巩固王朝统一的目的，但其主要动机是为了维护君主专制的独裁统治，其客观效果是钳制了思想，摧残了文化，几千年来受到后人的谴责。

汉代档案利用中的一个特点，是被用来修史。其杰出的成果是太史令司马迁依据官方档案撰成的《史记》。

汉代官方也开始组织修史，如《东观汉记》就是东汉朝廷组织学者，利用东观丰富的档案修成的当朝史。

（三）档案库的建立

秦朝，为收藏档案筑有专门的库房，称藏府、书府。与西周以来置于宗庙的天府比较，这些库房专业性、独立性增强，规模也增大。

汉朝，由于档案增多，更建立起了多处档案库，宫内、宫外都有，"外则有太常、太史、博士之藏，内则有延阁、广内、秘室之府"①。还有天禄、麒麟等阁，著名的有石渠阁、兰台、东观。

石渠阁于公元前200年与未央宫同时建造，位于宫内，由萧何督造，专用以存放从咸阳所得的秦朝档案，成帝时始将西汉王朝的档案也存入其中。建造时将库房地基的石块凿磨成渠，用以引水，防止档案受潮，故而得名。可见，它建筑时已考虑到了档案保管的特定要求。

兰台修筑于御史府，收藏舆图、律令、章奏等重要档案，由御史中丞掌管，后世因而称御史台为兰台。东汉时则多以著名学者充任兰台令史。

东观建于东汉，收藏诏书、奏章和典籍，设有秘书郎从事典籍的整理。东汉中叶，东观的收藏已十分丰富。

汉代还发展了"金藤之匮"制，筑金匮石室，收藏重要誓约、封赏功臣的铁券等。

（四）档案保护制度

秦汉统治者认识到档案的重要价值，很重视保护档案，建立有一套规章制度。"毋敢以火入藏府、书府中。吏已收藏，官啬夫及吏夜更行官。毋火，乃闭门户。令令史循其廷府。

---

① 汉·刘歆《七略》。

即新为吏舍,毋依藏府、书府。"①归纳起来,有如下规章:

第一,档案库房附近不得建造官吏的住屋,以便于专门人员出入,并有防止泄密,因邻近房屋失火而危及库房等作用。

第二,任何人不得将火种带入库房,档案送入库房后,必须严格检查,确定没有火患,才能关闭库门。

第三,库房每夜由啬夫和吏等人员轮流值班守护,防止被盗、被毁。

第四,责成令史定期检查库房情况。

秦朝的这些档案保管规章,有效地保证了档案的安全、保密,使王朝的大量档案得以完整地保存下来。

汉朝的档案库在吸收秦朝经验基础上,保护工作做得更好。

从上所述,可以看出,至秦汉档案逐渐增多,专门库房设立,档案的利用较充分,表明我国封建社会的档案工作已经确立。

【知识链接】

程　邈——字元岑,秦朝县监狱中的"隶人",属"胥吏",是负责文书的小吏,因性情耿直,获罪被关进了云阳狱中。时秦始皇推行"书同文",以小篆为全国统一文字,写公文比以前方便了些,但小篆不便于速写,还是费时费事,适应不了繁忙的公文事务。程邈便在监狱中一心钻研字体结构,他把流传在民间的各种书体,一个个改进,把大小篆的圆转改变为方折,删繁就简,去粗取精,经过10年,创造出扁阔取势,结构简单,笔画平直,有了波磔,比小篆书写方便,易于辨认的3 000个隶字,呈献给秦始皇。始皇非常高兴,就免了程邈之罪,还让他出来做官,提升为御史,推广隶字。由于程邈出身为小"隶",此字体又方便官衙、狱中的隶人书写,所以,人们把此字体称隶书。

隶书是中国古代文字发展的分水岭,为行书、楷书、草书等的发展奠定了基础。程邈也由小秘书、囚犯转而成为大书法家、朝廷命官,富有传奇色彩。宋刻大观帖中还收录有程邈书作《秦御史程邈书》。

事见唐代张怀瓘《书断》:"传邈善大篆,初为县之狱吏,得罪始皇,系云阳狱中,覃思十年,损益大小篆方圆笔法,成隶书三千字,始皇称善,释其罪而用为御史,以其便于官狱隶人佐书,故名曰'隶'。"

路温舒——字长君,出身低微,父是里的守门人,他自小牧羊,无钱读书,取湖泽中蒲草,晒干编成简牒,用来学习写字,后当上了狱中负责文书的小吏,并开始学习律令,不久提为狱史(狱中负责秘书工作的小官),县里面有疑惑的事都来问他,太守来到县里,感到

---

① 云梦秦简《内史杂律》。

惊异,便让他代理曹史(负责秘书工作的小官)。他又钻研《春秋》,弄懂了其中的大义。后被举为孝廉,当过廷尉奏曹掾、守廷尉史、郡太守等职。他自学成才,一生中长期担任地方各级官衙中的秘书官吏。西汉宣帝即位,他上疏主张"尚德缓刑","省法制,宽刑罚"、反对刑讯逼供、废除诽谤罪,以广开言路。此《尚德缓刑书》成为历史上著名章奏,他也因此名见史籍。

【练习题】

(一) 单项选择题

1. 秦始皇统一中国后,全国范围内(　　)的秘书机构也随之形成。

A. 大规模　　　　　　　　B. 完备

C. 统一　　　　　　　　　D. 多样化

2. 秦朝建立起全国(　　)的各项秘书工作制度。

A. 分类　　　　　　　　　B. 因地制宜

C. 多样化　　　　　　　　D. 划一

3. 秦朝初步试图以(　　)的手段使初创的秘书工作制度稳定下来。

A. 法令　　　　　　　　　B. 武力

C. 行政　　　　　　　　　D. 纪律

4. 秦朝中央政府的秘书工作以(　　)为主承担。

A. 御史寺　　　　　　　　B. 丞相府

C. 太尉府　　　　　　　　D. 尚书台

5. 秦始皇时的丞相府没有(　　),实际是皇帝处理政务的办公厅。

A. 参谋权　　　　　　　　B. 决策权

C. 办事权　　　　　　　　D. 收文权

6. 在皇帝左右处理文书,初入尚书台时称"守尚书郎中"的秘书官员,满一年后称(　　)。

A. 尚书郎　　　　　　　　B. 尚书左丞

C. 尚书右丞　　　　　　　D. 令史

7. 西汉武帝时,中央秘书机构被划分为皇宫和朝廷两部分,即(　　)秘书机构和外朝秘书机构。

A. 里朝　　　　　　　　　B. 内朝

C. 东朝　　　　　　　　　D. 中朝

8. 秦汉时期,在九卿之一卫尉的属下设立的(　　),是皇宫兼职的信访机构。

A. 公车府 B. 私府
C. 尚书署 D. 三公府

9. 汉朝各统兵将军都设有（　　），作为参谋、文书部门。
A. 幕府 B. 郡府
C. 都尉府 D. 尉史府

10. 秦朝任用秘书人员已很注意其（　　）。
A. 是否秦国人 B. 家境殷实
C. 识字多少 D. 政治素质

11. 云梦秦简的《内史杂律》中规定,凡该行文请示之事,必须（　　）上报。
A. 口头 B. 托人
C. 书面 D. 面呈

12. 秦朝奉行法家思想,它的档案主要是（　　）档案和版籍。
A. 政治 B. 经济
C. 法律 D. 人事

13. 汉代利用档案修史中最杰出的成果是（　　）。
A.《尚书》 B.《国语》
C.《史记》 D.《东观汉记》

14. 东汉时建立的、与西汉石渠阁同样著名的档案库是（　　）。
A. 东观 B. 天禄阁
C. 麒麟阁 D. 兰台

15. 兰台于西汉时修筑于御史府,收藏舆图、律令、章奏等重要档案。由御史中丞掌管的著名的档案库是（　　）。
A. 石渠阁 B. 天禄阁
C. 麒麟阁 D. 兰台

(二) 多项选择题

1. 汉朝对秦朝的秘书工作制度（　　）,并随着统一的封建王朝的建立而确立下来。
A. 增损变通 B. 予以充实
C. 予以否定 D. 使之稳定
E. 重起炉灶

2. 两汉从丞相府到尚书台的演进过程先后经历了如下阶段：（　　）。
A. 削弱相府 B. 起用尚书
C. 设立尚书台 D. 重用太尉府

E. 尚书台取代丞相府

3. 光武帝时的尚书台规模颇大,内设有(　　　)等曹。

A. 三公曹　　　　　　　　B. 吏部曹

C. 民曹　　　　　　　　　D. 二千石曹

E. 南主客曹

4. 秦汉两代,除尚书和宦官秘书以外,皇宫的秘书官职有(　　　)。

A. 谒者　　　　　　　　　B. 太史令

C. 符玺令　　　　　　　　D. 秘书监

E. 女史

5. 两汉皇宫中的宦官秘书官职有:(　　　)。

A. 中常侍　　　　　　　　B. 侍中

C. 黄门侍郎　　　　　　　D. 符节令

E. 中书令

6. 秦汉地方政府中的秘书官职有(　　　)等。

A. 主簿　　　　　　　　　B. 记室令史

C. 书史　　　　　　　　　D. 书佐

E. 录事史

7. 秦朝秘书官吏源于(　　　)。

A. 从开国功臣中选用　　　B. 辟除

C. 从六国旧部中招用　　　D. 运用试吏法简选

E. 学校培养、输送

8. 两汉秘书官吏的来源有:(　　　)。

A. 察举　　　　　　　　　B. 科举考试

C. 征召　　　　　　　　　D. 辟除

E. 学校培养

9. 下列哪些是秦朝秘书官吏考核制度的内容:(　　　)。

A. 五善　　　　　　　　　B. 五失

C. 常课　　　　　　　　　D. 试吏法

E. 集簿

10. 秦汉时期的文书,按其载体划分,有(　　　)。

A. 简牍文书　　　　　　　B. 缣帛文书

C. 纸质文书　　　　　　　D. 甲骨文书

E. 铁质文书

11. 从《甘露二年丞相御史律令》等两则文书中,可以看出汉代已有了公文(　　)制度。

A. 印刷　　　　　　　　　B. 签收
C. 借阅　　　　　　　　　D. 签发
E. 转发

12. 秦朝规定必须立即发出、收到者也得立即向下一站传送的公文是(　　)。

A. 诏书　　　　　　　　　B. 制书
C. 章　　　　　　　　　　D. 奏
E. 标明急字的公文

13. 汉代的皇命文书有:(　　)。

A. 制书　　　　　　　　　B. 诏书
C. 策书　　　　　　　　　D. 戒书
E. 诏记

14. 臣下上呈皇帝的文书有:(　　)。

A. 奏　　　　　　　　　　B. 章
C. 表　　　　　　　　　　D. 疏
E. 议

15. 汉代各级地方政府之间的平行文有:(　　)。

A. 移文　　　　　　　　　B. 移书
C. 檄移　　　　　　　　　D. 品约
E. 教

16. 汉代的机密文书有:(　　)。

A. 封事　　　　　　　　　B. 合檄
C. 飞檄　　　　　　　　　D. 露布
E. 扁书

(三) 简答题

1. 什么是公车司马令?
2. 什么是主簿?
3. 什么是试吏法?
4. 什么是察举?
5. 什么是辟除?

6. 什么是避讳制度？

7. 什么是秦朝的文书校勘制度？

8. 什么是秦朝的用印制度？

9. 什么是秦朝的驿传制度？

10. 什么是露布？

11. 什么是石渠阁？

(四) 论述题

1. 试述两汉从丞相府到尚书台的演进过程及其揭示的规律。

2. 简述秦、汉御史寺秘书职能的盛衰。

3. 简述秦、汉的档案保护制度。

4. 为什么说秦、汉时期是我国古代秘书工作的确立时期？

【扩展阅读】

杨剑宇：《秘书专业产生和兴盛的前十五年》，《秘书之友》，2017年第11期。

第四章

古代秘书工作大发展时期
——三国两晋南北朝

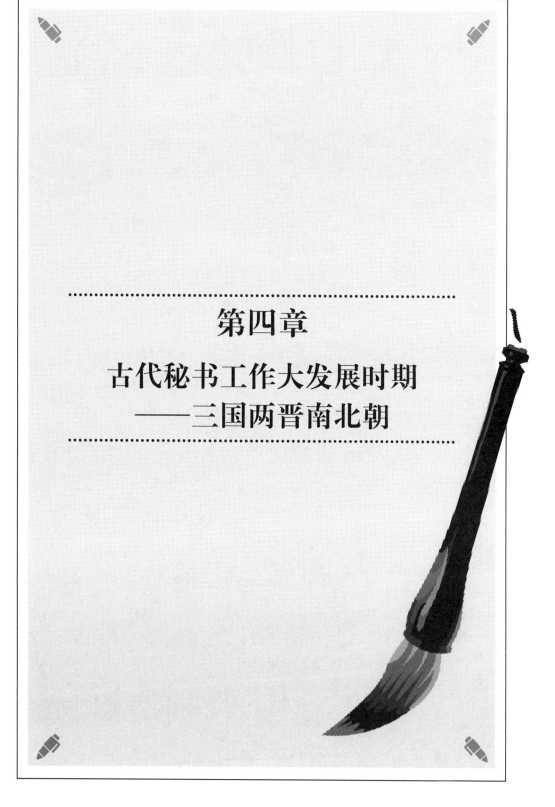

第四章
古代秘书工作大发展时期——三国两晋南北朝

本章概述

三国两晋南北朝时期，统治者为了防止秘书机构的权力膨胀，吸取前代的经验教训，不断探索，使中央秘书机构分布在中书、门下、尚书三个相互监督、相互制约的部门。

这一时期，统治者高度重视秘书工作，使秘书机构的作用显得很突出。

政治家重视协调和秘书的关系，以充分发挥他们作用，导致优秀秘书人才辈出。

公文写作开始和其他文体分流，成为一种独立的应用文体，一项专业性很强的技能，因而涌现出许多专事公文写作的"手笔"；开始了对公文进行理论总结和研究。

纸张成为公文拟写的主要材料，形成了许多新的公文制作制度。

因此，三国两晋南北朝时期，是我国古代秘书工作大发展的时期。

学习目的和要求

通过本章学习，要求理解三国两晋南北朝时期是我国古代秘书工作的大发展时期。这是因为：其中央秘书机构分解为中书、门下、尚书三个初步相互监督、制约的部门，以防职权膨胀；有作为的政治家注意协调和秘书的关系、充分发挥其作用，导致优秀秘书辈出；公文写作开始成为独立的应用文体，并对公文写作进行了经验总结和理论研究；纸张成为公文唯一载体后，导致一系列文书制作制度的产生。

重点、难点

1. 设中书省替代尚书台和设立三省的演变过程；
2. 我国古代"秘书"一词的几种含义；
3. 曹操、诸葛亮和秘书的关系；
4. 公文拟写成为专门技能和文书制作制度。

第一节 秘书机构和官职

三国两晋南北朝是我国历史上的一个大分裂时期。

这一时期，战争连绵不断，王朝更迭频繁，小国林立，割据称雄，各国政府机构的名称不一，导致其中的秘书机构也称呼各异，变化复杂，头绪纷乱。但是，仔细梳理史料，仍可以追溯其秘书机构演进的过程，其基本线索就是：以中书省取代尚书台，设门下省分散中书省之权，初步形成了中书、门下、尚书三个相互配合，又相互制约的中央机构。

《文献通考》中引司马光之语说："及魏武佐汉，初建魏国，置秘书令，典尚书奏事。文帝受禅,改秘书为中书,有令有监而亦不废尚书,然中书亲近,而尚书疏外矣。东晋以来,天子以侍中常在左右,多与之议政事,不专任中书;于是又有门下,而中书权始分矣。降及南北朝大体皆循此制。"

一、设中书省替代尚书台

(一) 曹操设立秘书令、秘书丞

东汉末年,曹操挟天子以令诸侯,控制朝廷,任丞相,升魏王,东汉王朝已名存实亡。当时,朝中的尚书台已成为事实上的丞相府,综理财政,权力很大,曹操为了培植私人势力,进一步削夺东汉王朝的残余权力,创立了秘书令这一官职,下配备秘书左丞、秘书右丞两官职,组成一个秘书机构,负责收发、处理章奏文书,拟制、传发教令,以取代尚书台的职责。

秘书令、秘书左丞和秘书右丞遂成为我国历史上首次出现的名实相副的秘书官职。

以秘书令为首的机构也就成为我国历史上首次出现的名实相副的秘书机构。

秘书令、秘书丞使"秘书"一词产生了本质的变化,使其由指物转为指人(官员),指官署,含义与今天的秘书工作相吻合。所以说,他们可视作我国"秘书"的渊源。

(二) 曹丕设立中书监、令

三国、两晋、宋、齐、梁、陈直至隋的开国皇帝都是前朝手握重柄的权臣,称帝前,他们已经执掌兵权,操纵朝政,在此期间,已网罗亲信,设置自己的幕府。幕府不属国家官署,只是他们的私府,相当于秘书处。幕僚既是谋士,又是办理文书、处理日常事务的人员,相当于秘书官员。

幕僚们在帮助主人夺取帝位的过程中起了很大的作用,博得主人的信任。一旦主人即位称帝,手下的军队转变为国家常备军,幕府也就转变为中央秘书机构,幕僚即转变为国家正式秘书官员,幕府首领也就演变为中央政府内的秘书首脑,替代旧王朝的秘书机构和官员。魏晋南北朝时期的这一现象,起始于曹丕。

曹丕废汉建魏,立即以其府中的幕僚,组成新王朝的中央秘书机构,改称秘书令为中书令,任命长期为他们父子掌机要的秘书左丞刘放为中书监,秘书右丞孙资为中书令。因为刘、孙两人资历不相上下,所以除设中书令外,又增设中书监一职,监略高于令,使两人同掌机要,相互监督,便于驾驭,首开亲信幕僚转化为朝廷秘书首脑的先例。此官署称作中书省,负责起草诏书,掌管章奏,记录朝廷大事,参与政务。

这样,从曹操开始的以秘书令代替尚书台的演变过程宣告完成,重演了汉朝以尚书台替代丞相府的故事。

中书监和中书令因为处于皇帝左右,地在枢边,多受宠用,时人称中书省为凤凰池。南北朝时,中书令、中书监一职多由文学名望者担任,时人以任此职为殊荣。如荀勖被从中书监调任为尚书令,友人祝贺,他却悻悻而言:"夺我凤凰池,诸君贺我耶?"①可见当时中书监的

---

① 《晋书·荀勖传》。

职位实际上高于尚书令。

（三）中书省的主要秘书官员

中书省除了主官中书监、中书令以外，尚有不少秘书官员。这些官员的名称在魏晋南北朝时期变化纷繁，主要有以下一些：

黄门郎，曹丕时定制，掌收受、拆封、初阅各方奏章，然后签名，交给通事郎。

通事郎，曹丕时设立，为中书监、中书令的副手，具体负责诏令的起草工作，并负责审读黄门郎转来的奏章，署名后呈送皇帝。晋朝时改称中书侍郎，设四人。

中书舍人，西晋在中书侍郎下设舍人、通事，后合称通事舍人，也称中书通事舍人。晋、宋、齐沿置，梁朝除去"通事"两字，改称中书舍人。其中文才优秀者冠以"知制诰"称号，有权起草诏书。刘宋时，中书舍人的权力日重，时有中书通事舍人四名，轮流值宿于皇宫，出宣帝命，凡章奏都由他们转呈，并参与处理。萧齐时，中书舍人不离皇帝左右，关系更为亲近。高帝萧道成欲废苍梧郡，清晨，命值班的中书舍人虞整起草诏书。虞整因通宵酗酒，昏睡不醒，高帝立即另召中书舍人刘系宗前来拟诏，说："今天地重开，是卿尽力之日"。刘系宗当即挥笔，拟就诏书，并指挥主书 10 人、书吏 20 人抄录多份，发往各地。可见，中书舍人为皇帝所信重，并能越过顶头上司中书监、中书令和中书侍郎，直接秉承皇帝旨意拟诏。齐永明初年，有中书舍人吕文显、茹法亮等四人，权力甚大，时人称为"四户势倾天下"，连太尉王俭也叹息说：我身居三公高位，权力却不及茹法亮。梁武帝时，中书舍人不但专掌诏书拟制，参与机密，而且有时专断政务，甚至代表皇帝发布诏命。梁陈之时，国家政务几乎都由中书省处理。时设中书舍人 5 名，下有：

主书，10 名，负责保管文书，以备查询，并抄写诏敕，相当于机要秘书，地位虽不高，但职掌重要，朝官都羡慕此职。

书吏，200 名，负责文书的抄录、誊写。

书助，协助书吏抄录、誊写文书的人员。中书省如遇有重大文书事务，书吏不足，难以按时完成，就另外选择通文墨者帮助完成。

中书省起初的职责是"掌赞诏命，记会时事，典作文书"，即负责起草诏命、记录朝廷大事、拟制文书，是皇帝的机要秘书处。后来，业务日繁，要负责二十一方面的事务，直接与行政中枢尚书省的各曹对口，渐渐发展为规模很大的朝廷办公厅。由于曹丕称帝后不设丞相，三公只是荣誉职称，所以，中书省也存在着发展为实权机构的趋势。

二、设门下省分中书省之权

随着中书省势力扩张，晋朝起，皇帝都力图限制、分散其职权，以防止它成为实权机构。晋朝将侍中、常侍、给事中、黄门侍郎、谏议大夫、起居郎等皇宫秘书官员组成一个新的秘书机构，称门下省，在皇帝左右议论大政，出宣诏命，办理交付事项等。

门下省的主官为侍中，宋文帝起，侍中始掌奏事，值侍皇帝左右，掌管殿内门下众事，议论朝政,参与政务,过问朝廷大小事情。梁、陈两朝相沿。北魏"尤重门下官,多以侍中为辅政,则时以侍中为枢密重臣,呼为'小宰相'"。

这样,门下省就分掌了中书省的一部分秘书工作,分散、限制了中书省的权力。

三、初步形成相互牵制的三省

曹丕以中书省替代尚书台,作为皇帝的机要秘书处后,旋将尚书台转化为政府机构,起执行作用。

尚书台仍以尚书令为主官,左、右仆射为副手,下属尚书郎的人数增加,分有殿中、吏部、驾部、金部等名目,共有 25 名,负责处理各部曹的往来文书事务。每有一郎任缺,便选五名能办理文案的孝廉来应试,以其中的第一名补缺,录取者年龄须在 50 岁以下,既要文笔流畅,又要能谨慎办事、业务能力强干,要求很高。

尚书台内的各部、司设有:

尚书都令史,负责处理日常事务。

主事令史,负责本部、司的文书事务,为令史之首。

南北朝时,为了制约中书、门下两省,统治者将尚书台升格为尚书省,成为中央政府执行政务的总机构。

中书、门下、尚书三省初步形成后,各自承担一部分中央秘书事务。一般说来,魏晋和南朝以中书省为重,北朝则以门下省为重,尚书省偏重于执行。

三国两晋南北朝时期中央秘书机构的纷繁变化,掌管机要重任的秘书首脑多次更名易号,再次反映出封建社会中央秘书机构及其官职的不稳定性,皇帝一而再,再而三地提拔身边亲近的秘书组成新的秘书机构,来替代原先的秘书机构,以维持秘书机构仅有辅助决策权,而无独立决策权,仅具处理事务的职能,而无执行实权的职能,以致秘书机构循环演化,其根源就是君主专制。

四、皇宫秘书官职

中书省从皇帝的机要秘书处转化后,门下省成为实际上的兼职皇宫秘书机构,门下省内的黄门侍郎、常侍等成为皇宫秘书。除此之外,重要的皇宫秘书官职还有:

典签,刘宋时设立,原为处理文书的小吏,后受皇帝信用,常受遣监视出任的方镇、宗室诸王及各州刺史,号称"签帅",名为典领文书,实为控制地方政权、兵权。前述茹法亮就于宋、齐间数度任典签,握有州、镇大权,揽权一方,势倾一地。

起居令史,掌记录皇帝的重要言行和大臣对朝政的讨论,日积月累后交著作郎。

三国两晋南北朝时期,各王朝仿照秦汉旧制,在皇宫中设立信访机构公车府,让百姓申诉冤屈。如南朝梁武帝时,在公车府的谤木、肺石旁各设置一个信箱,规定凡百姓对朝政有意见,可直接投书于谤木旁的信箱中,百姓如受官吏豪强欺压而无处申诉,可以投书于肺石旁的信箱中。信箱称"函"。

三国两晋南北朝时期,与中央秘书机构的不稳定相反,各级地方政府中的秘书机构却沿袭两汉,相对稳定,都设有秘书机构和主簿、记室等秘书官吏。

第二节 秘书和主官的关系

主官和秘书是相互联系、相互依赖的两个方面,只要有主官,就会有为其服务的秘书,主官决定着秘书的存在;秘书的职责是协助主官领导好全局性的工作,作为得力助手,帮助主官建立、巩固功业,在这意义上而言,主官离不开秘书,秘书在一定程度上也决定着主官的存在。因此,主官只有尊重、信任、了解秘书,量才使用,才能发挥秘书的助手作用;秘书只有了解主官的个性、思维方式和工作方式,才能互相协调、配合默契,相得益彰。

三国两晋南北朝时期政局动荡,群雄角逐,帝王和权臣都重视招揽秘书人才;同时,秘书人才也纷纷择主而事之,佐主建功立业。由于小国林立,秘书如不被信任,就会投奔他处。因此,谁能延揽、使用众多的秘书人才,事业就能兴旺发达。在这种形势下,如何处理好主官与秘书人才之间的关系,有效地发挥秘书的参谋、助手作用,就成为统治者着力探讨的问题。在这方面取得显著成效的当数著名政治家曹操和诸葛亮。

一、曹操招纳、信用秘书人才

曹操作为有远见的政治家,深知要成就大业,必须依靠人才,他执政期间,曾三次颁布《求贤令》,思贤若渴地延聘各色人才。他打破了西汉以来任官讲究门第、资历的旧框框,不拘一格求人才。如他的重要谋士荀彧,世代都是"白衣",曹操却将他从一个小小的县令提拔为尚书令。

曹操爱才敬才不计私怨、不拘小节,唯才是举,广纳天下之士。如:

杨修是曹操死敌袁术的外甥,曹操不避嫌疑,用为府中主簿,为幕府之长,让他统管府内事务,参与机密,相当于曹操的秘书长。杨修十分感恩,凡事都办得很称曹操心意,加上他精明干练,一度成为曹操的得力助手。

陈琳原是袁绍的记室令史,一个典型的文字秘书人才。曹、袁拼死相争时,他曾为袁绍拟制了《为袁绍檄豫州》这一讨伐曹操的檄文,文中列数曹操罪状,痛斥曹操是"残贤害善"、"败法乱纪"、"专制朝政"的巨奸逆贼,还把曹操的祖上几代都辱骂得狗血喷头。曹操当时正患头痛,读了此文后,一身大汗,头也不痛了,深为作者的文才所折服,一心想得到陈琳。后来,曹操击败袁绍,平定河北,抓住了陈琳,陈琳惊恐,以为一定会被处死。曹操不但没报复他,反而安慰他说"过去的事就算了",并任命陈琳为司空军谋祭酒,掌管自己身边的文书事务。

文士刘桢个性倔强,一次,在曹丕的私宴上不肯俯首,平视曹丕夫人甄氏,犯了"不敬"之罪。曹操爱其机警善对答,遂不计小过,不予加罪,任用为丞相掾属,协助处理军国大事。

曹操的胸怀,使众多的人才竞相投奔门下,聚集了大量的秘书人才,仅史籍中著名的就有荀彧、荀攸、郭嘉、崔琰、杨修、贾逵、王凌、繁钦、路粹、王粲、阮瑀、陈琳、刘桢、应玚、徐干、华歆、王朗、陈群、仲长统、邴原、王必、杜袭、刘放、孙资、梁鹄等人。

曹操又知人善任,根据这些人才的特长,分别用为不同类型的秘书。如:荀彧有军事谋划之才,曹操用为尚书令。他献计迎汉献帝回许昌,挟天子以令诸侯,使曹操取得政治上的主动,又协助曹操击败袁绍,奠定了统一北方的大业,报答了曹操的知遇之恩,被曹操赞为"吾之子房也"。

崔琰以敢于直言劝谏得名,曹操就用为别驾从事。崔琰果然善谏、敢谏。一次,曹操拟从冀州征兵30万,崔琰立即当面直谏,说"主公未为冀州百姓造福,而先征兵扰民,岂非大失民心"。群臣听了都相顾失色,曹操却认为他说得有理,采纳其建议,取消了征兵计划。曹操常与长子曹丕游猎,崔琰也不放过,上书劝谏,要曹操别玩物丧志。曹操对其颇为敬惧,赞誉他具有伯夷的风骨、史鱼的耿直,使自己受益匪浅。

王粲善文字,祖上几代担任过秘书官职,曹操用为丞相府中掾属,后迁为军谋祭酒,专司起草文书,他博学强记,凡朝廷奏议等文书皆由他与王朗等人拟就。

由于曹操广纳人才,使用得法,较妥善地处理了与秘书的关系,使身边的秘书各施其才,成为得力助手,也使他如虎添翼,是他能击败各路豪强,统一北方的一个重要原因。所以,他在总结自己19年征战历程时说:"所征必克,乃是贤大夫之力也。"

二、诸葛亮对秘书的要求和提拔

(一) 诸葛亮选用秘书的方法

诸葛亮是一位雄才大略的政治家,在处理与秘书的关系上,有自己独特的一套方法,更胜曹操一筹。

诸葛亮曾比喻说,主官需要好的僚属,就像房屋需要好的柱子,柱子以端直为佳,僚属以忠直为好,栋梁之材要到森林里去仔细寻找,忠直的僚属也必须从各处去细心选拔。他用人不注重门第资历,只要有真才实学,德才兼备者,一律任用,任人唯贤。

诸葛亮的用人之道别具一格,在任用之前,他从七个方面进行考察:

一是"问之以是非而观其志",就是向对方提出相互矛盾的问题,看对方的辨别能力;

二是"穷之以辞辩而观其变",就是反复同对方辩论一个问题,看对方的辩才和机智应变的能力;

三是"咨之以计谋而观其识",就是请对方就某一个问题出谋划策,提出咨询意见,以看对方审时度势和分析问题的能力;

四是"告之以难而观其勇",就是将面临的危险告诉他,看他的勇敢程度和献身精神;

五是"醉之以酒而观其性",就是在开怀畅饮的场合,观察对方的自制能力和酒醉以后显示出来的本色；

六是"临之以利而观其廉"，就是让对方面临有利可图的机会，看对方是否廉洁奉公；

七是"期之以事而观其信"，就是从同对方约定某件事上看对方是否守信用。

在那个时代，诸葛亮用这些方法去考察人才，已经是很全面的了。如此选用的秘书人才，其素质也自然是很高的，诸葛亮身边就聚集了不少优秀的秘书人才。

诸葛亮还在《心书》中叙述了识人用人之道，指出无论治军还是理政，五种人不能用，他们是乱国乱军的祸根，是"五害"。他们是：私结朋党，专事讦毁、打击贤能之士者；生活奢侈、哗众取宠者；谣言惑众、欺诈视听者；专门搬弄是非、为了一己私利而兴师动众者；只顾私利、暗中与敌人勾结者。对这"五害"，务必提防疏远。所以，诸葛亮身边的秘书中没有如此小人，都是正直贤能之人。

（二）诸葛亮创立秘书"参署"制度

诸葛亮对秘书除了要求他忠于职守以外，还非常注意听取他们的意见，为此，他专门建立了"参署"制度，让秘书能充分发表意见，实行"纳言之政"。"参署"制度的主要内容有三条，即"违覆"、"直言"、"进人"。

"违覆"即发现公文中主官的批示有与国家政策违背之处，秘书人员应提出自己的看法，陈述理由，送回主官处，建议重新审改。秘书官董和任职七年中敢于违覆，有时就同一件公文竟反复十次向诸葛亮汇报，建议修改，诸葛亮十分赞赏，要僚属学习董和对公文认真、负责的态度。长官受精力、时间、才识的限制，处理公务中难免有考虑不周之处。发现这些缺陷和遗漏，建议主官修正之，使失误降至最低限度。这是秘书人员应当具备的能力。"违覆"，鼓励秘书人员寻找主官的失误之处，提出自己的见解，就是要求他们培养这种能力。

"直言"即要求秘书直谏不讳，凡发现主官的言行有不当之处，及时指出，以避免过失。诸葛亮心胸宽广，待下属诚恳，身边的秘书人员都乐于上谏。诸葛亮曾说，崔州平能指出自己的"得失"，徐庶能给自己"启诲"，董和能"尽言"，胡济能"谏止"。主簿杨颙见诸葛亮事无巨细必亲自处理，连"校簿书"、罚二十板等琐事也过问，认为大可不必。诸葛亮感到切中自己的短处。杨颙死后，他难过了几天，叹息说："掾属丧杨颙，为朝中损益多矣！"

要求秘书敢于直言，不但有助于弥补主官的不足，修正主官的过失，而且有利于融洽主官和秘书人员之间的关系，使秘书人员能尽可能发挥自己的作用。

"进人"即要求秘书人员，如主簿、书佐、掾属主动向主官推荐人才。掾史姚伷曾推荐文武人才给诸葛亮，受到赏识，自己也被升为参军。

秘书人员在主官身边工作，了解全局情况，知道各种人才的需求，且他们经常与下属部门接触、联系，较熟悉各种人才，因此，由他们推荐人才是一条可行的途径。诸葛亮属下的文臣武将中，不少是秘书人员推荐来的。

诸葛亮对秘书的这些要求，融洽了自己和秘书人员之间的关系，也发挥了秘书人员的主观能动性，颇值得我们借鉴。

(三) 诸葛亮对秘书的提拔

秘书岗位是个培养、造就、储存、输送人才的场所,诸葛亮深明此道,不但发挥秘书的主观能动性,积极培养秘书,而且,当发现秘书具备了独当一面或有独特才干时,就大胆提拔,破格使用。如:

蒋琬原是一个专事抄录文书的书佐,诸葛亮发现他很有才干,就在率军北伐动身前将他推荐给后主。蒋琬一下子被委以留守成都的重任,成功地组织了充足的兵源粮饷,供给北伐的蜀军。诸葛亮临终之时,又推荐他为自己的继承人,使他成为蜀国后期的重臣。

何祗原是一名书佐,诸葛亮发现他很有才干,就任命他为广汉太守。

诸葛亮对秘书的大胆提拔,一方面使有才干的秘书能发挥更大的作用,有益于国家;另一方面,使更多的秘书忠于职务、努力工作,刻苦锻炼自己的才干,以具备条件后去发挥更大的作用。

与曹操、诸葛亮相反,一些器量狭窄、忌才妒贤的豪强由于处理不好自己和秘书人员之间的关系,致使秘书人员纷纷出走,成为失败的原因之一。如王粲曾投奔过刘表,刘表竟以他貌不出众,身体瘦弱为理由,不予信用,致使他日后劝说刘表之子刘琮归顺曹操,自己也转入曹营。荀彧、崔琰、郭嘉原先都是袁绍的秘书,见袁绍"未知用人之机"、"好谋无决",成不了大事,于是,先后投归曹操,而正是这些人才,协助曹操攻灭袁绍。

三、寒门掌机要

三国两晋南北朝时期选拔官吏(包括各级秘书官吏)的基本制度是自曹丕起始的九品中正制。

"尚书陈群,以天朝选用不尽人才,乃立九品官人之法;州郡皆置中正以定其选,择州郡之贤有识鉴者为之,区别人物,第其高下。"[①]

九品中正制原意为了网罗天下贤士,为国所用。然而,它很快就演变成以门第划分等级,按等级高低授官的腐败制度,从中央到地方的高官都由门第显赫的世族担任,垄断各级政权,而出身低微的寒门子弟只能充任僚属和低级官吏,造成"上品无寒门,下品无世族"的状况。这一腐败制度使大量人才受到压抑、埋没,是历史的残渣泛起,世袭制全面复辟。

但是,担任高官的世族往往自鸣清高,不屑从事具体事务,且常常身兼数职、数十职,实际上十有九件办不好,连一职也不能胜任,终年养尊处优,过着花天酒地的腐朽生活,以致"肤脆骨柔,不堪行步,体羸气弱,不耐寒暑"。有的连马叫和虎吼都分辨不出,缺乏起码的生活常识,成为一群行尸走肉,根本无能力理政。

在"膏粱蹑高位,英才沉下僚"的局面下,高官往往将日常政务和机要事务都交给寒门出身的僚属去办理。同时,不少皇帝为了维护皇权、架空世族,也有意起用寒族秘书协助自己。

---

① 《资治通鉴》卷六十九。

如南朝宋武帝刘裕靠武力夺取政权后,因为自己也出身寒微,对世族十分戒备,特别重用寒门之士理政。从中央到地方各级政府中,大都由寒门之士办理具体事务,他们从中学到了丰富的政治经验和官场周旋能力,锻炼得精明强干,并在处理文书和日常事务的过程中参与了政务,掌管机要,成为实际上的决策者。

如果州郡长官离职、新长官未到任之时,上司往往任命府中的主簿、从事等秘书官主持事务。比如南朝梁时,寒族吉玢任州主簿时,"出监万年县,摄官期月,风化大行"①,在短短的代理执政时间内,将当地治理得井井有条,以致扬州中正与丹阳尹联名举荐他做主官。

所以,这一时期,在公府和地方政府中,主官位尊而大权旁落,秘书位卑而权力膨胀,形成了名实相反的主从关系,造成了"寒门掌机要"的状况。

第三节 文书档案工作

三国两晋南北朝时期,文书工作有了重大的发展,公文已经分离成为一门独立的文体,有了专门拟制文书的人才,产生了一系列文书制作制度,并对公文开始了理论研究。

一、文书工作大发展的原因

三国两晋南北朝时期,文书工作有重大的发展,是有其主观和客观原因的。

从主观而论,当时政局多变,战乱频繁,统治者都需要掌握和充分利用公文这一发号施令、指挥政务的工具,所以,对文书工作都高度重视。公文"虽艺文之末品,而政事之先务也"。② 前述凡真正执掌实权的重臣必须冠以"录尚书事",控制中央政府的文书工作,就是一个实证。在高度重视下,统治者必然会加强和推进文书工作。

从客观而论,到了东晋初年,大量优质、价廉的纸张被用于书写,成为公文的主要制作材料。东晋初年著作郎虞预《请秘府纸表》云:"秘府中有布纸三万余枚,不任给所,愚欲请四百枚,付著作史,书写起居注。"③东晋末年,桓玄称帝后,于元兴二年(公元403年)下令:"古无纸,故用简,非主于敬也。今诸用简者,皆以黄纸代之。"④自此起,纸成为日常公文的主要制作材料,取代了使用1 000多年的简牍文书。这大大方便了文书的草拟、修改、转发、携带、批阅、保存、查用,提高了文书工作效率,是古代秘书工作中一大突破。

同时,此时期笔、墨等书写工具显著改进。汉字也有了重大发展,汉末在隶书基础上形成的楷书已盛行,并产生了草书,又出现了介于两者之间的行书,都比隶书更便于书写。

这一切都有力地促进了这一时期的文书工作,导致了一系列新的文书制作制度的产生。

---

① 清·张英辑汇《渊鉴类函》卷二十五《文学部》。
② 《文心雕龙·书记篇》。
③ 唐·徐坚《初学记》卷二十一。
④ 同上注。

二、公文拟写成为专门技能

(一) 公文成为一种独立的文体

魏晋以前,公文具有散文的特点,文中常抒写个人情感,发表自己的见解,如李斯的《谏逐客书》、贾谊的《治安策》、晁错的《论贵粟疏》、邹阳的《狱中上梁王书》等,字数多,篇幅长,贾谊的《治安策》,洋洋六千言。公文都被视作散文,编入散文集中。公文与文学作品及理论文章尚无严格区分。还有些公文则满篇歌功颂德、华而不实,有名无实。

自曹操始,公文与散文开始分家。传世的《曹操集》中,除收录诗文两百多篇外,公文有百篇以上,大部分是他颁布的"令"。这些公文明显表示出如下文体特点:

第一,以叙事为宗旨,开门见山,直叙其事,指明原由及解决方法,干脆利落,不抒情咏志。加强了公文的实用性。

第二,带有鲜明的权威性、指令性。使公文具有严肃性。

第三,篇幅简短。绝大部分都在一百字左右。加强了公文的时效性。

第四,表述明确,指示具体。利于下属依令执行。

第五,文辞朴实。进一步增强了公文的实用性。

从曹操的公文中可见,公文已与散文等其他文体明显不同,表现出实用性、权威性的文体风格,开始自成一家,演化成一种独立文体。其后,撰写文章就有了"文"、"笔"之分:

"文"即文章、诗赋,必须有情辞声韵;

"笔"即包括公文在内的各种应用文体,不需要有韵,也不必具有文采,只要直叙,着眼于述事达意、施于实用,凡表、奏、书、檄都称"笔",它有一定的格式。

"文"、"笔"之分,说明公文写作已经成为一门专门技能,有独特的要求、规格。这无疑大大提高了公文的质量,是文书工作史上的一大跃进。

(二) 出现了专写公文的"手笔"

公文成为一种独立文体后,产生了一批专事拟写公文的人才,如陈琳、阮瑀、王粲、任昉等人。凡善于拟写公文的文人,不一定能写好诗赋、文章,而能写好诗赋文章的人,甚至造诣颇高者,不一定能写好公文,不一定能胜任记室参军之类的秘书官职。如与任昉同时代的沈约,为当时著名诗赋大家,写公文却不如任。所以,当时称"沈诗任笔"。时称干练而擅长拟写公文者为"手笔",著名的"手笔"大家称"大手笔"。可见,当时公文写作在社会上的地位不低。

同时,由于三国两晋南北朝楷书、草书、行书流行,书法大有发展。公文用纸作为主要书写材料后,其字体也渐趋讲究,要求具有一定的书法水平。为此,统治者都聘请书法家担任自己的文字秘书。如东汉末年擅长正隶的梁鹄,汉灵帝时即被任用为选部尚书,后为刘表所得。曹操攻克荆州时,慕其名,四处访寻这位书法家,最后找到了他,当即聘任他为选部尚书,掌文书章奏,还将他的弟子毛弘也聘请来,安置于秘书省中,教授官吏书法。

北齐著名书法家赵彦深被尚书令司马子如任用为文吏,专掌抄写文书,后又参于机务,拟写军令,最后官至丞相。著名书法家王羲之、王献之、王徽之等人都担任过郡府内史、中书令、黄门侍郎等秘书官职。

梁武帝萧衍好书法,聘用书法家王褒为秘书郎,还将侄女嫁给他,后又擢升他为太子舍人、秘书丞。

纷纷任用书法家为文字秘书,提高了公文字体的艺术性,使公文面貌整洁、美观。同时,说明掌握书法艺术是我国秘书人员的优良传统之一。

(三) 对公文开始了理论研究

三国两晋南北朝,不少学者开始对公文进行理论上的总结及研究。

蔡邕的《独断》、曹丕的《典论·论文》、曹植的《与杨德祖书》、晋代虞挚的《文章流别论》、应玚的《文论》、陆机的《文赋》、南朝刘勰的《文心雕龙》、任昉的《文章缘起》等,都是研究公文或兼及公文的论著。这些论著对公文的文体源流、演变、使用范围、写作技巧、要求、语文风格和作用等多方面进行了论述。

曹丕在《典论·论文》中将文体分成四大类:奏议、书论、铭诔、诗赋,并初步分析了它们各自的特点及语言风格,说:"奏议宜雅,书论宜理,铭诔尚实,诗赋欲丽。"前三种就是应用公文,他的意思是:奏议要写得明白、典雅;书论要求讲理、铭诔要写实。

这一时期对公文研究最有贡献的是刘勰。他在《文心雕龙》中,论述了20多种公文文体的起源与演变、运用范围、拟制要领、语言色彩和作用等。他的论述深刻、精辟而又形象。如论及诏策的文风色彩时,他说:"故授官选贤,则义柄重离之辉;优文封策,则气含风雨之润;敕戒恒诰,则笔吐星汉之华;治戎燮伐,则声有洊雷之威;眚灾肆赦,则文有春露之滋;明罚敕法,则辞有秋霜之烈。"①意思是说:凡授官选贤的诏令,要冠冕堂皇,饱含正气;封王晋侯的诏令,则要含有风雨滋润的用意;敕戒百官的常诰,要有笔吐银河的光辉;发布用兵打仗的诏令,则应有雷霆万钧的声势;发布赦免重刑犯人的诏令,需像春风雨露一样润泽;发布惩罚或整饬法纪的诏令,则要像秋霜那样猛烈。

这些论著初步构成了我国古代公文的理论体系,这是文书工作,乃至整个秘书工作有了重大发展的一个标志。

三、文书制作制度

三国两晋南北朝时期,产生了一系列公文制作制度,主要有:

公文用纸制度——桓玄诏令公文须用纸写,并规定重要的公文以加染的黄纸书写,以防虫蛀,一般公文以白纸书写,使人们从纸的色泽就能分辨出公文的类别。

卷轴制度——将写在若干张纸上的一篇公文粘连起来,成为一幅,在一端粘附上一根细

---

① 《文心雕龙·诏策》。

木棍,作为轴,将公文自左至右卷拢在轴上,成为一束,因为古人写字是自右至左直行书写,这样卷起,能使右面文首的内容在最外面,便于展开顺序阅读。这种方法称为卷轴制度,它在缣帛文书中已见使用,公文普遍用纸后,这一制度遂普遍推广。它开则便于阅读、批答,合则便于携带、收藏,是公文形式的一大进步。

用印制度——简牍文书的盖印方法为封泥,以纸制作公文后,改用朱印,即朱色水印,朱印简便易行,印迹清晰易辨,不易消褪,且能使印章经久耐用,既提高了公文制作速度,又使公文卷面美观,是公文用印制度上的一大进步。

骑缝、押缝制度——骑缝即在两张粘连的公文纸的连接处加盖印章;押缝即在两张公文纸的粘连处或公文末尾署名,又称押字或押尾。"魏晋以来法书,至梁御府藏之,皆是朱异……等题名于首尾纸缝间,故谓之押缝,或谓之押尾。"①这一制度根据纸质公文的特点,起到了防止公文伪造、保证其真实性的作用。

连署制度——也称联署制度,即几位官员在同一公文上联合签署姓名,以表示对该公文内容共同负责。史载"崔季舒等将谏也,之推取急还宅,故不连署"。②

勾检制度——魏晋起尚书台(省)中设置了比部,置比部郎中主官,专"掌诏书律令勾检等事"。即稽核皇帝和中央政府颁发的下行文。说明对公文的复核已有专门部门负责。

南北朝时一些昏庸的国君往往荒于朝政,造成文书工作陷入混乱不堪的状况。如齐废帝(东昏侯)萧宝卷厌烦政务,终日游戏,常数月不批阅奏章,积压的奏章被内侍随手取去,包裹鱼肉,以致政令不通,遂产生了一种变通的文书批阅制度,称:帖敕——即由主持朝政的大臣在奏章后签署意见,作为敕命,批发判行。如齐废帝在位时,常由始安王萧遥光、尚书令徐孝嗣等人轮流值宿于内省,分日帖敕,代替齐废帝理政。

一文一事制度——即一件公文只直叙一件事,不同的事由不混于一文。秦汉公文,往往一文数事,曹操写的公文,多为一文一事,东晋桓玄下令公文用纸制作后,逐渐成为定制。此制有效地防止了行文关系错乱,提高了公文的准确性、时效性,加速了公文的运转。它作为公文的主要制作原则之一,一直沿用至今。

四、公文文体

三国两晋南北朝时期的公文文体基本沿袭两汉而有所增损。皇帝的下行文有:

敕——汉代已有此文体,为官长行于下属、祖父行于子孙的下行文,南北朝起,成为皇帝向臣属、地方颁布命令的文体。

北周时,内史上士李德林受命主持修定诏诰格式,对皇帝下发的下行文文体作了一次整理,将制书改称"天制",将敕改称为"天敕"。

---

① 宋·黄伯思《东观余论》。
②《北史·颜之推传》。

令——两周时,天子的"命"也称令,战国时,将命、誓、诰统称为令,秦朝将令改称诏,而称皇后、太子下达的文件为令,汉代,诸侯王下达的文书亦称令,魏晋时,上级官府发给下级官府的命令都称令,北周时,规定皇太子监国期间颁发的文书称"令书"。令一般比较简短、文字要求凝练、准确,口气坚决,不能含糊。

臣属呈送给皇帝的上行文,除沿用汉代的章、奏、表、疏、议等文体外,还增有:

启事——官员向皇帝陈述事情的文书。史载:"涛所奏甄拔人物,各为题目,时称山公启事。"① 后也用作下级官员向上司的陈事。

笺——也称笺奏,《文体明辨》中云:"笺,表也。"是一种类似于表的文体。东汉起好用笺,南北朝时百官递呈皇后、太子、诸王的公文皆称笺。

各级政府的下行文有:

符——上级官府发送给非隶属下级官府的文书。

帖——官府对吏民颁发的文书。南北朝时战争频繁,帖多为征调兵役、徭役等的文书,如《木兰诗》中:"昨夜见军帖,可汗大点兵。"此"军帖"就是官府征兵的文书。

各级政府的上行文有:

牒——下级政府送呈上级政府的报告、请示类文书。

笺记——官员向上司提呈的公文。

各级政府间的平行文有:

关——亦称关文,官府间相互质询时所用的一种文书。《文心雕龙·书记》中说:"百官询事,则有关、刺、解、牒。"

书——亦称国书,南北朝时期先后28个小国间相互往来的文书。

五、档案工作

三国两晋南北朝时期,由于社会动荡,战乱连绵,大量档案被毁,频繁的政权更迭,严重阻碍了档案工作的顺利进行。因此,这一时期的档案工作发展速度明显慢于秦汉时期,其总体水平也未能超过秦汉。

东汉末年起,军阀混战,公元190年董卓逼皇室和百姓迁往长安,焚烧都城洛阳,两汉积累起来的大量档案被付之一炬。西晋的八王之乱、永嘉之乱、晋室南渡以及此后南方东晋、宋、齐、梁、陈的更迭,每一次改朝换代都给京城造成破坏。同时,各王朝内部的相互残杀,又使都城遭受抢掠焚烧,收藏的档案又大批被毁弃、流散。

但是,各王朝一些有远见的政治家,鉴于档案对建立、稳固政权的重要作用,都注意对档案的保护、收集。如曹操部将袁涣曾建议曹操"大收篇籍,以明先圣之教"②,曹丕代汉建魏,

---

① 《晋书·山涛传》。
② 《三国志》卷十一《魏书·袁涣传》。

刘备、诸葛亮吞并蜀中时，都首先接管了旧有的档案，妥善收藏。西晋将领王濬攻灭吴国时，也曾用心收集吴国的重要档案。

此外，一些官员和士人曾担任过秘书官职，接触过大量文书档案，他们利用职务之便，收集并抄录档案，藏于家中，世代相继，编辑成集，客观上为档案的保存、流传作出了贡献。

此时期的各政权都建有档案库，如三国时期的魏、蜀、吴均筑有东观，其他王朝都设有秘府，梁朝还设立籍库，收藏、整理户籍档案。各国尚书省、中书省、秘书监等机构中也收存部分档案，并设置了著作郎、秘书郎、主书、令书等官职，管理和编撰档案。一些重要档案制有副本，分别收藏于宗庙、尚书省等处。"其以此诏藏之宗庙、尚书、秘书三府"。①

此时期流行最多的档案是谱牒文书。由于实行九品中正制，将人划为九品，据此授官，故这类档案最受统治阶级重视。它可分为两类：

一类是各大家族编修的族谱、家谱，详录一族、一家的世系。梁武帝时，朝廷特设谱局，置有郎、令史等人员，命令各地士族上呈族谱、家谱，派博通古今、善于修缮的文士审核、考订、编修，然后收存起来。这种谱牒有多份副本，各州负责划分士族品级的中正官处都备有多份。

另一类是记载士族个人情况的谱牒。每当吏部要选拔官员，都须先征询被选任者的家世、行状、品级，家世即祖辈资历、功名、爵位，行状为中正官对其言行表现、道德才干的评语，品级即根据家世、行状所划定的等级。中正官将这些情况书于黄纸上呈报司徒，据此授官，并将此谱牒副本藏于司徒府。如被选者犯有过失，中正官即可另写评语，降其品级，申报司徒府，请求更改谱牒中记载。这类谱牒相当于现代的人事档案，只是以记载出身门第为主，个人表现为次，对个人表现、才能记得十分简洁，如中正官王济对士族孙楚的评语只有"天才英博、亮拔不群"八个字。晋以后，授官往往只看家世，这种评语更无甚作用。

此时期沿袭两汉利用档案修史的传统，产生了许多以起居注、奏、疏、诏、令为基础写成的史书，如北齐的《魏书》、北魏的《十六国春秋》、曹魏的《名臣奏议》，等等，私家修史之风比两汉盛行，因小国割据，信息不通，一种史书往往有二三十家同时或先后修撰，如修《晋书》者就有几十家。此外，一些士人还利用地方政府中的档案和谱牒档案，编修地方志，如东晋常璩所编的《华阳国志》等。

【知识链接】

三国两晋南北朝时，涌现出一批擅写公文的高级文字秘书官，称"大手笔"，试举例：

陈　琳——（？—217年），字孔璋，东汉末年文学家，"建安七子"之一。

汉灵帝末年，陈琳任大将军何进主簿（秘书官）。何进被杀，陈琳避难至冀州，入袁绍幕府。官渡之战爆发，陈琳作《为袁绍檄豫州文》，把曹操祖宗三代骂得狗血喷头。曹操当时正

---

① 《三国志》卷二《魏书·文帝纪》。

患头风病卧床,痛苦不堪,读了陈琳檄文后,竟惊出一身冷汗,翕然而起,头风顿愈。袁绍败后,陈琳为曹军俘获。曹操爱其才而不咎,署为司空军师祭酒,使与阮瑀同管记室,军国书檄多为陈琳和阮瑀所作。曹操深爱其才,对于陈琳的作品,有时曹操竟不能为之增减一字。

阮　瑀——(约165—212年),字元瑜,汉魏文学家,建安七子之一。

年轻时曾拜名师蔡邕为师,文章写得十分精炼,闻名于当时。相传曹操闻其才名,召他做官,阮瑀不应,曹操多次派人召见,阮瑀逃进深山,曹操命人放火烧山,逼出阮瑀,阮瑀勉强应召。曹操在一次大宴宾客时,把他安排在乐队中,想煞一下他的傲气,不想阮瑀精通音律,即兴抚弦而歌,一方面歌颂了曹操的事业,另一方面也表达了自己愿为曹操效忠的思想。曹操听完,大为高兴,请他做司空军谋祭酒官。从此以后,曹操军中檄文多出于他和陈琳之手。建安十六年,阮瑀随军西征关中,曹操要他写一封书信。他骑在马上沉吟片刻,挥毫点就,呈给曹操。曹操提笔想作些修改,竟不能增损半字。

任　昉——任昉幼年时刻苦好学,才华横溢,知名乡里。16岁,即被刘宋丹阳尹刘秉聘为府中主簿,旋即转任奉朝请,举南兖州秀才第一,除征北行参军。17岁,拜太学博士。19岁,入王俭幕府。25岁,辟卫将军丹阳尹王俭主簿。26岁,辟司徒竟陵王记室参军,迁司徒刑狱参军事,入为尚书殿中郎。31岁,除文惠太子步兵校尉,管东宫书记。32岁,除司徒竟陵王记室参军。39岁,除齐明帝朝中书侍郎,除仪曹郎,与刘渢共掌秘阁四部。41岁,除齐废帝东昏侯中书郎。42岁为骠骑大将军晋安王宝义司徒右长史,除萧衍骠骑记室,与沈约同掌霸府文笔。43岁,梁台建,禅让文诰,多昉所具;除大司马记室参军,拜黄门侍郎,迁吏部郎中,掌著作郎。44岁,除御史中丞,出为义兴太守。45岁,重除吏部郎,参掌大选,居职不称,除御史中丞,秘书监。47岁,除御史中丞,寻转御史中丞,秘书监,领前军将军。48岁至49岁,出为宁朔将军、新安太守。

任昉长期担任官衔文字秘书官,擅写表、奏、书、启等文体,文格壮丽,"起草即成,不加点窜",同期的沈约以诗著称,时人称"任笔沈诗"。沈约称任昉"心为学府,辞同锦肆",为当时"大手笔"。

裴子野——(469—530年),字几原,仕齐、梁两朝,南朝著名史学家、文学家。裴子野出生于世族家庭,聪颖早慧,勤奋好学,少年时代就以善于著述文章闻名。年轻时即步入仕途,初任南齐武陵王国左常侍,后为江夏王参军。萧梁初始,任昉颇负盛名,很多文人投靠他,请求推荐仕官,唯独裴子野不愿走这条捷径,为此任昉很恼火,不在朝廷为他说好话。过了很久,裴子野才任安成王参军,兼廷尉正,后任尚书比部郎,仁威记室参军,后又任著作郎、中书通事舍人,掌中书诏诰,不久又迁中书侍郎,成为皇帝的亲信秘书官,以其渊博的学识和非凡的才干,博得梁武帝高度赏识和器重。其所担任的参军、录事参军、记室参军、左常侍、尚书比部郎、中书通事舍人、中书侍郎等，都是秘书官职。他文思敏捷，起草文书，一挥而就，倚马可待，文风简练朴实，直陈政事，不尚丽靡之词，摒弃形式主义，他写的公文首尾贯通，颇具气势，为时人所推崇。

他作《雕虫论》，反对文章注重藻饰，主张作品应做到"劝美惩恶"、"止乎礼义"；对繁文要"删撮事要"。

他为官清正廉洁，不谋私利，生活俭朴，淡泊自守，其个人品德和修养，堪称古代秘书人员的楷模。

【练习题】

（一）单项选择题

1. 曹操设置的以秘书令为首的机构是我国历史上首次出现的（　　　）的秘书机构。

　　A. 中央政府　　　　　　　　　　B. 最早
　　C. 名实相副　　　　　　　　　　D. 地方政府

2. 曹丕废汉建魏后，立即改称秘书令为中书令，建立其官署，称（　　　），作为中央政府的秘书机构。

　　A. 中书省　　　　　　　　　　　B. 门下省
　　C. 散骑省　　　　　　　　　　　D. 尚书省

3. 门下省分掌中书省的一部分秘书工作，分散、（　　　）了中书省的权力。

　　A. 减轻　　　　　　　　　　　　B. 限制
　　C. 加强　　　　　　　　　　　　D. 取代

4. 曹丕以中书省替代尚书台，作为皇帝的机要秘书处后，旋将尚书台转化为（　　　），起执行作用。

　　A. 决策机构　　　　　　　　　　B. 参谋机构
　　C. 政府机构　　　　　　　　　　D. 顾问机构

5. 三国两晋南北朝时期，上至中央政府的三公府，下至州、郡衙门中，都设有（　　　）这一专职的秘书部门。

　　A. 曹　　　　　　　　　　　　　B. 幕僚
　　C. 县府　　　　　　　　　　　　D. 记室

6. 自曹操始，（　　　）与散文开始正式分家，成为一种独立的文体，有了"文"、"笔"之分。

　　A. 文件　　　　　　　　　　　　B. 公文
　　C. 档案　　　　　　　　　　　　D. 诗词

7. 三国两晋南北朝时期对公文研究最有贡献的是( )。
A. 刘勰 B. 蔡邕
C. 曹丕 D. 陆机

8. 北周时,规定皇太子监国期间颁发的文书称( )。
A. 令书 B. 符
C. 帖 D. 牒

9. 南北朝时官府多为征调兵役、徭役等而向吏民颁发的文书,称( )。
A. 符 B. 牒
C. 行状 D. 帖

10. 南北朝时期,先后28个小国间相互往来的文书称( )。
A. 关 B. 关文
C. 国书 D. 移书

(二) 多项选择题

1. 我国古代"秘书"一词的几种含义,包括:( )。
A. 宫中秘藏之书 B. 谶纬图录等书
C. 秘藏财宝 D. 官员
E. 官署

2. 曹操设置的( )是我国历史上首次出现的名实相副的秘书官职。
A. 秘书令 B. 尚书令
C. 秘书左丞 D. 中书令
E. 秘书右丞

3. 初创的中书省除了主官中书监、中书令以外,尚有如下秘书官吏:( )。
A. 黄门郎 B. 通事郎
C. 中书舍人 D. 主书
E. 书吏

4. 记室这一专职秘书部门内,有如下秘书人员:( )。
A. 记室令史 B. 记室省事令
C. 阁下记事令 D. 记室督
E. 中书舍人

5. 诸葛亮创立秘书"参署"制度的主要内容有( )。
A. 违覆 B. 端直
C. 直言 D. 廉洁

E. 进人

6.《曹操集》中的公文表现出如下特点：（　　　）。

A. 以叙事为宗旨　　　　　　B. 带有鲜明的权威性、指令性

C. 篇幅简短　　　　　　　　D. 表述明确,指示具体

E. 文辞朴实

7. 三国两晋南北朝,研究公文或兼及公文的论著有（　　　）。

A.《独断》　　　　　　　　　B.《典论·论文》

C.《文章流别论》　　　　　　D.《文论》

E.《文心雕龙》

8. 北周李德林修定公文格式后,皇命文书有：（　　　）。

A. 诏书　　　　　　　　　　B. 诰命

C. 策书　　　　　　　　　　D. 天制

E. 天敕

9. 三国两晋南北朝时,臣属呈送给皇帝的上行文,除沿用汉代的文体外,还增有：（　　　）。

A. 章　　　　　　　　　　　B. 启事

C. 奏　　　　　　　　　　　D. 表

E. 笺

10. 三国两晋南北朝时,以起居注、奏、疏、诏、令等档案为基础写成的史书有（　　　）。

A. 北齐的《魏书》　　　　　　B. 北魏的《十六国春秋》

C. 曹植的《与杨德祖书》　　　D. 曹魏的《名臣奏议》

E. 陆机的《文赋》

（三）简答题

1. 什么是中书舍人？

2. 什么是典签？

3. 什么是"录尚书事"？

4. 什么是"寒门掌机要"？

5. 什么是公文用纸制度？

6. 什么是卷轴制度？

7. 什么是用印制度？

8. 什么是骑缝、押缝制度？

9. 什么是连署制度?

10. 什么是勾检制度?

(四) 论述题

1. 试述形成中书、门下、尚书三个相互配合、制约的秘书机构的过程。
2. 曹操、诸葛亮如何处理好与秘书的关系?
3. 简述"寒门掌机要"的原因及后果。
4. 简述三国两晋南北朝文书工作大发展的原因。
5. 为什么说三国两晋南北朝是我国古代秘书工作大发展时期?

【扩展阅读】

杨剑宇:《秘书专业历经坎坷的后十五年》,《秘书之友》,2017年第12期。

第五章
古代秘书工作成熟时期
——隋唐、两宋

第五章 古代秘书工作成熟时期——隋唐、两宋

本章概述

在隋朝基础上发展起来的唐朝，其朝廷秘书机构分置于中书、门下、尚书三省内，相互配合，互相制约，一度设置政事堂为朝廷中枢的秘书机构，皇宫秘书机构则有翰林学士院，信访机构有匦使院，地方各级秘书机构健全。

唐朝，秘书人员来源多样，素质颇高，职责分明，作用明显，对秘书官吏的考核制度化，以律令的形式制定了全面而详细的秘书工作制度，文书工作和档案工作开始分流，公文文体整齐、划一。

宋朝，朝廷三省中的秘书机构专门化，形成为系列；皇宫秘书机构翰林学士院继续发展；信访机构演进为鼓院、检院两个系统；秘书人员的选拔制度更趋专业化；文书、档案工作全面分离，秘书工作制度较唐朝又有发展。

因此，隋唐、两宋是我国古代秘书工作的成熟时期。

学习目的和要求

通过本章学习，理解唐宋时期是我国古代秘书工作的成熟时期。这是因为：朝廷三省中的秘书机构形成为专门化的系列；高素质的翰林院为皇宫秘书机构；地方各级秘书机构健全；以律令的形式制定了全面又详细的秘书工作制度；秘书官吏来源多样化，素质高、职责明、选拔、考核制度规范化；文书工作和档案工作全面分离。

重点、难点

第一，唐朝三省各自的秘书职能；

第二，宋朝三省内的秘书部门；

第三，唐朝的翰林学士和宋朝的翰林院；

第四，唐宋秘书官员的来源；

第五，唐宋秘书官吏的素质；

第六，文书档案工作法律化和文书工作制度。

第一节 朝廷秘书机构

唐宋的朝廷秘书机构由中书、门下、尚书三省兼任，而后政事堂也一度充任秘书机构的角色，宋代的枢密院也分理部分朝廷秘书工作。

一、唐三省的秘书职能

公元581年,北周外戚杨坚废周建隋,结束了300年来分裂割据的局面,再度统一了中国。

为了巩固国家的统一,隋文帝制定了一系列政治制度,在中央政权机构的建设方面,他废除了北周复古的官制,依据汉、魏旧制,设立三师、三公和三省及秘书省、内侍省,只是为了避父杨忠的名讳,改中书省为内史省,改门下省长官侍中为纳言,门下、内史、尚书三省长官协同处理国政,尚书省设吏、礼、兵、都官、度支、工六部,各设尚书,分掌政务。这种三省六部制的中央政府机构形式,为此后的各王朝沿袭。

隋中央的秘书工作由三省承担,作为其职能的一部分。隋短命而亡,继起的唐朝沿袭了这一制度,加以发展,并将内史省恢复为中书省,纳言恢复为侍中,三省的职责分工趋于明确。

唐朝三省各自承担的秘书工作职能可归纳为"中书出令,门下审议,尚书执行"。

中书省负责草拟国家的军政命令,这些命令均以皇帝制、诏、敕等名义制作,同时,凡政府各部门和地方官府上呈的章奏表状等,由它呈送皇帝,并根据皇帝的旨意草拟批答。

门下省负责各种文书的审议,如同意,由长官侍中签字后退还给中书省,中书省官员签字后,再呈送皇帝批准,最后交尚书省,转发相关部门执行;如不同意,可行使封驳权,封驳即封还皇帝失宜的诏命,驳正百官有违误的章奏表状。"凡制敕有不便于时者,得封奏之,刑狱有未合于理者,得驳正之;天下冤滞无告者,得与御史纠理之;有司选补不当者,得与侍中裁退之。"①可见,封驳的权限是颇为广泛的。

尚书省负责执行中书省转下的各种命令。

三省职能中的"中书出令",实则是根据皇帝的意图提出决策方案,起辅助决策作用,实际决策权操于皇帝之手;

"门下审议"只是代表皇帝认可或否决中书省提供的决策方案,由皇帝最后裁决;

"尚书执行"则为收受、处理、落实各项诏命。因此,这三省具有皇帝秘书机构的职能。

三省职责的划分使皇帝诏书等文件的制作工作由草拟、审核、转发执行三个各自独立的机构来共同完成,它既提高了文件的准确性,又使三省相互制约,防止秘书机构扩大为独立的决策机构,以保证皇权。它使魏晋以来产生的三省制度臻于健全,是古代秘书工作成熟的标志之一。

三省,尤其是中书、门下两省是唐王朝决策、施政的重要机构,它们承担只着中央政府的秘书职能,但不是纯粹处于从属地位的秘书机构,其秘书职能只是其全部职能中的一部分,而且,主要由部分专职的秘书官员承担其秘书职能。

---

① 《白居易集》卷四十八,中华书局,1979年版,第1010页。

二、唐三省的秘书官职

（一）中书省中的主要秘书官职

三省之中，中书省居首，其职责十分广泛，除了拟制、发布政令，收受、批答奏章以外，还参与朝廷各种重大活动，承担礼仪性事务、负责册命等，其中从事秘书工作的官员不少。

中书省的主官为中书令，"掌军国之政令"，自隋朝开始设有四人。初改称内史舍人，简称舍人，不久恢复中书舍人之称。隋朝设八人，唐朝设六人，其中最尊长的一人习称为"阁老"，为实际上的首领，负责全面事务，一人负责制诏和政事堂的事务，其余四人分掌各方上奏文书等事务。

中书舍人的职掌主要有五项：

第一，"侍奉进奏，参议表章"，"凡百司奏议文武考课，皆预裁焉"。即中央政府各司和各地官员的奏章表议，都由其初读，提出处理意见，然后呈进皇帝。同时，凡上报的大事件，如军事上的大捷、祥瑞吉兆、贺表等，也由其转呈。

第二，"凡诏旨敕制及玺书册命，皆按典故起草进画，既下则署而行之"。即负责起草诏、制、敕、玺书、册命等皇帝颁发的文书，进呈皇帝批准后，按规定发有关部门执行。

第三，"制敕既行，有误则奏而正之。"即下达的制、诏、敕等文书在执行过程中，如发现有误差，有责任向皇帝奏明，并加以改正，起到信息反馈的作用。

第四，"凡大朝会，诸方起居，则受其表状而奏之。"即逢有百官聚会、朝廷大典时，中书舍人须侍从于皇帝左右，代表皇帝接受百官的表状。

第五，"凡册命大臣于朝，则使持节读册命之，凡将帅有功及有大宾客皆使劳问之。"[①]即皇帝在朝堂上册封、赏赐大臣时，由中书舍人宣读册封、赏赐的诏命；作为特使慰问有功的将帅和国家的贵宾。

中书舍人名义上隶属中书省，实际上是皇帝的高级秘书，他们虽为五品官，但地位、作用颇大，尤其是与皇帝关系亲近，有时能与宰相在政事堂上共席同食。

中书省内重要的秘书官员还有：

通事舍人——隋朝设有16人，唐朝亦然。职掌相当于前代的谒者，皇帝临朝或朝廷大典时，负责引见、通奏、安排百官的进退、位次排列，并也收受四方通表，有时也代表皇帝慰劳出师的军队、按月慰问将军的家属、造访地方名士、长者，迎接回朝的班师等。

起居舍人——2人，为从六品官。与门下省的起居郎一起，凡皇帝登正殿，议论政事时，起居郎侍立于左，起居舍人侍立于右，负责记录，故又称左、右史。凡皇帝的言论、起居、命令（如命、制、诏主要内容）、上呈章奏、封拜、重要政事，莫不随时记录。季终，将所记之册移送史官，作为编修国史的原始资料。贞观年间起，常以谏官知起居舍人、起居郎。其下有助手

[①]《旧唐书·职官志》。

楷书手4人、典2人。

(二) 门下省的主要秘书官职

唐朝门下省的长官为侍中,一度改称左相,因官位特高,仅作为大臣的加衔,如没有"同平章事"的称衔即不算宰相,其职掌为出纳帝命、顾问答对、慰问朝拜的大臣、监修起居注、审定并主持六品以下文武官员的授职仪式。其副手为门下侍郎,即前代的黄门侍郎,为门下省的实际主官,负责掌管机密文件,备皇帝顾问,审议中书省拟写的制、诏等公文。

门下省中最重要的秘书官员为:

给事中——为正五品,职掌较宽,主要任务为"驳正违失",即掌有封驳之权,可封还皇帝失宜的诏命、驳正臣下有违误的章奏,是门下省中的要职,地位仅次于侍中、门下侍郎。

典仪——类似中书省的通事舍人,职掌偏重于负责礼仪性的事务。

符宝郎——四人,掌管皇帝的御玺和朝廷的符节。

(三) 尚书省的主要秘书官职

尚书省的长官,隋朝称尚书令,唐朝,因为太宗李世民曾任此职,他继位后,即取消此官称,仅设左、右尚书仆射,初与中书令、侍中并为宰相,玄宗后须加"同中书门下平章事"的官衔,才能实际上主管尚书省。

尚书仆射下设有处理日常事务的机构,称都省,相当于办公室,置有左、右丞和左、右司郎中、员外郎,分管吏、户、兵、礼、刑、工六部,左、右司郎中、员外郎总管所隶部的事务,相当于办公室的正副主任。

各部则设置有:

都事——始置于两晋南此朝,时称尚书都令史,隋朝时改称尚书都事,唐称都事。负责收受、转发文书,稽察缺失,监印等工作。相当于各部中的秘书科长。

(四) 三省中秘书官吏的结构

隋唐三省的秘书官吏的结构,由于政权机构的成熟而呈现出金字塔的状态,处于金字塔上端的为高级秘书官,他们人数少而地位高,以掌政令、参议邦国之庶务、顾问应对、拟制、审议文件等方式,在不同程序上有权参与政务;处于其下的为一般的秘书人员,他们人数多而地位低微,一般无权参与政务,只从事日常文书的收发、存档立卷、稽察缺失、监印、抄录、复制、督催等具体秘书事务。

《隋书·刘炫传》记载,当时的秘书官吏已百倍于前代,仅尚书省就有令史120人、书令史130人。《新唐书·百官一》记载,唐朝中书省、门下省的编制共有665人,其中中书舍人、门下侍郎、给事中以上的高级秘书官仅20多人。其余大多数是都事、主事、令史、书令史、制书令史、录事、记室史等一般秘书人员。而尚书省令以下官员及属吏增至1 383人,其中都事以下至各种令史已有1 029人。如此众多的秘书人员,分布于三省的各部、司中,以都事、主事为头目,组成一个个秘书科、秘书室,从事着具体的秘书事务。其地位的低微,可从令史的处境中得知。令史在汉代已有,时都有品秩,职位仅次于郎,满一定年限后可升补为郎。而隋唐时,他们已不参官品,属于吏员,职责仅为抄录、收存公文,故不再如前代精选文学之士充任。他们很难升迁,往往终身从事文牍事务,以致"老吏抱案死",与高级秘书官的尊荣成为鲜明的对照,反映出秘书队伍的等级森严。

但是,一般秘书人员的作用却不小。唐朝尚书省的六部,划分为三行,以吏、兵两部为前行,户、刑两部为中行,礼、工两行为后行。省内各部的官员并非长期在一部中任职,而是根据资历,由后行而中行,由中行而前行,循序升转。故各部官员流动频繁,导致他们无法熟悉、精通业务。而长期从事本职工作的一般秘书人员却精通业务,实际上承担了尚书省的日常事务,使这一国家行政中枢得以不间断地发挥作用。

三、宋三省中的秘书部门

宋太祖赵匡胤开国后,吸取唐朝后期以来藩镇权重、割据一方的教训,将兵权、行政权、财政权收归中央,大大加强了中央集权。但是,由于不信任大臣,皇帝随意设置中央机构,在皇宫内,仿照唐朝,设有中书、门下两省,而在宫外也设有中书、门下两省,称后省或外省,仅有虚名,并无实职,导致官制十分混乱。国家的政务归宫内的中书、门下两省处理,军务则由枢密院处理,财政归三司(亦称计省)处理,三者鼎立,彼此独立,而大权则集于皇帝一身。直至神宗元丰年间改革官制,才沿袭唐制,权归后省,并撤消三司,其职权移于尚书省的工部、户部。南宋建炎年间,又将中书、门下两省合并为政事堂。中央秘书机构的职能就由政事堂、中书、门下、尚书三省和枢密院分别兼行。

宋三省的秘书职能较唐朝有所扩大,一个突出的表现是各省中都设置起不少专职的秘书部门。三省及枢密院、三司中的秘书部门主要有:

(一) 中书省内的秘书部门

中书省内有如下秘书部门:

主事房——掌管文书的收发、登记。哲宗元年间,改称为开拆房。

点检房——掌点检各房的文书工作,由中书舍人统领。

催驱房——掌督促、催办各房的文书。

班簿房——掌管百官的名册以及有关官员基本情况的文件。

制敕库房——掌收受制诏,保管并编录成册,并负责架阁库(档案库)的管理。

中书省仍设有令、侍郎等官,延袭唐制,只是中书舍人分作五案办事,五案划分如下:

上案——负责册礼和朝会事务。

下案——负责收发文书。

制诰案——负责制作皇帝的制、诏等文书。

谏官案——负责处理与中央其他政府机构往来的文书。

记注案——负责记录皇帝的日常言行、起居。

(二) 门下省内的秘书部门

门下省的秘书部门主要有：

通进司——隶给事中，负责收受三省、枢密院、六曹、各寺、监百官的符牒，文武近臣的表疏，以及银台司（章奏房）收受的各地的章奏案牍，具事目后进呈皇帝。皇帝批示后，由它颁布。是中央政府处理文书的总枢纽，常与银台司合称银台通进司。

银台司——掌抄录天下奏状案牍，并发付有关机构检查，以纠正其违失、监督其执行，以防文书积压。

章奏房——负责收受天下章奏案牍，送交通进使，职掌类似于银台司。

封驳房——掌文书的审议、封驳。淳化四年（公元993年）始置，隶属银司台，元丰四年（公元1081年）改称门下封驳司，元丰改制时又改为此名。

发敕司——属银台司管辖，掌收受中书省、枢密院交付的宣、敕，登记后颁发。

进奏院——别称奏邸，源于唐代的上都知进奏院。宋初，诸州派遣将吏为进奏官，驻于京师，承转文书，因将吏多系所遣州之人，不愿久居京城，公文多有延误、泄漏。为此，太平兴国七年（公元982年），特设诸道都进奏院，简称进奏院，元丰改制后，由门下省监领，隶给事中。进奏院的职掌具体为：

第一，凡地方送京文书，由它摘录章奏事由，报告门下省，如是案牍及申禀文书，则直接投送有关省司。靖康元年（公元1126年）规定，诸道、临、司等送院的边防机密公文或紧急文书，可直接投送通进司。

第二，凡发往地方的诏敕、三省、枢密院的宣、六曹、寺、监百司的符牒，由它收受后转送给地方。

第三，中书省检正、枢密院检详每月将颁行事状送院，院须将其抄报各地，以交流信息，让地方了解朝廷政务情况。此种抄报称邸报，类似于今天的"情况交流"、"动态"。

进奏院的官员，凡由各地派出者，称进奏官，各军、监掌进奏事宜者，则称知后官。

门下省仍有侍中、侍郎、给事中等官。给事中也和中书舍人一样，分成五案办事，各案职责同于中书舍人的五案，掌文书的审议、封驳。

(三) 尚书省的秘书部门

尚书省内也设有开拆房、催驱房、班簿房、制敕库房，负责公文的收受、登记、催办和编录、保管等事务。

尚书省的官员也仿唐制而设置，有令、仆射等。其中的左、右丞掌参议大政、通治省事，辅助令、仆射，如仆射不在，有权代行其职务，当笔、掌印，地位高于唐代。左、右司郎中和员外郎各一人，分别掌管下隶房的文书工作，举正其稽失和督促、催办，发现文书积压、滞留，责令各房限期处理完毕。

尚书省各部也设立了专门的秘书部门，称案。如刑部就有：

进拟案——掌管断案刑名文书，凡断狱，由进拟案拟定奏稿，进呈皇帝批示，故得名。

(四) 枢密院的秘书部门

唐代已设枢密院，代宗时以宦官任"内枢密使"，掌承受表章，并将皇帝的旨意向中书、门下两省传宣，后又使其统领禁军。五代后梁时用士人任此职。成为皇帝的顾问、参与机要。宋代的枢密院总理全国军务，与政事堂合称为东、西二府，其长官称枢密院使或知枢密院事，副职称枢密院副使或同知枢密院事。其秘书机构为：

枢密院承旨司——处理日常院务，相当于院办公室，主管为都承旨，副职为副都承旨，职掌为"承宣旨命，通领院务"，每当皇帝检阅禁军、接见外藩使臣时，均侍立于侧，随事陈奏，如皇帝有旨意，则受命授给有关部门。初用武官，后改用士人。

承旨司中最重要的秘书官员还有：

检详官——专掌机要文书，因掌握军事机密，责任至关重要，所以，朝廷对此职控制十分严格，规定不准私自外出访问，也不准单独接见官员。

(五) 三司的秘书部门

三司是北宋前期国家最高财政机关，下分盐铁(掌天下物产、关市、河渠、军器之事)、度支(掌天下财赋)、户(掌天下户口、税赋之籍)三部。长官称三司使，又称计相，副职称三司副使。

三司内的秘书部门除有催驱房，掌督促、催办文书外，还有：

开拆司——与中书省的开拆房(主事房)不同，职掌要宽，负责接受宣、敕及各州申报的文书，分送盐铁、度支、户三部办理，并总管其他部门，相当于三司的办公室。设判司官一名为主官，以朝官充任。

勾凿司——掌核查、勾销三部的簿账，兼管大将、军将的名册，以判开拆司官一人兼管。

发放司——掌发放三司各部的公文，以判开拆司官兼管。

宋代中央政府中的这些专门化的秘书部门，分工明确，有的负责文书收发、登记，有的负责督促、催办、检查，有的负责拟稿，有的负责封驳，有的负责承转，有的负责保管、汇录，它们各司其职，又相互配合，形成为系统，比唐代更为成熟。

四、政事堂

唐朝的中书省和门下省在行使秘书职能的过程中，一方拟制诏命，一方审议、封驳，在处理文书上常发生争论，为了协调双方关系，提高工作效率，唐朝初年皇帝命令两省凡有公文，双方先至政事堂议定，然后上奏，于是，政事堂成为两省的联合办公厅，初设于门下省，后迁至中书省。中书令是政事堂的主官，宰相职，凡皇帝颁下的诏敕，臣下递呈的表状，都须经过政事堂，由宰相处置或中转，因此，政事堂成为朝廷公文周转中心。

初唐时期，凡朝廷各司上达的奏章，先交尚书省六部拟办，由尚书省汇总、分类后，再由中书省的中书舍人批阅，称为"舍人押部"之制，由6名中书舍人"分押尚书六曹，佐宰相判案"[①]，这是

---

① 《新唐书·百官志》。

朝廷日常公文的处理程序。有关军国大政的公文，则由中书舍人"五花判事"而定。这一套制度，在政务尚简的初唐时期，是行之有效的。

到了唐朝中期，随着政务日繁，公文骤增，加上中书舍人还有繁重的其他事务，宰相与他们的联系也不太方便，这套制度已不适应了。因此，有必要建立一套直接由宰相领导的处理公文的机构。于是，在开元十一年（公元723年），将政事堂改称中书门下，并设置起枢机、吏、兵、户、刑礼五房，直接协助宰相处理朝廷公文，五房中各有主书、录事，承担具体的文书事务，逐渐将中书舍人之权接管过去。政事堂遂成为凌驾于三省之上的政务机构。

政事堂中的枢机房专门经管皇帝下达给宰相的诏敕等下行文，负责诏敕的收受、转递给宰相。唐朝制度，凡皇帝下达的诏敕皇命文书，必须经宰相副署后才为合法，不然便被视为非正式。所以，枢机房的作用是转达皇命文书于宰相，经宰相副署后再转给朝廷百司施行，是承办机密公文的部门。

政事堂的其他四房负责收受朝廷各司及百官的奏状等上行文，协助宰相初阅，提出初步意见，送宰相批阅，它们是处理朝廷大量日常公文的部门。这样，五房对中枢机构及时无误地处理各类公文、加快文书运转、提高效率起了显著作用。但是，到了武宗时，由于担心政事堂过分集权，重新恢复了初唐时由三省分别承担中央政府秘书工作的旧制。

宋朝，仿唐制设立政事堂，置于宫中，是内中书省、内门下省长官的联合办公厅。其名又称中书门下，简称中书，或门下。元丰改制后将其移至尚书省的都堂，故别称都堂，后称制敕院。此时它的职权已大大下降。政事堂的长官为正宰相，称"同中书门下平章事"，简称"同平章事"，职掌为"佐天子，总百官，平庶政，事无不统"①，每天至政事堂办公值日，遇有国家大事，议定后奏告皇帝，印文为"中书门下"。如有两员以上的正宰相，则轮流值日掌印。副宰相称"参知政事"。

宋朝的政事堂也分五房办事，但各房的名称与唐朝不同。其中有：

孔目房——掌管文书案牍，是专职秘书部门。

勾销房——兼有掌管印堂、符信之职，承担着部分秘书业务。

政事堂各房中的主要秘书人员有：

检正官——每房各一人，处理各房文书事务，以京朝官担任。元丰改制后废除，其职责划归中书舍人、给事中及尚书省左右郎官。南宋复置。著名学者黄龟年曾担任此职。

堂后官——五房各三人，其中一人负责登录敕诏，一人抄写公文，一人校对印发。原选用吏人，后以京朝官充当。

五、地方及军队中的秘书机构

（一）唐地方及军队中的秘书机构

隋唐的地方行政区划基本上划分为州（郡）、县两级，各州刺史多带军职，其僚属中的秘

---

① 《宋史·职官一》。

书人员的名称也类似于军队,有录事参军事,系由原州府中的主簿改名而来,职掌同于卫中的录事参军事,下属曹内也有参军事,系由州府中的书佐改名而来。

唐初,各州均设有都督府,为地方驻军的指挥机构,后改称节度使,总揽数州军、政、财权。此外,中央政府还派观察使、经略使、招讨使、制置使、田练使、防御使等名目繁多的大员,到地方任职,掌管地方的军事、行政、财政等大权,统称外官。他们均建有幕府,设有不少秘书人员,重要的有:

掌书记——也称掌记、书记,均仅一人,职掌颇宽,主要为"掌朝觐、聘问、慰荐、祭祀、祈祝之文与号令升黜之事"①,即负责府内各种表奏、命令、书信的制作,是地方大员的高级文字秘书,地位重要,都聘请有名的文士充当,其所拟的文书上达朝廷、皇帝,下至地方官民,往往产生很大影响。诗人高适、岑参都担任过此职。

判官——临时受遣充当地方大员的大臣,按制度从中级官员中选用的、负责处理文书工作的属官。

孔目——地方大员幕府中掌管文书、档案的属吏。"孔目官,衙前吏职也,唐世始有此名,言凡使司之司,一孔一目皆须经由其手"②。由此看来,孔目的职掌要宽得多,使府的一切机要均出其手,当与掌书记一样,是幕府中举足轻重的秘书官。从史实来看,孔目往往被长官视为心腹,如安禄山任节度使时,拥兵自重,藐视朝廷,他的孔目官严庄和掌书记高尚以图谶所示为理由,极力劝说他起兵夺取唐朝政权,直接导致了安史之乱。安禄山称帝后深居宫中,部下诸将难见其一面,一切事务皆委托严庄处理。后来,严庄又策动安庆绪杀父自立。由于作用的重要,孔目官往往由文学之士充任,如孔谦就任过魏州孔目。

此外,还有记室参军、记事参军,均为地方大员幕府中负责文书的属吏。名相房玄龄、杜如晦就分别担任过此两职。

隋唐县府内,则有主簿、录事等秘书人员。

隋唐行府兵制,把军队分置于中央和地方,中央的军队占了总数的一半,平时担任宿卫,它以卫为单位,各卫统辖四十至六十府,各卫中皆设有秘书官员,称参军事,置录事参军事一人,为正八品官,总管卫内各曹事务、稽核文书、掌管印章,相当于秘书科长,下属各曹中也设有参军事,负责文书及处理日常事务。地方的卫中,其秘书官职也大致相同。

此外,隋唐时镇守军事据点的长官称戍主,唐制,戍主正八品官,下有助手三人:戍副、佐、史,佐、史都是负责文书的官吏。可知隋唐最基层的军事单位中也配备了秘书人员。

(二)宋朝地方秘书机构

宋代地方行政建制基本划分为路、州、县三级,稍大的州称府,还有领数县或虽不领数县、但略高于县的军,在矿区、盐区的州则称监。

---

① 《新唐书·百官四》。
② 《资治通鉴》卷二百一十六,《唐玄宗天宝十载》胡三省注。

路为地方最高行政区划,领有数、州、府、军、监,为防止割据分裂,以文臣为路的长官,并将其权力分解为帅、漕、宪、仓四司,分掌军、政、财、监察之权,相互牵制。四司中掌军政的帅司,亦称安抚司,最为重要,主官称安抚使。四司官属中的秘书官员主要有:

主管机宜文字官——1人,原名管勾机宜文字官,后避高宗赵构名讳改之。负责收发、保管机要文书。

主管文字官——负责拟写、保管公文。

宋代,州(府、军、监)长官的僚属分为幕职官和曹掾官两部分。幕职官职掌为"掌裨赞郡政、总理诸案文移,斟酌可否,以白于其长而罢行之"。① 即办理公文,提出初步处理意见,提交长官决定,是长官的助手,显然属秘书官之列。幕职官有判官、掌书记、儒林郎等,多数官职系原来唐代节度使府中的秘书官,宋废节度使,但保留了其秘书官职,移用于州府内,只是判官的地位已高于掌书记,判官以下正名为幕职官,其中节度州的判官,系委派京官充任,称"签书判官厅公事",简称"签判"。

曹掾官的职掌为参与谋划、办理文书等,有录事参军事、诸曹参军等,系沿用唐代官称。

县府内仍有主簿掌领文书事务。

宋代各级官府中的低级秘书人员,增加了一些新的名目,重要的有:

押司——部分中央机构及州县中设置,负责办理案牍等事务的吏员,员额不等,据《宋史·职官志》记载,郡牧司所置吏员中,有押司1人,临安府所属办事部门中有8人。县府的押司和县录事合称"押录",为县属中最高级的吏员,《水浒》中的宋江就担任过郓城县署的押司。在中央机构和州府中,押司的地位低于孔目而略高于贴司,虽带有"官"字,仍属吏一类人员。

贴司——原为官衙中见习性的非正式工作人员。宋初,仅中央机构中设置,诸州、县同类人员只称私名书手。景德二年(公元1005年),各州、县正式立名册,定名额,统称贴司,在押司之下,承担文书书写、造账等事务。

第二节 皇宫秘书机构

一、唐朝的翰林学士

(一) 翰林学士的由来

唐朝的三省,尤其是中书、门下两省,职责广泛,有独立的编制、官署,是制度化了的国家机构。它们虽然包含有负责皇帝秘书工作的职能,但随着其职能的发展,施改、决策的作用也相应增大,不可避免地影响了皇权的集中。为此,皇帝为了限制其施改、决策作用的增大,

---

① 《宋史·职官七》。

又开始起用新的秘书官员,即翰林学士。

唐太宗时,就开始选拔一批有文学才华的名儒学士,侍从皇帝左右,作为文学顾问。玄宗初年,由于中书省事务繁杂,公文往往不能及时处理,于是置翰林待诏,也称翰林供奉,与集贤院学士一起,协助中书省官员批答四方章表疏议,起草制诏书敕。首批翰林待诏有张说、陆坚、张九龄等人。玄宗开元二十六年(公元738年),改翰林供奉为翰林学士,并于宫内设立学士院,直接受皇帝管辖,专为皇帝起草重要制诏。

(二)翰林学士的职权

翰林学士是行政系统以外的差遣,不计官阶,也无官署,只轮流在学士院内值宿,以待皇帝随时宣召。安史之乱时,因时事多艰,军国事务繁忙,皇帝每欲与人商议机要之事时,就宣召翰林学士入内,与之议定后拟旨,凡拜免将相、号令征伐、册立皇后、太子、大赦天下等重要制诏书敕,多由翰林学士起草,尤其是拜相之事,因事先不能让外人知道,也不能由宰相本人经手,更是全由翰林学士办理。这些制诏规定书写于白麻纸上,称"内制",也称"白麻"。而中书舍人所拟的诏命则书写于黄纸上,称"外制"。后来,一些"外制"也交由翰林学士拟制,中书舍人的职权逐渐削弱,最后成为空名。著名诗人李白就在天宝元年(公元742年)担任过玄宗的翰林学士,"出入翰林中,问以国政,潜草诏诰。"①他在《赠从弟南平太守之遥》一诗中,曾自述此段经历,云:"翰林秉笔回英盼,麒麟峥嵘谁可见?承恩初入银台门,著书独在金銮殿。"

翰林学士除受皇帝宣召,顾问应对、拟制制诏以外、还负责藩国使者或大臣晋谒皇帝时的接待、引见事宜。唐朝杨钜的《翰林学士旧观》中就记载,凡藩国使者欲求见皇帝,均须先与翰林学士商量,由翰林学士奏告,如允准,即由翰林学士安排接见事宜,事先还须向藩国使者讲解如何向皇帝行大礼等仪式。可见,翰林学士有时职同皇帝的机要秘书,而学士院则为这些秘书所在的机构。但是它的职能和权限毕竟有限,比较有弹性。

(三)翰林学士的待遇

翰林学士有自己的所在,称学士院,内设有各房,有承旨(学士之长)、学士值宿,办公房内安装有铃,以作呼召之用,四壁挂有拟写制敕的条例,有七间小房,供小吏办公,分别管理案牍、诏草,供应纸墨笔砚,并专辟有二间房贮藏往年的制敕词文,另有书库,藏有数以万计的实录,由小吏保管,以供学士拟制制敕时查阅、参考。

皇帝对翰林学士甚为恩宠,一年四季不断赐以佳肴、鲜果、精美用具不绝,凡有内宴,所赐酒食与宰相一样。德宗雅尚文学,对学士愈显宠爱,每临学士院,慰问、赏赐,无所不至。凡遇郊庙祭祀大典,皇帝多令学士陪侍于御辇之侧,甚至沐浴时也召学士商谈国事,并常让学士在金銮殿就坐,面对自己起草制诏,如李白自述:"著书独在金銮殿。"

(四)翰林学士的选拔和晋升

翰林学士多从朝官中遴选,上自诸曹尚书,下至校书郎都可选用,也聘召文学名士担任,

---

① 唐·李阳冰《草堂集·序》。

如玄宗聘召李白。学士设 6 人,元和年间,置翰林承旨 1 人,居翰林学士之首,随时陪侍于皇帝左右,顾问应对,谋划事宜。学士入院一年,须经过考试,试以拟写制诏等能力,试毕封进,由皇帝批阅,凡合格者,次日即宣布授以"知制诰"职衔,从此有权拟旨,相当于代理中书舍人,并由中书省设宴庆贺。①

学士经过一段时间后,即可升为中书舍人,不少人不久即可拜相。据岑仲勉先生统计,唐朝由德宗至懿宗,九朝间共有翰林学士 154 人,升任宰相者有 53 人,占了 34%,九朝宰相共 121 人,翰林学士出身者占了 45%。由翰林学士中选拔宰相的制度一直延续至明代朱元璋废除宰相为止。所以,翰林学士是唐朝仕途中最荣耀之职,位尊权重,礼遇恩荣,时人号为"内相",十分敬慕。

二、宋朝的翰林学士院

宋仿唐制,设置翰林学士院,职掌为起草制诰、赦敕、国书等王命文书,并侍从皇帝出巡、充当顾问。翰林学士院置于宫中,同皇帝和最高行政中心弹指相连,以便于皇帝召见、控制和保守机密。

院内置翰林学士承旨、翰林学士等官,承旨不是常设,学士无定员。北宋前期,皇帝不信任朝臣,作为亲近之臣的翰林学士常被委任他职,如任知开封府、三司使等,这些任职的学士并不属翰林学士院管辖。所以,必须带有"知制诰"名衔的学士,才真正有权起草皇命文书、批答奏章,称为"内制";单称"知制诰"或以他职带"知制诰"而不是学士者,如奉皇帝或宰相之命,起草有关官员升迁、磨勘(考核)、改换差遣等文书,则称"外制",合称二制。有时,皇帝也选用其他官员入院,又不授予翰林学士的职衔,则称为"直学士院",如果学士全缺,由其他官员代理院中文书事务,则称"学士院权直"或"翰林权直"。神宗时改革官制,则由侍郎、给事中、中书舍人兼"直学士院"。南宋时,有以尚书兼"权翰林学士"而不带"知制诰"的。

宋朝立国之始,对翰林学士的人选就特别慎重、严格,一般由宰相提名,皇帝亲自挑选任命。

翰林学士的作用十分重要。他们负责草拟宰相、枢密使、节度使等高级官员的任免诏书,一经写成呈报,即作为皇帝和朝廷的正式文件发出,对朝野的影响十分巨大。它在褒贬的轻重上直接关系着被任免官员的声誉和今后的前途,在这一问题上,翰林学士可以说是高下在手,毁誉随心,完全操之于己。

翰林学士还有单独面见皇帝、陈述个人看法的权利。皇帝也常常主动抽出时间,倾听学士的意见,"退朝燕闲,犹多召见,从容顾问,克广聪明"②。他们能利用这种机会,对皇帝施加影响,让自己的意见得到采纳,尤其是能左右一些重大的人事任免,具有重要的辅助决策权。所以,他们既是大臣们畏惧的对象,又是大臣们极力讨好的对象。

---

① 唐·杨钜《翰林学士院旧规》。
② 宋·綦崇礼《北海集》。

由于翰林学士接触国家机要，参与最重要的人事任免，作用重要，地位也十分尊荣。他们在统治集团中的位置，仅次于正副宰相、枢密使及三司使。学士院在朝廷百司中也被另眼相看。

宋代翰林学士起草诏命时，保密措施很严格。凡遇有拜相或重大决策，皇帝宣召学士于当晚进宫，口授机宜。学士记录后即回学士院，由内侍锁上院门，禁止出入，学士在内拟诏。夜半后，将拟成的文词呈入宫中。清晨，阁门使将誊清在白麻纸上的诏命送出，交中书舍人宣读。诏命的制作、誊清于一夜间完成，可见也很注意公文的时效性。如果是一般性的诏命，如任命一般官员等，则学士不必进宫接受面谕，由皇帝将旨意书于御札，用御宝封装，派内侍送至学士院，锁上门后，让学士在内拟制。

除了起草制诏、参谋顾问的翰林学士以外，宋代还设有一些冠翰林学士之名而不属于学士院的官，有"翰林侍读学士"、"翰林侍讲学士"，称为"经筵官"，在皇帝左右进讲书史，相当于皇帝的学习秘书。

宋代置官冗滥芜杂，叠床架屋，各官署官员大多只享受待遇，不干实事，其所谓工作则另有其他官员担任，有名无实的官员多如牛毛，所谓"居其官不知其职，十常八九"，一直延续了百余年，到元丰改制，才有所改变。唯独翰林学士院始终有名有实，可见皇帝对机要秘书机构的高度重视。

三、唐朝的宦官秘书

唐太宗作为一位有为的政治家，鉴于两汉宦官乱政的历史教训，明令宦官不得参与朝政，不准授予高官，虽设有宦官组成的内侍省，但只为皇宫的生活服务。

但是，唐朝中期以后，皇帝大都不信任朝臣，尤其防备宰相权势过重。为此，一方面，设置了参知政事、参议得失、同中书门下平章事等官职，让他们与三省长官同为宰相，使宰相成为由多人组成的一个群体。而且，宰相们除了隶有处理文书事务的一般秘书人员外，没有层层设置的僚属，只能以皇帝的名义发令，本身直接指挥政务的权力十分有限。

另一方面，皇帝积极起用亲近的臣子，除翰林学士外，也任用身边的宦官，如内给事、内谒者监、内谒者等担任些秘书工作，让他们传宣诏命，处理奏章。玄宗时的宦官高力士就极受宠信，凡天下奏章，须先呈送给他，由他初阅、筛选后呈进，如所奏是小事，他就自行批答。代宗时，设置了内枢密使，让其掌机要，于是一些宦官成为皇帝的机要秘书，参与了政务，常与朝官发生冲突，时称"南衙北司之争"。德宗时，又授予宦官秘书兵权，甚至命他们统领禁官，或派遣外出监军、出使、以致他们"口含天宪，势迥日月"。到了唐朝后期，连皇帝自己的生死也受他们操纵，成为唐王朝覆灭的直接原因之一，重蹈了东汉宦官秘书专权乱政的覆辙。

四、唐宋时期的信访机构

(一) 唐朝的匦使院

唐朝，武则天称帝后，为了打击政敌，巩固皇位，采纳臣下鱼保家的建议，铸设铜匦(匣)，奖励告密。特地命令中书省设立匦使院,以谏议大夫及补阙、拾遗各一人,为知匦使,主持院务,组成了中央信访机构。垂拱二年(公元686年)三月,武则天命人置铜匦于宫门,铜匦形如小舍,有四面,各开有投书口,可进不可出,东面名为延恩,供胸怀志向,希于闻达者投书;南面称招谏,供愿匡正政治过失,有益于理政者投书;西面名为申冤,供含冤负屈,或无辜受刑者投书;北面称通元,供作赋颂扬朝政者投书。武则天同时诏令各州县,凡有欲进京投书告密者,由州县官府负责供给驿马,沿途以五品官的待遇供给食宿,以保证他们尽快入京投书,并严令各地官员不得询问告密者的投书内容。凡告密有功者封赏,不实者不予追究,说是为了"申天下之冤滞,以达万人之情状"。

此诏令一下,四方告密者蜂拥而至,投书者络绎不绝,投书堆积如山。武则天为此专门任用了一大批官员去审理这些信件。由于武则天设立匦使院的目的是为了削弱、镇压李唐势力,巩固女皇的地位,加上他任用的一批审理投书的官员多为出身无赖的告密者,性情残忍,善于罗织罪名,陷害无辜,以致造成了许多冤假错案。但是,匦使院的设立,客观上开辟了一条使民间的下情大量直接上达中央政府的畅通的渠道。所以,武则天下台后,匦使院这一中央信访机构依然存在,只是官称有所改动而已,如玄宗年间将知匦使改称献纳使,肃宗复其旧称,德宗时以御史中丞为理匦使,另以谏议大夫一人为知匦使。

(二) 宋朝的鼓院、检院

宋仿照唐代匦使院,设立鼓司,受理天下投书。景德四年(公元1007年)改称登闻鼓院,简称鼓院,由谏官主判,元丰改制后,吏司谏、正言。院门前置有匦,供投书之用,凡有关朝政得失、军事机密、陈乞恩赏、理雪冤滥以及奇方异术的上书,不属于官府正常往来,又无成例可呈皇帝的文书均可投入匦内。

宋初置有匦院。雍熙元年(公元984年)改"匦"为"检",称匦院为登闻院。景德元年(公元1004年),又改称登闻检院,以朝臣主管,元丰改制后,隶谏议大夫。凡吏民投书鼓院被拒绝,或感到处理不公,可再向检院投书。检院门前也置有匦,收到投书后,如事关紧急,即日就上呈皇帝,一般上书则每五日呈进一次。天圣七年(公元1029年)又另置匦函,命御使中丞为理检院使,处理屡经申诉而未得到明辨或事关机密的投书。

鼓院、检院就是皇宫的信访机构。

(三) 唐宋信访机构比较

宋代的鼓、检两院与唐代的匦使院相比较,有如下不同:

第一,宋代的中央信访机构分为两个各自独立、层次不同的部门,鼓院为初级部门,检院为高级部门。吏民须先投书初级部门,遭拒绝或不满其处理结果,可再投书高级部门,这就给上诉者多了一个申诉的机会,不致被一个部门所压制。

第二,武则天鼓励吏民投书的目的是为了打击政敌,宋代设两院的主要目的是为了让皇帝直接了解下情,这就扩大了信访工作的范围,增加了它的作用。

第三,唐代匦使院隶中书省,宋代两院却隶属门下省,门下省为皇帝的近侍组成,故就隶属关系而言,更亲近于皇帝;南宋,相当长时期内,两院与粮院、审计院、官告院、进奏院并称六院,地位重要;两院官员相继升迁为御史、入台谏者甚多,乾道后更众。说明皇帝对两院更为重视,两院地位提高。

第四,两院的业务已有了规章,如检院规定,收到紧急上书须当天上呈皇帝,一般投书五天一进呈。这些规章的制定,使处理上书的手续有了条理,有利于提高效率。

这些区别,反映出宋代的信访处理比唐代有明显的发展,其机构设置也趋于合理。

第三节　秘书官吏

一、唐代秘书官员的主要来源

唐代的秘书人员主要来自以下途径:

(一) 从科举考试中选拔

隋朝废九品中正制,创设科举制,分不同科目考试,以选拔官吏。唐朝广泛推行科举制,以进士科为主要科目,凡京城国子监和京内外诸学馆的学生、民间的士人,经初试合格后,送礼部参加省试,省试录取者为进士及第,须再通过吏部主持的释褐试,才能授官。选试包括身(身材相貌)、言(口才)、书(书法文理)、判(判理政事的能力)四个方面。先考书、判,试其是否"楷法遒美"、"文理优长",即书法工整、雄健、美观,文理通顺,判理事务能力强,通过者再看其是否"体貌丰伟"、"言辞辨正",即身体伟岸,相貌端正、丰润,口齿清楚,表达流畅。四项全合格者授官,其中大多数授予九品小官,派往各地方官府中任文吏,即从事文书工作的秘书人员。

秘书作为长官的助手,是具体办事人员,他们应当能讲会写,善于处理事务。从科举考试中选用文化水平高、娴于辞令、工于书法、文理优长、办事能力强的士人为秘书,无疑有效地提高了秘书人员的素质,从而也有利于提高秘书工作的效率。

(二) 从文士中聘请

凡选试未通过的进士及第,可求权贵为之"论荐",即向朝廷保举,如再不成,便可到节度使处当幕僚,作秘书官,待任职一段时间后,再由节度使向朝廷推荐。安史之乱后,藩镇迭起,节度使纷纷割据一方,他们为壮大力量,多从选试落第的文人中聘任幕僚,加上一些权臣,如李林甫等人排斥文士,致使大批文人投奔藩镇,成为各军、镇、州、县的秘书人员。如唐代著名文学家韩愈,四次参加省试才合格,三次应选试却均未通过,求宰相贾耽、赵憬、卢迈等人论荐又不成功,只得投奔宣武军节度使董晋门下为幕僚,替其起草文书、书信。著名边塞诗人岑参也在安西节度使幕府中做过掌书记。这些文人虽未通过选试,然已通过了全国性的考试(即省试),文化修养也很高。

值得指出的是,唐代对违法犯规的京官,多贬谪至边远州县任职,称左降官,其中多有任秘书官者,如柳宗元在顺帝时任礼部员外郎,与王叔文等人革新失败,被贬为永州司马,即协助长官处理日常事务、具有秘书性质的佐官。有的宰相有被贬任为录事参军。一旦遇到大赦或政局变动,左降官即可"量移",即移向近京城处任职,或直接返京任职、升官,如德宗时的杨炎左降为道州司马,后政局变动,被召回京城,擢升为宰相。这些秘书官的资历甚高,地方长官对他们都恭而敬之。

(三) 从名士中征召

皇帝和宰相往往慕名征召一些名士担任皇宫和三省的秘书官职。如李白和陆贽分别被玄宗和德宗召为翰林学士,杜甫先后被召为兵曹参军、中书省右拾遗,白居易被征召为门下省左拾遗。

随着唐代经济文化的繁荣,研习书法之风盛行,楷、行、草各派书法艺术趋于成熟,自太宗起的历代唐帝都喜爱书法,所以,皇帝都征召、任用书法家为秘书官。如书法史上誉为"初唐四杰"之一的虞世南被太宗任为弘文馆学士,参与批答四方章奏,并拟制过不少表奏,太宗还拜他为师,学习书法;欧阳询也被任用为弘文馆学士;诸遂良被任用为起居郎、谏议大夫;柳公权则在穆宗、敬宗、文宗、武宗四朝分别被任为翰林侍士、中书舍人、谏议大夫、太子詹事等。

这些名士担任皇宫和三省中的重要秘书官职,既提高了所拟公文的质量,也大大提高了秘书官的声誉。

(四) 自荐

武则天当政后,为了扩大统治基础,培植势力,除了放宽科举考试条件、扩大取士名额以外,垂拱元年(公元685年)还下令:各级官吏和平民均可自荐而递升或入仕,天授元年(公元690年)又派员10人分巡各道,搜罗人才。次年,她亲自接见所有被荐或自荐的士人,一律让他们试任某官,称作"试官",其中大多数人被用为秘书官。"则天革命,举人不试皆与官,起家至御史、评事、拾遗、补阙者,不可胜数",[①]以致"补阙连车载,拾遗平斗量",秘书官冗滥不堪。

(五) 从下级秘书中提升

唐朝官员的任用,一般都是先授予小官、外官,经若干年后逐步晋升为主官或京官,前述选试合格者多用为地方政府的文吏,落第者也多至节度使处任掌书记、参军等职。他们为了今后的入仕或升迁,都忠于职守,研习业务,因而在实际工作中得到锻炼,办事能力很强。上级政府或中央各部门都愿从他们中间选拔秘书。如魏徵任过太子李建成的洗马,转为李世民府中的主簿,后被提升为谏议大夫,直至升为侍中。同时,唐朝许多著名的政治家,多是从秘书官提升的。如名相权德舆曾任起居舍人、知制诰多年,房玄龄、杜如晦分别担任过记室参军和兵曹参军,长孙无忌任过典签,李德裕、令狐楚都任过掌书记,裴度任过起居

---

① 唐·张鷟《朝野佥载》。

郎、中书舍人、御史中丞,张九龄任过左拾遗、右补阙、中书侍郎,张说任过凤阁舍人、门下侍郎、中书侍郎,韩休任过知制诰、门下侍郎等。可见,秘书工作是锻炼、造就和输送人才的处所。

二、宋朝秘书人员来源概述

北宋初年,太祖、太宗、在攻灭各国的过程中,留用了大批旧官员,同时,又开科取士,从中选用大批新官员。各级秘书人员主要来源于这两条途径。随着留用官员的自然减员,秘书人员的主要来源转为从科举考试中录用和由地方官员自行聘任、或从下级官府中提升。

宋代,科举取士的名额比唐代大大增加,如唐代进士科,每次取录不过二三十人,宋扩大名额十余倍,一般总有二三百人,最多时达五六百人,后又从落第考生中再行考选,成百上千地增加录取名额。他们中的相当一部分被任用为各级秘书人员,有的被直接派往皇宫和中央政府任秘书。如北宋考中进士的郑居中被任为给事中、王甫被任为左司谏,南宋吕本中被任为中书舍人、王应麟被任为太常寺主簿。由于宋承唐制,授官多先予地方佐官,所以,多数进士被派往地方官府任秘书官员。如苏轼被用为福昌县主簿,苏辙被用为渑池县主簿,秦观被用为定海县主簿,张耒被用为临淮县主簿。

这些官员经一定年限后,经过考核和由人推荐,可逐级提升,上级官府也据此从下级官府中选用秘书官员。如苏轼由福昌县主簿被提升为签书判官凤翔府公事,后历任起居舍人、中书舍人、翰林学士兼侍读、翰林承旨,苏辙由渑池县主簿升为齐州掌书记,后历任司谏、起居郎、中书舍人、门下侍郎,陆游则由福州宁德县主簿升为大理寺直兼宗正主簿。

宋朝,中书省的秘书官员中书舍人起初称知制诰,元丰改制后又改称中书舍人,后又以年高资深者称中书舍人,资历较浅者称知制诰,"舍人官未至者,则云知制诰"①。两者的职掌则完全一样,都是替皇帝或朝廷起草重要文书,大部分是中上级官员的任免、升降事宜,如参知政事、枢密副使、六部和各寺监台谏的官员,以及相当于这一级的中央百司官员,地方路、郡两级的主官等,这些文书统称"外制"。这是甚为关键的秘书官职,因此,朝廷对之掌握非常严格,必须品学才识兼优者才能担任,要求"端谅融明,老于文学,夙抱济时之志,屡陈辟国之谋"。②

担任此职,必须经过考试,只有个别早有成就和名气的人,才可免试,"国朝之制,如制诰必先试而后命,有国以来,百年不试而命者才三人"③,即百年中免试者仅三人。考试由宰相主持,试其制诰三篇,不但要求词语丰富,章句流畅,还要求文思敏捷,下笔迅速,所以,许多人被淘汰,少数合格者,由宰相将其名单于次日即呈送皇帝,由皇帝最后审定。

被批准担任知制诰或中书舍人者,有些人在实际工作中发现难以胜任,这些人或自己辞

---

① 洪迈《容斋随笔》。
② 宋·李弥逊《筠溪集》卷五。
③ 欧阳修《归田录》卷一。

职,或被免职。这类记载史籍中屡见不鲜。如司马光曾考试合格任知制诰,在实际工作中他实在承担不了,只得上奏状辞职,被改任他职,"臣自知文字恶陋,又不敏速,若除拜稍多,诏令填委,必搁笔拱手,不能供给,纵复牵合,鄙拙尤甚"①,又如知制诰陈疆写的文书不合规格,有的不合事实,遭弹劾后免职,改任和州知府。

作为皇帝撰写秘书的翰林学士,则多从侍郎、给事中、中书舍人等官员中提拔,要求更高。至于地方官府中的低级秘书人员,如孔目、押司、贴司等,则由主官自行聘用。

宋代,官员都有"官"和"差遣"两个头衔,"官"为定品秩、俸禄、待遇的官阶,"差遣"为官员实际担任的职务,将职称和权力分离,这一措施的本意在于提高官员的政治素质和行政职能,便于皇帝掌握用人大权,既易于提拔官阶较低而有才能者担任要职,也易于撤换无能或不可靠的官员为闲职。但是,随着实施过程的延续,造成了朝廷内外大批官员无所事事,如三省六部二十四司名义上都有正官,然除了皇帝加以"差遣"者外,都为虚职,无权处理事务,仆射、尚书、丞、郎、员外郎十有八九不管事。这样,各官署的日常事务大多由一般秘书人员所承担。这种情况,唐代仅限于尚书省内,宋代却遍及全国官府。因此,一般秘书的作用愈显得突出,正是他们的工作,才使整个国家机器能正常运转。

三、宋朝选拔朝廷文字秘书制度

宋朝朝廷的下行文,最重要的内制由翰林学士撰写,重要的由知制诰或中书舍人来写。而朝廷日常运用的大量一般公文,却缺少拟写的人才。这种文书初由中书舍人代劳,但是,由于中书舍人人数甚少,一般仅二人以上,他们无法承担大量日常公文的草拟,为此,朝廷政务颇受影响,常常临时拉人起草应急。如南宋初编制规定"中书舍人四员","独臣一员典掌诰命,每日草词二十余道"②,一天要起草 20 余篇公文,可见,中书舍人的工作量极大,已不堪承受。

同时,由于王安石改革科举时,考试内容由重文学诗赋改为重经义、策论,被录取者虽通晓经学而文学水平降低,不太熟悉公文拟写,使朝廷在起草诏、诰、章、表等公文时,极感缺乏专门人才。为此,三省上书皇帝,陈述其严重性,指出:"今进士既纯用经术,如诏诰、章表、赦敕、檄书、露布、戒谕之类,皆朝廷官守日用不可缺者,若悉不习试,何以兼收文学博异之士。"③

宋哲宗采纳此建议,特设宏词科,专门选拔朝廷所需的文字秘书,规定只有取得进士资格者才能报考,以要求考生必须博览古今,熟悉经史,有很高的文学修养,在此基础上再试其公文写作能力。相当于今天从有高学历的知识分子中选取文字秘书。自此形成了两宋选拔朝廷文字秘书的制度。

---

① 司马光《司马文正公传家集》卷二十四《辞知制诰状》。
② 宋·翟汝文《忠惠集》卷七《中书舍人乞罢职状》。
③ 《续资治通鉴》卷八十四。

南宋高宗时，改宏词科为博学宏词科，并放宽报考限制，以扩大生源，不论有无出身者皆可应试。但是，考试规则愈加严格，考试的内容应用性更强，规定"以制、诏、书、表、露布、檄、箴、铭、记、赞、颂、序十二件为题"①，凡报考者，须依这12种文体各作应用公文两篇，于报名时递交礼部，由学士院中的学官审阅，合格者才准予考试。京城外的应试者，若为现任官，须将作文交上司审阅，合格者才允许离任赴京应试。考试时从12种文体中取6种命题，答卷要求准确、通顺、简练。录取者分上、中、下三等授职，并可减少磨勘年数，即升迁的考核期。

宋代的这一制度，以直接考核拟写应用公文的能力选用秘书，选拔目的具体，要求明确，将秘书选拔制度大大推进了一步。它在一定程度上弥补了朝廷文字秘书的不足，使中央政府日常公文的起草工作能顺利进行，并有助于公文质量的提高。同时，从这些选拔出来的文字秘书中涌现出了不少优秀人才，仅南宋时，就有著名文学家洪迈、学问家王应麟、文学家暨哲学家吕祖谦等人。所以，这一行之有效的制度为清代所继承，沿置有宏词科，只是为避乾隆之名讳，将博学宏词科改称博学鸿词科而已。

四、秘书官员的素质

隋唐秘书官员的素质颇高，在以下方面表现得尤为突出：

（一）文化修养很高

隋唐秘书官员以科举考选为重要途径，所以，他们的文化修养都很高。同时，由于当时的人们认识到秘书工作的重要性，对秘书官员的文化要求也很高。

凡秘书官，"必求博闻强识、疏通知远之士"，"是故前言往行，无不识也；天文地理，无不察也；人事之纪，无不达也"②，就是秘书官要具有广博的见闻和丰富的知识，善于总结历史经验，分析、把握当前的动向和未来的趋势。就是要求秘书人员掌握了较高的文化知识后，能审时度势地判断、处理问题。

柳宗元的《送邠宁独孤书记赴辟命序》，是对被聘用为掌书记的友人赴任前的赠言，文中也谈到了对秘书官文化修养方面的要求，说秘书官要熟悉古今史事，明白其变化的道理、原因和得失，掌书记之职既要像当年张良替刘邦那样为长官出谋划策，又要将众人商议的计谋、策略如实地撰制成奏章，上呈皇帝，供皇帝选择，并要确切地宣读、解释皇帝颁下的文书内容，还须在庆功宴上赋诗作贺。同时，还要为长官拟写各种文书公告，只有慎重考虑文书的措辞，才能写出有效果和影响的公文。这是要求秘书人员将文化修养直接用于出谋划策和拟制文书，为长官服务。可见，隋唐时期，人们对秘书官应具有较高的文化修养是认识颇深的。

---

① 《续资治通鉴》卷一百十二。
② 《隋书·经籍志》。

由于隋唐经济文化的繁荣,又从科举考试中选用文人担任秘书,所以,此时期秘书人员的修养是普遍很高的。

(二) 尽心尽职、严守制度

隋唐时期的不少秘书官员对其工作都认真负责,一丝不苟,严格遵守秘书工作制度,连对皇帝违犯秘书工作的要求也据理拒绝。

唐高祖李渊时的内史令肖瑀,敢于驳正高祖批发的诏令,他曾将高祖考虑不周的诏书压下不颁发,高祖生气,责备他。他以隋朝"内史宣敕、前后相乖",致使"百司行之,不知何所承用"的史实,陈述政令不经仔细审勘而颁行的危害性,说明自己每收到高祖授下的诏敕,都仔细审勘,使它不与以前下发的诏令相抵触,以保证政令前后的一致性、连贯性。高祖听了心服口服,称赞他尽心尽职,替自己分忧。

唐德宗贞元年间的门下省给事中李藩,掌文书封驳之权,每当皇帝颁下的制敕有失宜之处,他都在黄敕上批改意见,同僚提醒他小心为好,说这是皇帝的敕书,你还是另用白纸写上意见附于后面封还为妥。李藩根据给事中有权在认为失宜的诏敕上"涂窜而奏还"的"涂归"制度,还是依例在黄纸上批改意见,其敢于尽职的精神令人感动。

隋唐时期,中央政府机构的会议记录工作颇为健全,每当皇帝召集大臣议事,都有"起居郎一人执笔记录于前",记录要求真实,任何人不得篡改,记录册积累起来,按季度交史官编撰成史书,无关的人员不得阅读,连皇帝查阅也颇费周折。唐文宗李昂在位期间,统治集团骄奢侈靡,为此,文宗特地召集宰相讨论此事,起居郎郑郎在场记录,宰相的谈话中涉及不少统治集团内的丑闻,郑郎都一一如实记录下来。事后,文宗担心这些丑闻见于史书,会受后人耻笑,想查看一下记录。郑郎回答说:"我所记录的事情,要编入史书,按照制度,皇帝是不能索取查阅的。"拒绝了文宗的要求。又如文宗时的起居舍人魏謩,有一次文宗想看《起居注》,派人到魏謩处去取,魏謩拒绝,说:"记录皇帝言行是为了监督告诫,陛下有善行,我不会不记,陛下有错忤之事,即使我不记,天下人也会记下。"文宗不甘心,说:"我以前曾经取阅过。"魏謩据理奏对说:"那是因为史官不遵守制度,渎职,这样做是陷陛下于非法,会导致善恶不分,失去记录的真实性,后人会不相信它。"文宗理屈,只得作罢。

(三) 应变能力强

隋唐,尤其是唐朝,秘书人员的应变能力大多很强,显得精明干练。如天授元年(公元690年),寿春郡王有五兄弟出就藩封,同时受册命,朝廷各部门作了许多准备工作,却唯独忘了制作册文,等到百官到齐,才知失误,宰相们相顾失色,又惊又急。中书舍人王教得知此事,立即召来5名书史,命他们各自执笔,由自己口授册文,5人分别录写,不一会就写成5份册文。宰相们审阅时,见册文既合典仪,文辞又美,大为叹服。册封典礼也得以顺利进行。这是秘书官吏临场补救失误的典型例子。又如曾被几任太原节度使聘为从事、掌书记、判官的令狐楚,不但文才极好,凡他写的奏章,德宗都能从文辞间辨认出来,颇为赏识。他随机应变的能力也很强。当节度使郑儋暴卒时,因为未能及时处理其后事,部下的骄兵悍将聚众骚乱、喧哗不止,半夜,一群将士持刀胁迫令狐楚至辕门,悍将环列,要他立即拟就满意的遗表。眼见兵变一触即发,令狐楚临场不惊,于白刃相逼的险境中,挥笔书表,顷刻拟就,并且声情并茂地读示于三军,将士听了,无不被遗表之内容感动得落泪,甚感满意,一场暴乱就此被他制止。这是秘书人员以自己的才智临危不惧、妥善处理危机的典型事例。

唐朝秘书人员应变能力很强,究其原因,一为他们的文化修养颇高;二为经受了实际工作的锻炼,业务水平精熟,处理事情干练;三为唐代秘书工作的制度严格,失职者受的处罚很重,迫使他们磨炼出一身本领。

(四) 宋朝秘书官员的民族气节

宋朝的秘书官员除了具有隋唐秘书官员的基本素质以外,还具有鲜明的民族气节。

两宋由于长期处于辽、金、元的威胁之下,大片土地被夺,靖康之难时京城被破,徽、钦两帝被俘往北方,宋王朝蒙受了巨大的耻辱,人民遭受了深重的灾难,民族矛盾十分尖锐。处于中央政府内的秘书官员,因为比其他官员和百姓更了解政治内幕、国家形势,加上都是士人出身,长期受传统的尊汉贬夷思想熏陶,所以大多具有忠君和忧国思想,崇尚民族气节,反对对外族屈膝求和,主张抗敌,渴望收复失地,恢复大宋河山。这是宋代,尤其是南宋秘书人员的一个鲜明特点。

秘书人员无实权,他们的民族感情往往表现在积极发表坚持抗战、反对妥协投降的言行之中。

宋代规定,起居舍人和起居郎仅为六品官,虽陪侍于皇帝左右录辑《起居注》,但如欲发表政见,须先求得中书省长官的允准。从神宗时起,他们面对民族危机深重,开始争取向皇帝面陈政见的权利。当时,兼修注王存就请求给予起居舍人和起居郎这一权利。南宋苟安于江南一隅后,面对山河破碎,他们的这一要求更为强烈。南宋绍兴二十八年(公元1158年),高宗终于答应了这一要求,明令:"用起居郎洪遵言,起居郎、舍人自今后许依讲读官奏事。"[①]自此,他们同其他高级秘书官员一起,积极向皇帝面陈政见,力图说服皇帝抗敌复国。

建炎三年(公元1129年),起居郎胡寅上疏,痛切地指出:目下两帝被俘,国家蒙辱,陛下理应纠合义师,北上收复失地。然却只顾偷安,畏缩怯敌,唯思远逃,致使军民怨愤、失望。他提出七大建议,"罢和议而修战略"、"大起天下之兵以自强"、"存纪纲以定国体"、"务实效、去虚文",整顿内政,修明政治,然后恢复大宋故土。虽然胡寅为此而被免职,然而,他不顾个人安危,敢于直言不讳地指责皇帝,慷慨激昂地陈述复国之策,其拳拳之心溢于言表,受到后人称赞。

起居郎王居正原与奸相秦桧友好,秦桧执政前,曾向他表白:如自己任相"为相数月,必耸动天下"。王居正对他复兴大宋的雄心十分佩服。然而,秦桧任相后,却一味对金屈膝妥协。王居正认清了他投降求荣的真面目后,十分气愤,毅然向高宗揭露了秦桧的狡诈。虽然

---

① 《宋史·职官一》。

王居正最后被逐出朝廷,但是,他揭露的事实去却由学士院受命载于制辞,布告中外,官民始知秦桧之奸,在一定程度上阻止了秦桧推行投降政策。

先后任给事中、中书舍人兼侍讲学士的胡安国,曾上《时政论》二十分篇,陈述"恤民"、"制国"的政见,劝谏高宗励精图治,恢复大宋。绍兴二年(公元1132年),高宗欲升绍兴府朱胜非为都督,胡安国愤然上奏,斥责朱胜非与黄潜善、汪伯彦等人同为投降派,是丢去大宋半壁江山的罪人,且至今还和汉奸张邦昌及金国通好,为天下人所憎恨,决不能委以重任。高宗采纳,但却改授朱胜非为侍讲学士,胡安国继续上疏反对,并拒绝拟制诏书,愤然辞官离朝。

绍兴八年(公元1138年),金国派使者入临安,要南宋以称臣的条件谈和,高宗、秦桧接受条件,命翰林直学士院曾开起草国书,曾开极力劝谏无效,乃请求辞官,拒绝起草。秦桧威胁他,他凛然回答:"士人所争的是义,不义之事,虽高官厚禄也不干!"并反诘秦桧为何要南宋称臣求和,秦桧无耻地回答说,这就和当年高丽臣服大宋一样。曾开怒斥道:"你身为大臣,理当尊主庇民,辅助陛下富国强兵,想不到你无耻到这等地步,真是闻所未闻!"秦桧恼羞成怒,乃将曾开降职,曾开继续联络了许多朝臣,联名上书,反对屈膝求和。

南宋的秘书官员在民族危难之际,置个人生死荣辱于度外,以各种方式反对屈膝求和、主张抗敌复国的民族气节是令人钦佩的。当然,他们的着眼点只是为了赵宋封建王朝的复兴,况且,古代的民族和国家的概念与今天有所不同,这是需要分清的。

五、秘书官员的参谋作用

唐朝秘书人员所发挥的作用在当时是颇为突出的,他们除承担了政府的文书档案工作和日常事务,使整个国家机器顺利运转外,稍有地位的秘书官员还都敢于进谏,以向皇帝和大臣直言规劝、畅述己见的形式,积极参与政务,起了谏阻过失、裨补缺漏的作用。

唐王朝是利用农民大起义的力量建立起来的。隋朝在农民大起义的打击下顷刻覆灭,国亡君死,人民群众的巨大威力使唐初统治者感到震惊,引起了他们的深思。以唐太宗为代表的一些有远见的统治者总结出了"水能载舟,亦能覆舟"的教训,他们认识到隋亡的重要原因是王朝政策的错误和皇帝的暴虐,导致失去民心。因此,他们在制定政策、治理政务时都力求谨慎、稳妥,战战兢兢,如履薄冰,唯恐失误。为了防止政策上的失误,唐太宗积极提倡,鼓励百官进谏,尤其要求身边的秘书官员积极进谏。

唐太宗要求中央秘书官员:"中书门下,机要之司。擢才而居,委任实重。诏敕如有不稳便,皆须执论……若惟署诏敕,行文书而已,人谁不堪,何须简择,以相委付?自今诏敕疑有不稳便,必须执言,无得妄有畏惧,知而寝默。"[①]就是说,中书、门下两省是执掌机要的部门,官员责任重大,如果你们只知在公文上签签字,发发文书,那谁不能办,何必要选你们出来充

---

① 《贞观政要·政体》。

此重任。从今凡有不妥的诏敕，你们要敢于直率地指出，不能沉默。并明令：凡中书舍人在处理有关军国大政的公文时，必须"各执所见，杂署其名"，即提出各自的意见，分别签名，这一制度称为"五花判事"。

更重要的是，唐太宗还设置了主要职责为进谏的众多的官职，如散骑常侍、谏议大夫、给事中、拾遗、补阙、起居舍人、起居郎等，这些官员分隶于"机要之司"的中书、门下两省，他们一般无具体职掌，以"规谏"为业，实际上起着参谋、顾问的作用，具有秘书性质。

这些官员进谏的途径颇多，仅制度上规定的就有：

第一，随宰相入阁议事。唐太宗曾诏令："自今中书、门下及三品以上入阁议事，皆命谏官随之，有失辄谏。"[①] 王夫之评论这一制度时说："太宗制谏官随宰相入阁议事，故当时言无不尽，而治得其理。"[②]

第二，给事中有权"驳正违失"，凡发现皇帝批发而有失宜之处的制诏书敕，给事中可以涂窜，封还，令中书省重议，这种审议之权，也是进谏的重要制度。

此外，起居郎、起居舍人等经常随侍皇帝的官员可以当面向皇帝进谏，至于亲信谏官，如魏徵，则随时可面见皇帝进谏。谏官上谏的内容几乎无所不包，对内的各项政策，如征收、赋役、任免官员、施行刑法，对外的和战、怀柔、靖边，直至皇帝个人的私生活，凡发现有不妥的都可进谏。

唐太宗作为有为之君，"虚心求谏、诚意纳谏"，导致涌现出不少敢于犯言极谏的谏官。其中最著名的是谏议大夫魏徵。他对太宗的劝谏频繁而尖锐，大都为太宗采纳，传为千古佳话。这些谏官的进谏，对防止王朝军国大政的失误、皇帝行为的失宜起了重要作用。如贞观元年，太宗下诏征调数十州的兵马，攻伐岭南各族。魏徵劝谏说，当今国家初定，民生尚未恢复，宜偃武修文，节制用兵。太宗起初听不进去，后经魏徵再三谏诤，终于下令停止发兵，防止了国初大规模用兵、耗损国力、民力，并使唐与岭南各族长期保持了和好关系。又如贞观五年，太宗修筑洛阳宫，谏议大夫戴胄上表劝谏，说如今数地受灾，国库不足，百姓贫困，修宫筑殿实是劳民伤财。太宗觉得有理，下诏暂停修宫。

除了中央的谏官积极进谏外，地方上的秘书官员和百官也纷纷上谏。如中牟县县丞皇甫往参上书抨击朝政，说太宗不该修洛阳院，也不该加重盘剥地租，还说民间百姓梳起高高的发髻，是受了宫廷中的影响。太宗阅后大怒，要治以诽谤罪。魏徵进言说："自古的上谏多言辞激烈，如言辞平缓，不会引起君主注意，激烈不等于诽谤，望陛下冷静明察。"太宗冷静下来后，说："还是激烈些好。"后来，有人在太宗征调民工修乾元殿时，上表劝谏，并将太宗比作夏桀、商纣、隋炀帝，太宗看了，并不计较，而自责说："我不思量，遂至于此。"

太宗的虚心纳谏和秘书官员等的积极进谏，对防止王朝内外政策的失误、约束皇帝的行

---

① 《资治通鉴》卷一百九十二"太宗贞元年"条。
② 王夫之《读通鉴论》卷二十。

为起了重要的作用,使政治较为清明,上下政令畅通,君臣关系较为协调,是造成"贞观之治"的一个重要原因。

六、秘书官吏的考核

隋朝统一全国后,统治集团鉴于南朝吏治腐败的教训,为了巩固新秩序,制定了一些考核官吏的制度,由于隋短命而亡,这些制度未能发展健全。唐朝继承了这些制度,将之发展,形成一套健全的官吏考核制度。

唐太宗贞观年间,统治者制定了考课法,作为《唐令》的第一篇颁布施行。它规定三品以上的官员由皇帝直接考核,四品以下的官吏则由吏部考功郎中与考功员外郎负责考核。后来改以给事中、中书舍人各一名为监考使,考功郎中考核京官,员外郎考核外官,德宗贞元元年以后,改为考功员外郎考核外官,给事中考核京官。地方州县官衙中官吏的考核,则由功曹参军事和司功负责,在考功司(属吏部)领导下,实施考课。

考核的标准包括德、行两方面。

德包括官吏的品质、道德修养、对君主忠诚程度,行包括官吏才能、守职的勤惰状况、政绩。德的基本标准是"四善",即德义有闻、清慎明著、公平可称、恪勤非懈,简称德、慎、公、勤。

行的标准因业务不同,分成27类,称"二十七最"。其中对各类秘书官吏的标准是:

"献可替否,拾遗补阙,为近侍之最",就是能为朝廷献计献策,参议得失,防止失误,这是最好的参谋式秘书官吏。

"承旨敷奏,吐纳明敏,为宣纳之最",就是能及时准确地传递奏章文书,不出差错,这是最好的从事收发的秘书官吏。

"详录典正,词理华美",是最好的文字秘书官员。

根据以上"四善七十二最",看官吏得到"善"、"最"数量的多少,将考核结果分为九等,即:

上上——四善一最;

上中——三善一最,或四善无最;

上下——二善一最,或三善无最;

中上——一善一最,或二善无最;

中中——一善无最,或一最无善;

中下——善最皆无,职事粗理;

下上——爱憎任情,处断乖理;

下中——背公向私,职务废缺;

下下——居官诈谄,贪浊有状。

不入流的官吏另有四个等级,为:

上——清谨勤公,勘当明审;

中——居官不息,执事无私;

下——不勤其职,数有衍犯;

下下——背公向私,贪浊有状。

考核的步骤是每一年一小考,五年一大考,每年小考时先由本人写出一年中德行的简明考状,称为"书考",然后由主官当众宣读,大家评议,定为九等中何等,最后张榜公布于官衙门口三天,如有不当,本人可以申述,他人可以补正,供主官参考。评时上等名额有一定限制。考核完毕,限期校定,送京城,每年十一月一日各州、司考使毕集京城尚书省,皇帝接见考使,宣布等第,颁布考牒,作为凭证。

每五年一次的大考,则综合各次小考,决定升降奖罚。

唐朝对秘书官吏的考核已相当制度化,有力地约束\督促了秘书官吏,这是秘书工作成熟的又一个标志。这一制度被以后的宋、元等王朝所沿用。

第四节　文书档案工作

一、文书档案工作法律化

唐朝为了保证文书工作顺利进行,制定了全面而具体的法律条文,使文书工作制度化、法律化。它是唐朝文书工作成熟的一个重要标志。为了借鉴,兹将《唐六典》、《唐律疏义》等典籍中的有关律令收集、归纳如下:

(一) 文书拟制方面

1. 文书中遗忘避讳的处罚条律

唐朝法律规定:"诸上书若奏事,误犯宗庙讳者,杖八十;口误及余文书误犯者,笞五十;即为名字触犯者,徒三年。"[①]"制字立名,辄犯宗庙讳者,合徒三年"。[②]

自秦始皇起,文书中须避讳,唐朝总结了历朝经验,制定这些条文,使避讳制度趋于全面。特别重要的是,唐太宗对此制度作了改进,规定公文中两字连写恰为皇帝姓名或名字的,须回避,如"世民"、"李渊";如仅一字单独用之,如"世"、"民",则不必避讳。在此之前,一字也得避讳,拟写文书者动辄触犯禁忌,公文用字受到极大限制,太宗的改进,相对减少了公文用字的限制,方便了公文拟写。

2. 写错公文的处罚条律

拟写制书时脱漏文字或写错别字,不影响原意的,笞五十;影响原意的,杖七十;奏章中有同类错误者,杖六十;内外百司递送给尚书省的公文中有此类错误者,笞四十;递送给其他官署的文书有此类错误者,笞三十。如上述公文中的错误造成重大影响的,加三等治罪。

---

① 《唐律·职制律》。
② 《唐律疏义》卷十。

3. 委托他人代署代判公文的处罚条律

凡奏、状、符、移、关、解、刺、牒等公文,必须由当事官员亲自判署,如违例委托他人代判代署,杖八十,代判者徒一年,如在代判代署时对公文内容有所增减、影响原意的,加一等治罪。

4. 应具文而不具文的处罚条律

凡依制度应该具文上奏而不具文的,或不应具文却具文的,均杖八十。凡应向上级官府行文请求、报告事情的却未行文,或不必行文的却行文;州、县、都督府、京城各部司的公文一般须逐级上报,违例越级上报者;应向下属官署发文而不发,或不应发文而发之,凡此种种,皆杖六十。

5. 公文内容失实的处罚条律

凡向皇帝递呈的公文,其内容有故意隐瞒欺骗、欲规避责任、妄求功赏的,处徒刑两年;有妄告密事(如某人谋反、叛逆等),罪加一等。上级官府得知下级官吏违法,发文查询,上报内容不实的,处徒刑一年。

6. 拟制公文违期的处罚条律

对各类公文的拟制均规定有一定的天数,超过天数的为稽误,须负刑事责任。制书须于当天拟毕,符、移、关、牒在两百页以下的,于两天内拟就,超过两百页的,每多两百页以内的加一天,最多不得超过五天。如遇赦书,页数再多,也不得超过三天。紧急军务文书也须于当天完成。凡拟制各类文书时稽误一天,处笞刑五十,此后每超过一天,加一等治罪,逾期六天,杖一百,逾期十天,处徒刑一年。

(二) 公文处理、传送方面

各类公文规定在一定的天数内处理完毕。凡曹内常行公文,小事五天处理完毕,中事十天,大事二十天,处徒罪以上的司法文书须于三十天内处理完毕。如有紧急军务文书,则随时处理,不准耽搁。

各类公文发出的时间也有严格的要求。凡皇帝的制诏及标明"急"的公文,应立即发出,非急件也得在当天发出,不准逾夜,违者以贻误公事罪论处。凡发文延误一天的,笞三十;延误三日的,罪加一等;超过杖刑一百者,十天加一等,直至处徒刑一年半。

传递公文也规定有限期,迟到一天,或乘马带私物一斤者,杖六十。

(三) 伪造、盗窃、毁弃公文或印章方面

1. 伪造、私改公文的处罚条律

凡伪造或故意增减制敕内容者,处以绞刑;伪造后未及施行的(即未发往有关司曹执行),定为未遂罪,处流刑三千里。

官府在收捕谋反者、叛逆者等重大而又紧急的行动中,来不及上奏,恐叛乱滋漫或要犯逃遁,矫行制敕者,如有功,可奏皇帝裁决;如无功,处流刑两千里。

伪造官府中一般文书,如符、移、解、牒、纱券、簿账等,或有意增减其内容,处杖刑一百;

如其目的是为了规避罪责,则在欲规避之罪上加重二等;未及施行的则减一等;伪造、篡改公文者如系主官,则杖一百,凡处徒刑以上,在欲规避之罪上加重一等。

2. 伪造印章的处罚条律

伪造皇帝的八种宝玺者,处以斩刑;伪造太皇太后、皇太后、皇后、太子之宝印者,处以绞刑;伪造皇太子妃之宝印者,处流刑三千里。

伪造官府印章,处流刑两千里,伪造州府以下封函印章者,处徒刑一年,伪造前朝官府印章以骗取封赏者,处徒刑两年,如为骗取官职,以诈假官法治罪。

伪造差科征发的铜鱼、兵符,驿站所用传符者,皆处以绞刑;伪造使节印符者处流刑两千里。

凡将伪造的或已亡失的印章符节借于他人,双方各以伪造罪处罚。

3. 盗窃公文、印章的处罚条律

盗窃制书者,处徒刑两年;盗窃官府一般文书者,杖一百;盗窃判处徒刑以上的司法文书和勋赏、黜陟、授官、除免、行军文簿及户籍等重要文书者,罪加一等。

盗窃官府印章者,处徒刑两年;盗窃各州封函之印者,杖一百。

4. 毁弃公文的处罚条律

凡丢弃、损毁制、敕、奏抄及曹司公文(符、移、解、牒等),如为无意,各比照盗窃文书罪,处以杖一百至徒刑两年;如目的为谋叛,则处以死刑。

(四)保密方面

1. 泄露机密的处罚条律

凡官吏泄露国家机密,不论有意无意,是否造成后果,均追究其刑事责任。泄露官府收捕谋叛者、官军奔袭"寇贼"等机密者,处以绞刑;泄露一般机密,如天象灾变征兆的报告等,处以徒刑一年半,如透露给藩国使者,则罪加一等;凡两人以上泄露机密,以初传者为首犯,次传者为从犯,按首从法定罪,第三人以下辗转相传者,杖八十。

封建统治者对保密十分重视,往往将宫廷内皇族的私生活也作为保密的内容,违者严惩。如开元十年(公元722年),秘书监姜皎将宫内丑闻外传,玄宗大怒,下令逮送至中书门下治罪,本欲依泄密罪处以死刑,因念其有功劳,改判流刑,发配钦州。

2. 私拆公文的处罚条律

凡秘书人员未经同意而私自开拆制书者,杖八十;私拆官府文书者,杖六十;如被拆阅的系密件,则按泄密罪处治。

从上可见,唐朝有关文书档案工作的律令细密而繁多,实际上是以文书工作为主的秘书工作的法规,强制各级各类秘书人员遵守,有助于提高秘书人员的责任心,防止差错,使文书的拟制、处理、传递、保密各个环节有章可循,有法可依,有效地提高了文书工作的质量和效率,保证了政令的畅通。这些法令被宋、明、清等朝代沿用并发展。

二、文书工作制度

(一) 唐朝的文书工作制度

唐朝除制定了一系列文书工作规章,以法律的形式颁布外,在实践中还形成了一套以技术为主的文书工作制度。这些制度有的系沿用、发展了前代的规章,有的为唐代首创。这些制度又为宋朝所承袭,并对其中的一些作了改进、充实。这些制度主要包括以下几个方面:

"四禁"制度——要求中书舍人遵守的职业规范。内容为"一曰漏泄,二曰稽缓,三曰违失,四曰忘误,所以重王命也",[①]即文书工作必须做到保密、及时、不发生差错、不遗忘误事。"四禁"虽然是为中书舍人制定的。但是,凡从事文书工作的官吏,身处各级机要部门,显然也应参照遵守。前述律令中的不少条文证明了这一点。"四禁"中以"漏泄之禁为急",它与律令中的泄漏机密罪相配合,起了防止、制裁高级秘书泄密的作用。如天宝十二年(公元753年),安禄山进京朝见,玄宗计划授予他同中书门下平章事的官衔,以笼络、制约他,命翰林学士张垍拟制任命诏书。结果事未成,安禄山离京而去,不愿接受,玄宗很不高兴。杨国忠密告,说是张垍泄露消息,造成此后果。尽管张垍身为驸马,玄宗仍以违犯"四禁"将其贬至卢溪郡任司马。

用纸制度——东晋桓温对公文用纸作了初步规定。唐代,手工造纸已遍及全国各地,不但纸的数量大大增加,品种也增多,光笺纸就有十色笺、六合笺、苔笺、水彩笺等。各种纸的原料、质地、色泽不同,其用途也有区别,在此基础上,公文用纸形成制度。凡黄纸一律为皇室专用,吏官不准妄用。由中书舍人起草的"外制"用黄纸,由翰林学士起草的"内制"用白麻纸,凡诸陵荐告上表、用白麻纸。皇帝赏赐、征召的敕书用白藤纸,慰劳军旅、赐吐蕃国王、南诏及大将军、清平官敕书用黄麻纸,赐新罗、渤海、黠戛斯、回纥国王的敕书用五色金花白背纸,将相的告身(任命状)用金花五色绫纸。唐是一个多民族的王朝,不少兄弟民族的地方政权承认其为中央政权。因此,唐规定,吐蕃、回纥、新罗、渤海国王颁发的文书、别录,用金花五色绫纸,并洒以白檀香水,诸藩国军事首领和吐蕃、回纥的宰相发下的文书用五色麻纸。其他官府用纸的种类、大小也有规定。公文用纸制度使文件的种类、发文部门易被识别,并使各类文件外观统一、整齐,以利于提高公文质量。

(二) 宋朝的文书工作制度

宋朝,公文用纸制度进一步发展,除制诏根据内容规定各种用纸外,对文武官员的公文用纸也有规定,据《宋史·职官三》记载,宋代文武官员的公文用纸有五种十二等,宫廷内及命妇的文书用纸有七种十二等,内外军校公文用纸有三种四等,外夷酋长及蕃长用纸有两种两等。

---

① 《旧唐书·职官志》。

公文折叠制度——唐朝公文制作完毕，按一定尺寸大小，折叠起来，这样，合则为一本，开则为多页，便于阅读、运转、保存，是继卷轴制度后的一个改进。

公文装封、编号制度——公文应装入一定规格的封套，实封、加印、编号后才能发出。

对唐的公文折叠、装封、编号制度，宋发展为实封制度，即官员奏呈的札子和表状，如事关机密、灾异及陈"妖术"，狱案与分析事状，皆需将札子、表状封皮折角重封，两端盖印，无印者书官员名，封面不准贴黄，在外奏者，只贴"系机密"或"急速"字样。如依例该实封的公文仅用一般封法，主管官员将受罚。

宋代公文编号制度复杂，各级各类公文编有不同字号。如北宋吕陶《武英殿聚珍版书·净德集》中的《乞别给致仁敕状》中，记载有上书人所呈公文编以"达"字号。

贴黄制度——也称贴黄、押黄，凡拟制敕书时，有写错或谬误之处，因敕书一般用黄纸书写，故须在错处贴上黄纸，在黄纸上改正。这是唐朝首创的公文纠误制度。

对唐代的"贴黄制度"，宋加以沿用。同时，凡臣下上呈的奏状、札子写完后意犹未尽，需要补充的，可以将内容择其概要，书于黄纸上，别附于正文后面，也称"贴黄"，又称小贴子，也有在贴黄后再加小贴子的。

公文拟制和誊录制度——各级各类公文由专人拟制，同类公文有统一的格式。如翰林学士起草的制敕中不准有"凶恶文字"，敕书后面不准留有空纸，凡宣召某官入宫，只准写被宣召者官职、姓名，不得写明为何事被宣召；凡起草回复外藩奏表时，诏书文首以"卿"相称，下言"故兹密诏"；赐予诸藩镇将领的敕书，文首具将职名，赐诸王的敕书，文首称"王"。赐新罗、渤海等国王的敕书，文首则写"敕某国国王某某"，文尾写"卿比平安好"。制敕拟毕，呈皇帝审阅后发下，由专人"钞小字录一本"保存起来，原文发出。其余官府的公文，拟毕，审定后，由专人用指定的字体誊清，并录制多份副本后发出。

宋朝公文誊录制度更严，规定誊录时不得遗漏或错写字，更不能改写文句中的辞句，连一个字也不能更改，否则，要受法律制裁。为了防止誊录时的作弊，规定凡有加字，必须在加字处加盖印章，以表示对公文负责，也便于日后检查。

公文签名、判署制度——唐宋时，公文拟毕，必须由主官签名，以示负责。有的主官字迹潦草，称为花押或花书。此为签名制度。另外，公文必须由主官或主管官衙判署，其他官员或官衙不得代判，否则，要受严厉处分。判署一般都用"依"、"行"、"从"、"闻"、"可"等字，以便明确责任，提高工作效率。

一文一事制度——这一制度在魏晋已产生，唐朝，由于纸张充足，在各级官衙中已普遍实行。宋朝，更明文规定：凡群臣"奏陈公事皆宜直述事状，若名件不同，应分送所属，而非一宗事者，不得同为一状"。[①] 有力地巩固了这一制度。

公文移交制度——各级官府的公文须定期移交，如尚书省规定，各部司办完的公文由勾

---

① 南宋·谢深甫等《庆元条法事类·文书门》。

司(稽核文书的部门)行朱,记注年、月、日后,交库房保存。此制度使文书转化为档案,标志着文书和档案的界限开始划分出来。

宋朝除了继承和发展了上述唐朝的文书工作制度以外,还新创了一些制度,如:

引黄——即将章、奏、表等文书的内容要点、日月、道里书写于文书的封面或文首。此制为公文摘由叙事之始,它使收受、批阅公文者对公文内容一目了然,能分别轻重缓急予以先办或后办,从而提高了公文处理效率。

公文抬头避讳制度——这一制度始于秦,到宋朝时,规定公文中不但遇"皇帝"两字,而且遇"天神"、"地祇"、"官阙"、"行幸"、"皇太子"等该受尊敬的词都须平抬,称为"平阙"。公文中不但对皇帝的名字要避讳,还将有关地名、百姓的姓都得更改。如为避宋太祖赵匡胤的名字,将"匡城县"改成鹤丘县,将"胤山县"改为平蜀县。淳熙六年(公元1179年),还下令全国有姓匡者,改姓王,后又改为姓康。因此,宋朝公文中的避讳既多又繁,给文书工作带来一定的影响。

公文格式——宋元丰四年(公元1081年)十一月十二日,朝廷下令对表、状、奏等公文都规定了统一格式,有一定的程式要求。

军邮制度——宋建隆二年(公元961年)五月,太祖下令,各地官署以军士代替百姓为递夫,后又专署递卒,优其廪给,成为定制,建立起军邮局。由军邮局传递公文,即迅速又保密,遇有重要军事公文,则"御前发下,三省枢密院,莫得与也",为了防止泄密,军事文书还采用暗号,备有常用军用短语,只让军事指挥部门和在外作战的将领双方知道,即使文书让敌方截获,也看不懂文书内容。

保密制度——两宋先后处于辽、金、元长期威胁之下,外患重,辽、金、元为攻灭宋,不断派奸细或收买内奸,搜集宋朝的军事、政治、经济、人事等情报。鉴于这种形势,宋强化了保密措施,严防泄密。据《庆元条法事类》等史籍记载,宋曾规定:

"缘边事应密行下则不得榜示",即边防要事应当以机密公文下达的,不准公开榜示。

"时政边机文书禁止雕印",即对有关边防政治、军事及时事的公文要严格控制,禁止复印,以免外传。

凡雕印御书、本朝会要、边机时政文书者,杖八十。

凡私雕及盗印律、敕、令者,各杖一百。

凡散失所掌管的公文者,杖一百。

凡以制书、官文书质当财物者,与受质当者各杖一百。

凡藏匿、毁弃、拆换文书者,徒一年,盗窃文书者,徒两年。

除这些处罚条律外,还奖励告发泄密者。如:凡告发藏匿、毁弃、拆换文书,获实后,如案情严重,赏告发者钱一百贯;案情一般的,赏五十贯;告发负责收发文书的人员经常违反规章,或私自将文书带回家过夜,经查实,赏给告发者钱五十贯。

除上述制度外,宋朝中央的文书工作,还有如下一些规则:

批答——凡执政以下官员上疏奏请，皇帝以降诏方式答复，对执政以上官员，则降"批答"，以示厚遇。"批答"不需经过中书省，直接由宫中封所上疏，付翰林学士院撰赐之。

内批——亦称御笔，皇帝在宫中决断事务后，直接交付有关机构执行的文书，称内批，由嫔妃代笔者，也称御笔。

进草——凡中书遇到紧急公文，如待奏告、等候御笔颁下后再处置，将耽误事情，遇此情况，中书有权先行处理，然后用黄纸撰状，状背面由宰相、执政押字，进呈皇帝。这种方式称进草。

录白——凡枢密院遇军政大事，须奏告皇帝，小事则可自行拟定处理办法上呈，获答复后起草文书，以白纸录送门下省审复，留其底稿。凡当面得纸称录白，皇帝在上面的批示则称画旨。

录黄、画黄——凡中书省根据圣意起草诏令后，交门下省审复，重大事情须面奏，得旨后另以黄纸录送门下省，称画黄；小事先拟出处理办法，得旨及进呈熟状后，另以黄纸录送门下省，称录黄。

三、公文文体

（一）皇命文书（下行文）

唐朝的皇命文书有如下七种：

册——又称册书、册命、册文，是皇帝立皇后、太子，封王公，任命三品以上官员和授爵、赐予财物的诏书。其中授官的册文，习惯上称为册授。

制书——唐以前即有制、诏，武则天时，因诏与她的名字"曌"音近，为避讳，将诏也改称制。凡行大赏罚，授五品以上官爵，厘革旧政，赦罪人，俘虏，皆用制。其中授官的制书，又称制授。

慰劳制书——将领打了胜仗，臣下有功于国，皇帝予以慰问、褒赞的文书。

发日敕——也称发敕。南北朝起，敕成为皇帝制命的专用文体，隋唐沿用，发展成多种。成为皇帝处理国政的常用文体。凡增减官员、废置州县、征发兵马、除免官爵，授六品以下官职，处流刑以上刑罚、用钱二千或仓粮五百石、奴婢20人，牛马50匹以上，均用此文体。其中用来授官的又称敕授。

论事敕书——皇帝慰谕公卿、诫约臣下时所用。

敕旨——批准臣下依据皇帝的旨意而施行政务的文书。

敕牒——凡皇帝命令臣下对某事可依据旧典施行的文书，称敕牒。多由宰相秉承皇帝的旨意颁下。

宋代皇帝颁发的下行文有册书、制书、敕书、诰命、诏书、御札、敕等。册书、制书、敕书、诰命、诏书、御札前代即有，但宋代对它们的使用对象、范围作有变更，其余两种为宋代增设。

诰命——皇帝授予、迁改官职,封赠命妇的文书。

御札——五代时已有。"三月丁未朔,御札求直言。"①宋代沿用,凡中书省代替皇帝颁发的布告、登封、郊祀、宗祀以及大号令,均用此文体,多由翰林学士起草。皇帝的手诏也称御札。

敕——皇帝赐宴、戒励百官、晓谕军民的文书。

册书——立后妃,封亲王、太子、大长公主,拜三师、三公、三省长官时使用。

制书——处理军国大事,颁布赦宥德音、任命尚书左、右仆射、开府仪同三司时使用。

敕书——任命少卿监、中散大夫、防御使以下官职时使用。

诏书——任命待制、太卿监、中大夫、观察使以上官员时使用。

此外,太子颁发的文书称"令",亲王公主颁下的文书称"教"。

(二) 唐宋朝廷及地方官衙的下行文

堂判——唐朝政事堂宰相对各类事务判决和处理的文书。

堂贴——唐朝政事堂宰相指挥政府百司行政的文书。宋初沿用,不久废除,改用札子,后复行,但改为仅是政事堂行遣小事时所发的公文。

宣——晚唐、五代已有此文体,但仅为枢密院奉旨处置给驿马、命在修工程之类事时使用。宋代,凡枢密院以皇帝名义颁下的文书皆称宣,其底本称"宣头",它与中书省下发的敕合称"宣敕"。

劄——宋朝,枢密院本身向下级官府下发的文书。

札子——与臣下上呈皇帝所用的"札子"名同而实异。它是中书省、尚书省、枢密院处理公事时命下级官府执行的公文。南宋时,各路帅司亦准许用札子指挥所属。凡中书省的札子,宰相押字在上,副相及参政顺次向下;枢密院的札子则枢密院长官押字在上,副长官顺次向下。

部符——尚书省六部、寺发给下级官府的公文,文末写有"符到奉行"字样。

部省札——尚书省处置公事、长官签押后发付给诸司、路、监、司、州、军执行的文书。常用内举山(今浙江富阳县北)纸印制。

符——州署发给下属县衙的公文,文末也有"符到奉行"字样。

(三) 上行文

唐朝,臣下递呈皇帝的文体,除沿用以前的表、状(笺)、启、牒、议等以外,还有:

疏——臣属论谏政事的上书。

子——用于臣下向皇帝奏事、通谒。史载,大臣王起就曾用它答皇帝之问。

熟状——宰相上呈皇帝审批的处理一般行政事务的文书。

宋朝,臣子上呈皇帝的公文文体增加有:

---

① 《新五代史·唐明宗纪》。

奏状——亦称表,类似于唐代的状。宋制,除准许使用札子的官员以外,其余官员上奏只能用此文体,文末须写"谨录奏闻,谨状",状前或封面上用黄纸贴上事目。

札子——臣下向皇帝就政事提出建议的文书。宋太祖时,宰相范质为加强君主集权,尊君抑臣,废除宰相见天子议事时坐论之礼,使用此文体以书面上呈。后规定,在外官员中前两府及奏军事机密、急事者、在京官员中上殿奏事及大两省官员,准许用札子奏事,另外,知州以上官员向皇帝告辞亦使用札子。札子字体稍大,每行不超过18字,每次不超过三札。

榜子——翰林院向皇帝奏事时用的文体。

此外,凡官员、命妇进呈给皇后、妃子和太子的文书称奏笺,笺中不写"顿首",而写"叩头",亦不称臣,命妇称妾,文末写年、月、日后,下具丈夫或儿子的官职、姓名。

唐宋地方官衙的上行文主要有:

辞——唐朝时下级官府对上级官府汇报、请示使用的文体。

申状——内外官府呈文于中书省、尚书省、三司;御史台呈文于中书省、枢密院;在外官员呈文于上级官府,如三省、枢密院或台、寺、监和本路察访官时所用的文体。文前须贴到达的京、道、里和申发日、时。

(四) 平行文

唐宋官衙间的平行文除关、刺、移以外,宋朝还增加有:

咨报——翰林院移文三省、枢密院时使用的文体,用尺纸直书事由,文末写"咨报某某省、伏候裁旨,月、日、押",只需当值学士一人押字就可以。

密白——枢密院的机速文书,不经中书省而直接送门下省的公文。

牒——内外各官府不相统属者,相互往来的公文,多用于各州署之间互相移文。

唐宋公文文体种类不多,较为划一,因而简明易行。这是文书工作成熟的又一个标志。

四、文书档案工作分流

(一) 文书工作和档案工作分离

唐以前,文书工作和档案工作都混为一体,保管档案的部门就是文书制作、处理部门,档案人员就是文书人员,或承担部分文书工作。如秦朝的尚书既是皇宫文书工作者,又负责保管专供皇帝查阅的重要档案,又如汉代的兰台令史,既是兰台主官,又有负责拟制诏书的职责,兰台还兼为研习、编撰经典的学术机构。这些都反映出文书、档案工作的界限尚未划清。

唐代,设立了专门的档案库——甲库。唐行科举制,凡参加省试、选试者,其职名、姓名、籍贯、考绩、考选及授官等情况均有详细记载,形成人事档案,称官甲、甲历或甲敕,保存官甲的库房即为甲库。尚书省的吏部与中书省、门下省三处各设有甲库,分别存藏官甲。甲库置有甲库令史,负责甲库工作。玄宗时定制,吏部的甲库由员外郎、主事各一人专管,中书、门下两省的甲库由主书、录事各一人掌管,每年更换一次,中途不得调动。甲库的工作人员专司抄录、收藏官甲,不负责拟制文书,属于单纯的档案工作人员,甲库也不兼有学术机构的性质,是单纯的档案库。①

官甲和甲库的产生,表明唐代已开始将档案工作从文书工作中划分出来,成为一项独立的职业,从此,文书是档案的源流、档案是文书的归宿这一界限分明了。这既是档案工作,也是秘书工作成熟的一个标志。

宋代,随着档案激增和文书处理制度的进一步成熟,从中央到地方普遍设立起专门化的档案房——架阁库。

架阁库是官府贮存文版案卷的木架,自下至上分有多格。架阁库于北宋崇宁年间首先在尚书省设立,置若干架阁库官主管,宣和年曾废除此官,南宋绍兴初年复置,嘉定年间,三省、枢密院、三司及一些寺、院都建立了架阁库,由本部门的制敕库房统领,各部门的制敕库房职掌有所不同,主要负责收贮制书、诏令和其他文书档案。

地方官府中的架阁库设立得更早,北宋仁宗时,江南西路转运使周湛就开始采用千丈架阁法收贮州县中的档案,经朝廷推广,各级官府普遍设立之。

朝庭对架阁库主官的任命很重视,要求"择选人有时望者为之",六部的架阁库规定"吏、户部各差一员,礼、兵部共差一员,刑、工部共差一员,以主管尚书某部架阁为名"②;州县内的架阁库由知州、县令、主簿等主要官员掌管,下置有管勾、守当等吏员,具体从事档案的收藏、保管、整理工作。

此外,中央还设有最高级别的档案库,称金耀门文书库。

宋代从中央到地方各级官府普遍设立档案库,表明了文书工作和档案工作全面分离,档案工作进一步专门化,这是宋代的档案工作比唐更为成熟的标志之一。

(二) 档案工作制度趋于完善

唐代的档案工作与文书工作一样,也以律法的形式制定了一系列制度,主要有:

归档——凡文书办理完毕,交勾司行朱(即加盖印章),并在指定位置上注明年、月、日(说明封面格式统一),交档案库。即将公文移交档案部门,使之转化为档案。

归档范围包括制、敕、奏、表、议、州县的上计等各种各类重要档案。

归档的时间以每年年底为限,京城各司须于四月一日将去年办毕的文书移送都省;各州则先由本部门整理,然后上交给勾官,勾官审查后,连署封印,再送于都省。一般于六月一日,由都事召集各司的令史,进行核对,如发现上交的档案中有缺漏、错误的,则作为失职,记入该部门官员的考课簿中。

一案一卷——即将一件事由的公文立为一卷存档,称为案卷。史载:"张九龄累历刑狱

---

① 《唐会要》,卷八十二《甲库》。
② 《宋史》,卷一百六十三。

之司，无所不察……因于前面分曲直，口撰案卷。"①说明至迟在唐玄宗开元年间已有此制。

一案一卷制度是依公文所述事件或问题立卷存档，它是比较科学的立卷方法，一直被作为最主要、最常用的立卷方法沿用于今。

复制多份副本——官甲须复制三份，分存于三处甲库。后京城失火，官甲尽毁，为此，德宗建中元年（公元780年）规定须复制四份，另一份送内库收存，以防万一。凡户籍和记账（地方政府编制的课役报表），须一式三份，才能上报，分别收存于县、州、尚书省，玄宗天宝年间规定须复制四份，分存于各处。

鉴定——每三年对档案作一次鉴定，凡已不需要长期保留的，则剔除之。

检查修整——档案，尤其是官甲须经常检查，发现有损坏、文字缺损的要予以修补，恢复原状。如宪宗元和八年（公元813年），曾组织人员，集中检查、核对官甲，分期分批修复因年代较长而受损的官甲。

查阅——在每次铨选官员前，或官员本人提出升迁等要求后，吏部和中书、门下两省的甲库都得事先清理官甲，然后由门下省给事中、中书省中书舍人、吏部格式郎中和本处甲库令史一起查阅、核对官甲，三处的官甲完全相符，吏部才能授官。

至于档案的保密，对失职的处罚条律，类似于文书工作的律令。

宋代的档案工作制度比唐代有进一步发展，表现如下：

档案的集中——宋代规定，凡中央政府和地方各级政府的各种册籍，都得按期逐级上报。如有关地方军民的册籍需每年一报，由县署制作四本，一本存县架阁库，三本送州，州查验后，留下一本存藏，另两本上交转运司，经查验后，一本留司，另一本于六月底送至尚书省户部。中央六部的档案在部存放两年后，送部架阁库收藏，再八年后，转交于金耀门文书库。可见，宋代档案的集中已形成严格的制度，以保证将分散于各级官府的档案自下而上地集中于有关档案库，使统治阶级能起到了解、控制地方的作用。

对唐朝的"一案一卷"制度，宋代作了发展：凡在文书登记和立卷时，需区别新案和旧案，如是旧案，则需与前件粘连在一起，立卷存档，称"连粘"。这一发展，使档案内容前后连贯，能够系统地反映事情或问题的特征。

档案的整理——对有关档案需分门编录成册，按收受时间顺序粘连起来，粘连处加盖骑缝章，注明年、月、页数、封题、事目，以千字为序登录、编排。这种整理方法使收集来的复杂、零乱的材料能按一定标准排列起来，趋于系统化，便于保存、查找、利用。

档案的保管——以纸张为原料的档案受各种因素影响，处于不断损坏、毁失的过程中，实际需要却要求档案能长久、完整地保存下去。为此，尽力消除各种不利因素的影响，延长档案寿命是档案保管的一大任务。宋代在这方面有明显进展，规定档案定期搬出日晒，以防霉变，发现内容遗漏、缺损，要从他本上摘录补全，如遇水浸、火烧等意外事故，要及时组织人

---

① 五代·王仁裕《开元天宝遗事》，卷三。

力誊写;重要档案别为一籍,收存于专门库房;对有来无复的文件也另外收藏;管理官吏如调离,离任前要办妥移交手续,交付接任者。这些规定保证了档案的安全和完整。

档案的鉴定、销毁——档案总是不断增加的,而其存放空间是有限的,同时,随着时间的推移,一部分旧档案失去收存价值,需要予以甄别、去芜存精。这种鉴定、销毁工作,宋代已有较完善的制度。凡制书、祥瑞、狱案等重要档案,应予以"长留"(相当于永久保存),在原登记册上用朱笔勾销,注明转移日期,由上司签名后移入专门库房存藏;不需长留者存放10年,每隔3年鉴定一次,有需销毁者,必须申报上级,才能予以处理。

档案的查阅——查阅档案时,要派出官员监视出入,如需借阅,须由监视的官员限定归还日期,办妥手续后才交与;归还时,主管官员要清点、勾销。至于机密档案,一般官吏不得借阅,只有职事官才有权借用。

宋代档案的保密制度类同于文书保密制度,其违反规章处罚条例也很严。

宋代档案集中、整理、保管、鉴定、销毁、保密等基本程序已系统化,它们被沿用至今,成为现代档案工作的基础。

【知识链接】

虞世南——(558—638年),字伯施,南北朝至隋唐时书法家、文学家、诗人、政治家,凌烟阁二十四功臣之一。虞世南生性沉静寡欲,意志坚定,学习努力。陈朝时,曾任建安王法曹参军。隋时,官秘书郎、起居舍人,后被李世民用为秦王府参军、记室参军、弘文馆学士,与房玄龄等共掌文翰,为"十八学士"之一。他擅长公文撰写,所写表章,文风朴实。贞观年间,历任著作郎、秘书少监、秘书监等职,故世称"虞秘监"。他容貌怯懦、弱不胜衣,但性情刚烈,直言敢谏,深得太宗敬重,称他德行、忠直、博学、文词、书翰为五绝。身为太宗亲信的高级秘书,虞世南博闻强记。有一次,太宗令虞世南书写刘向的《列女传》用来装饰屏风,当时没有底本,虞世南竟靠默记刻写出全文,而且不错一字。还有一次,唐太宗出行,官员请示要将书籍、公文的副本带着。太宗说:"有虞世南在,就是此行的秘书。"所以,虞世南去世,太宗痛惜,哭泣说:"宫里藏书和著书之处,再也没有人能比得上虞世南了!"

虞世南善书法,与欧阳询、褚遂良、薛稷合称"初唐四大家"。其所编《北堂书钞》被誉为唐代四大类书之一,是中国现存最早的完整类书。原有诗文集三十卷,但已散失不全。民国张寿镛辑成《虞秘监集》四卷。

陆　贽——(zhì,754—805年),字敬舆。唐朝著名政治家、文学家、政论家。

陆贽18岁即中进士,唐德宗时,由监察御史召为翰林学士,拟制诏书,参预机要,颇受信重。他擅长撰写表疏奏议类公文,为此行大家。"泾原兵变"后,随德宗出逃奉天,当时军政事务繁杂,一天得下数十道诏书,都由他起草,他落笔神速,所写诏书多用排偶,条理精密,文笔洗炼畅达,情词恳切,议论深切著明,说服力、感染力都很强,著名的《奉天改元大赦制》就是其杰作。此诏书原由中书舍人所拟,陆贽审阅时不满意,就自己重写。一开头就为德宗引咎自责,痛切检讨,诏书宣喻时,将士们无不感动落泪,"虽武人悍卒,无不挥涕激发"。陆贽由此名声大振。贞元八年(792年),迁中书侍郎、同平章事,为宰相,他秉性刚正,敢于直谏,指陈弊政、废除苛税,为中唐贤相,其学养才能、品德风范,深得当时及后世称赞。他工诗文,《全唐诗》存其诗。有《陆宣公翰苑集》及《陆氏集验方》传世。

王 珪——(1019—1085年)字禹玉,诗词家、文学家、政治家。仁宗庆历二年举进士甲科,为翰林学士兼侍读学士、学士承旨。他擅长公文写作,负责拟制内制、外制18年,其间朝廷重要典策多出自其手,所写制书文辞瑰丽,文风自成一家,是当时著名的朝廷高级秘书官。宋神宗时任宰相,传世作品有撰著的《宋两朝国史》120卷、《在京诸司库条式》130卷、《王珪集》100卷,续著的《宋六朝会要》等。

【练习题】

（一）单项选择题

1. 唐、宋的中书、门下、尚书三省分别承担中央秘书工作,各作为其职能的（　　）。

A. 全部　　　　　　　　B. 大部分

C. 小部分　　　　　　　D. 一部分

2. 宋代枢密院的秘书机构是（　　）。

A. 都司　　　　　　　　B. 承旨司

C. 催驱房　　　　　　　D. 班簿房

3. 宋朝进奏院每月将朝廷颁行事状编写后,传送各地,以交流信息,让地方了解朝廷政务情况,类似于今天的《情况交流》,它称（　　）。

A. 月报　　　　　　　　B. 动态

C. 抄报　　　　　　　　D. 邸报

4. 唐、宋时,为了协调中书省和门下省在处理文书上常发生的矛盾而设置的联合办公厅,称（　　）。

A. 政事堂　　　　　　　B. 孔目房

C. 勾销房　　　　　　　D. 枢机房

5. 唐朝,武则天设立的中央信访机构称（　　）。

A. 鼓院　　　　　　　　B. 匦使院

C. 检院　　　　　　　　D. 枢密院

6. 宋代中央信访机构中的高级部门是（　　）。

A. 鼓院　　　　　　　　B. 匦使院

C. 检院　　　　　　　　D. 枢密院

7. 唐朝秘书官吏考核中德的基本标准是（　　）。
   A. "二十七最"　　　　　　　B. 才能
   C. "四善"　　　　　　　　　D. 政绩

8. 唐朝为了保证文书工作顺利进行,制定了全面而具体的（　　）条文,使文书工作规范化。
   A. 法律　　　　　　　　　　B. 制度
   C. 规则　　　　　　　　　　D. 协议

9. 唐代公文用纸制度中规定,凡（　　）一律为皇室专用,吏官不准妄用。
   A. 黄纸　　　　　　　　　　B. 白纸
   C. 红纸　　　　　　　　　　D. 绿纸

10. 宋朝中央文书工作规则中,皇帝以降诏方式答复执政以上官员的称（　　）。
    A. 进草　　　　　　　　　　B. 批答
    C. 录白　　　　　　　　　　D. 录黄

11. 宋代,凡枢密院以皇帝名义颁下的文书皆称（　　）。
    A. 堂贴　　　　　　　　　　B. 札子
    C. 宣　　　　　　　　　　　D. 堂判

12. 宋朝翰林院移文三省、枢密院时使用的文体称（　　）。
    A. 咨报　　　　　　　　　　B. 密白
    C. 牒　　　　　　　　　　　D. 移

13. 宋代中央最高级别的档案库,称（　　）。
    A. 甲库　　　　　　　　　　B. 档案库
    C. 架阁库　　　　　　　　　D. 金耀门文书库

(二) 多项选择题

1. 唐、宋的朝廷秘书机构主要由（　　）三省兼任。
   A. 政事堂　　　　　　　　　B. 中书
   C. 枢密院　　　　　　　　　D. 门下
   E. 尚书

2. 三省秘书职能的划分使皇帝诏书等文件的制作由（　　）等三个各自独立的机构来共同完成。
   A. 草拟　　　　　　　　　　B. 裁定
   C. 审核　　　　　　　　　　D. 转发执行
   E. 润色

3. 门下省的秘书官员有（　　　）。
   A. 典仪　　　　　　　　　　B. 起居郎
   C. 通事舍人　　　　　　　　D. 符宝郎
   E. 给事中

4. 宋朝中书省内的秘书部门有（　　　）。
   A. 主房事　　　　　　　　　B. 点检房
   C. 催驱房　　　　　　　　　D. 班簿房
   E. 制敕库房

5. 宋朝三司内的秘书部门有（　　　）。
   A. 催驱房　　　　　　　　　B. 开拆司
   C. 承旨司　　　　　　　　　D. 勾凿司
   E. 发放司

6. 唐地方大员幕府中的秘书人员有（　　　）。
   A. 记事参军　　　　　　　　B. 掌书记
   C. 判官　　　　　　　　　　D. 孔目
   E. 记室参军

7. 宋朝地方政府中的秘书人员有（　　　）。
   A. 主管机宜文字官　　　　　B. 主管文字官
   C. 签判　　　　　　　　　　D. 押司
   E. 给事中

8. 唐代秘书官员的主要来源有（　　　）。
   A. 从科举考试中选拔　　　　B. 从文士中聘请
   C. 从名士中征召　　　　　　D. 自荐
   E. 从下级秘书中提升

9. 唐朝的秘书官员素质颇高，除文化修养很高以外，还表现在（　　　）。
   A. 尽心尽职　　　　　　　　B. 出身名门
   C. 应变能力强　　　　　　　D. 敢于进谏
   E. 严守制度

10. 唐朝的皇命文书有（　　　）。
    A. 册书　　　　　　　　　　B. 制书
    C. 发敕　　　　　　　　　　D. 论事敕书
    E. 敕旨

11. 唐代的档案工作也以律法的形式制定了一系列制度,主要有(　　　　)等。

A. 归档　　　　　　　　　　B. 一案一卷

C. 复制副本　　　　　　　　D. 鉴定

E. 查阅

12. 宋代档案的(　　　　)和保密等基本程序已系统化。

A. 集中　　　　　　　　　　B. 整理

C. 保管　　　　　　　　　　D. 鉴定

E. 销毁

(三) 简答题

1. 什么是起居舍人?
2. 什么是给事中?
3. 什么是都事?
4. 什么是通进司?
5. 什么是进奏院?
6. 什么是检详官?
7. 翰林学士的职权如何?
8. 什么是唐朝的选试?
9. 什么是四禁制度?
10. 什么是贴黄制度?

(四) 论述题

1. 试述唐、宋三省兼任的秘书职能及其意义。
2. 简述中书舍人的职掌和地位。
3. 试比较唐、宋中央信访机构的不同点。
4. 试述宋朝选拔朝廷文字秘书制度。
5. 为何说唐朝文书档案工作分流了?
6. 为何说隋唐、两宋是我国古代秘书工作的成熟时期?

【扩展阅读】

杨剑宇:《谈秘书学专业的核心竞争力》,《秘书》,2016年第11期。

第六章
古代秘书工作经验融合时期
——辽、金、元

第六章
古代秘书工作经验融合时期——辽、金、元

本章概述

辽、金、元是历史上少数民族入主中原建立的地方或全国性政权。

这些少数民族在入主中原前，其社会发展程度低于汉族，入主中原后，他们努力吸取汉族政权的统治经验和先进的生产方式及文化，加速了向封建化过渡的进程。其秘书工作水平从总体而言明显不及唐宋，但在某些方面有所创造，如辽、金、元的各级秘书机构中都配备有懂多种民族语言的秘书官吏，辽代的秘书机构分为南北两套班子，以适应不同民族、不同地区的行政管理，金代创设了传递紧急文书的急递铺制度，元代则在秘书官吏的选拔、文书档案工作制度和公文传递制度方面颇有建树，为后人提供了宝贵的经验。

这些都证明了我国历史上秘书工作的经验是各民族共同积累起来的，辽、金、元时期是我国古代秘书工作经验的融合时期。

学习目的和要求

通过本章学习，理解辽、金、元时期是我国古代秘书工作的融合时期。这是因为：他们的秘书工作既带有原有的民族痕迹，又汲取了唐、宋的经验，表现出两者融合的特点；其总体水平没有超过唐、宋，但是，在某些方面有所创建，如秘书业务中翻译工作加强、辽代中央秘书机构分为南北两套班子，以适应不同民族地区的行政管理，金代的急递铺制度，元朝的秘书官吏选拔制度等。

重点、难点

根据本章的学习目的和要求，本章的重点和难点是：

1. 辽代秘书机构的特点；
2. 金代秘书官吏的名目及特点；
3. 元朝的秘书吏员及其来源；
4. 元朝的文书工作制度。

第一节 辽、金的秘书工作

一、辽代的秘书工作

（一）秘书机构和人员

辽是由契丹族首领耶律阿保机于公元916年建立的，境域主要在我国东北地区，南至今天津、河北霸县、山西雁门一线，与北宋接界。辽长期与北宋对峙，公元1125年为金所灭，存

在210年。

辽境内民族众多,为了适应统治的要求,其中央政府分为"辽官"和"汉官"两大系统。"官分南北,以国制治契丹,以汉制待汉人。"①辽官系统称为"北面官";汉官系统称为"南面官"。北面官治理契丹居民,系根据契丹族原有制度设立。南面官治理汉族居民,系辽占据部分中原地区后,仿照唐宋制度建立的。统治中枢设在北面官。北面官的各级机构又分为北院、南院,如南、北枢密院,南、北宰相府,南、北大王院,南、北宣徽院等。

南、北枢密院分掌文铨、部族、丁赋和兵机、武铨、群牧之事,是全国军、政中枢,也是秘书工作的中枢,分别置有林牙、知院贴黄、知圣旨头子事、掌院头子等官,负责秘书工作。

北面官中设有大林牙院,掌文翰,是皇帝的秘书机构,置有都林牙、林牙承旨、林牙、左右林牙等官员,负责拟制、颁布诏书等事务。

此外,在南、北宰相府,大王院,宣徽院等机构中也设有给事院知圣旨头子事、掌院头子、院掾史等官员,负责文书工作。

南面官有枢密院、中书、门下、尚书等三省机构,中书省内设有中书舍人院,负责起草外制,门下省设有起居舍人院,负责记录统治者言行和重大政治活动,并有通事舍人院,负责传达、宣布诏命,有符宝司,负责保管印章,有登闻鼓院、匦院,置有谏议大夫、补阙、拾遗,掌规劝进谏。此外,设有翰林院,置都林牙、林牙、学士承旨、学士、知制诰等官,负责起草制诏。

辽代中央秘书机构明显反映出既保留了一些契丹旧制,又仿汉制,两者相混合的特点,表现了辽代在秘书工作中积极吸取汉族经验的倾向。

令史,掌文书案牍之事。中书省所设令史由进士担任,文官及武官都有,朝廷中枢机关的令史可参与朝廷册封等大典,地位比唐宋提高。

辽代的秘书官员除上述高级秘书官以外,常见的有:

译史,州以上官府中从事笔译公文的吏员,因辽境内民族众多,公文需以多种文字拟制,故此职甚为普遍。辽道宗太康九年(公元1083年),将译史分为多种等级。

(二) 文书档案工作

契丹族是游牧民族,流动性大,其经济、文化水平低于宋。初无文字,直至太祖耶律阿保机神册五年(公元920年),才仿照汉字偏旁,创制成契丹文字,后由太祖之弟迭剌制成契丹小字,从此,这两种文字并用于辽、金两代,才开始产生了以文书工作为主的秘书工作。所以,其文书档案工作与宋代相比有相当大的差距,在其存在的200年中,只是初具规模而已。但是,从寥如晨星的史料中可知,辽代统治者是力图学习宋代的文书档案工作经验的。

第一,在辽与宋交战中,俘虏和招纳了不少汉族士人,统治者大都注重使用,让他们担任秘书官职,以图依靠他们的经验、学识,建立和发展自己的秘书工作。如汉人邢抱朴、张砺被用为翰林学士承旨,王言敷、和凝为翰林学士、室昉为翰林知制诰,马铉、张干被用为中书舍

---

① 《辽史・百官志序》。

人,杜防、程翥被任为起居郎、起居舍人,刘景先后担任过左、右拾遗,马德臣为谏议大夫,李琬为通事舍人等。

第二,辽统治者不惜重金,常以十倍的高昂价格收购,用各种方法竭力搜求宋朝的文书档案,既从中了解宋王朝的内部动向,也作为开展秘书工作的参考。如北宋哲宗元祐年间,苏辙奉命出使辽国,在那里见到了有关宋王朝军国政要的案牍、臣僚的奏章。

第三,由于宋、辽长期对峙,时有战争,辽统治者对本朝的文书档案十分重视,规定无论是文书档案、国人著述,只准在其境内流行,如有传于境外者处以极刑。

二、金的秘书工作

(一)秘书机构和人员

金是由女真族首领完颜阿骨打于公元1115年建立的,是当时中国华北地区的一个强大政权,其全盛时代的统治范围为:东北到日本海、黑龙江流域一带;西北到河套地区;西边接壤西夏;南边以秦岭到淮河一线与南宋长期对峙,公元1234年被蒙古、南宋联合攻灭,存在120年。

金代官制,初期只有女真族原有的简单称号,至熙宗时沿用辽、宋旧制。中央设有尚书省(但不设中书、门下两省)总揽政务,长官为尚书令,下有左、右丞相,左、右丞,参知政事等官。尚书省也分左、右司,分掌六部,有郎中、员外郎,掌本司奏事,总察所属,兼带修起居注官衔。下有都事,掌本司内检勾稽失、省署文牍、兼值宿省内、检校架阁等事,六部中各设主事四至五名,秩从七品,多以进士充任,掌管案牍等事务。

金初,设有元帅府,掌管军政,后改称枢密院,内除有都事主管秘书工作外,还设有：

奏事官——掌承受圣旨、奏事、省院议事等。凡皇帝下达命令时都单独召见奏事官,宣授旨意,由他退出后向有关机构传宣;凡有必须奏请皇帝之事,由他入殿上章题奏,退出后必须立文字为据,这种方式又称"检目";凡尚书省、枢密院长官上殿议事,他有权参与议事,但不得记录,只准默记,议毕归院后,才能将内容写成文书,呈皇帝审复。尚书省议事,他也须参加,议毕,由他和尚书省左、右司官一起拟定奏章,送相臣审核后,呈送皇帝批阅。可见,奏事官是职掌相当宽的皇帝的亲信秘书官。

金也置翰林学士院,负责拟制诏命,学士品秩提高,承旨为从二品,学士为正三品,侍读学士、侍讲学士为从三品、直学士为四品,不限员额,分掌拟制文书,判理院事;有修撰,为从六品,不限员额,有应奉翰林文字,为从七品,这些官员不带知制诰衔。自侍读学士至应奉翰林文字,通设汉人10名,女真人、契丹人各7名。

地方府、州、县各级官衙内设有判官、掌书记、主簿、孔目等秘书官职。皇统年间,为了行文方便,规定判官、掌书记、主簿等统称"幕职官",孔目以下为"吏"。

除上述官员外,金代尚有名目众多的低级秘书人员,如:

知事,都元帅府、大宗正府、司农司、大兴府等官署中掌付事勾稽、省署公文、总录诸案的首领官,有一或两名,为正七品至从八品,多以识女真、汉字者充任。

书写,国史馆中负责抄写、誊清案牍的官员,又称史馆从事,充任者必须经过严格考试。正隆元年(公元1156年)规定,女真书写须具备将契丹文字译成女真文字的能力,契丹书写则必须精通大、小契丹字,并具备将汉字译成契丹字的能力。

都目,衙门中管理文书等日常事务的首领官。

吏目,各级官署中掌理案牍、管辖吏员、处理具体公事的首领官。

典史,县衙和录事司等官署中掌文书事务和管辖吏员的首领官,由路、府、州、县司吏中够资格者充任,一般可升任吏目。

书吏,按察司、安抚司内掌公文案牍者、多从终场举人中选充,有女真书吏、汉人书吏之别。

抄事,司、府、州等官署中掌抄录公文事目,书写法状的吏员之一。

司吏,自路至司、县等地方官衙中掌文书案牍及衙门事务的吏员,有女真司吏和汉人司吏之分,汉人司吏根据当地居民户数设置,户多多置,户少少置,县署中司吏一般为上县8名,下县6名。

主文,各级官衙中抄写公文的吏员。

贴书,主文的助手,不属正式编制,每当公文过多,人手不足时聘用。

知印,掌管印章的吏员,多从孔目内轮流任用,如无孔目,则由孔目之上的司吏充任。

金代的秘书人员比辽代的秘书人员更注意掌握各种语言,尤其对学士承旨、都事、主事、管勾等秘书首领官,更强调要掌握多种文字、语言,以适应业务需要。

金朝中央政府和地方政府中的秘书吏员可以升任官员,其升任资格与科第出身的进士一样。但是,考中进士毕竟很难,于是,不少人避难就易,争相充任秘书吏员,连许多士大夫的子弟也辍学,改走此途。由此,社会上有不少吏师应运而生,教授吏业。如李元就是金朝著名的吏师,他桃李满天下,金朝的省、部、台、院中不少秘书吏员都出自他的门下。这成为私家办学培养秘书人才的开端,是日后清朝"幕馆"的先声。

(二) 文书档案工作

金代文书工作中最突出的成就,是设立了快速传递官方文书的急递铺制度。

据《金史》记载,泰和六年(公元1206年),金王朝已设有提控急递铺官,掌管急递铺事务。在军马要道上每十里设置一铺,以铺头一人为首,辖有铺兵三人,由所辖军的射粮军内选用。铺兵传递公文时腰系响铃,乘快马,规定每天必须行驰300里。如指定专送十分重要的公文者,则发给牌符为凭,称信牌,递送皇帝敕书者授予木质的朱漆金字牌,递送尚书省六部、元帅府公文者则授予绿漆红字牌。

急递铺的路线分为北路和南路两个系列。北路有两条路线,一条自中都(今北京市)经真定(今河北省正定县)、平阳(今山西省临汾市)、京兆(今陕西省西安市)、凤翔(今陕西省凤翔县),达于临洮(今甘肃省临洮县);另一路自中都经沧州(今河北省沧县东),达于益都(今山东省益都县)。

南路自真定经章德(今河南省安阳县),达于南京(今河南省开封市)。从南京往南有两条分路,一条经归德(今河南省商丘市南),达于泗州(今江苏省盱眙县西北)、寿州(今安徽省凤台县);另一条经许州(今河南省许昌市)达于邓州(今河南省邓县)。

急递铺制度大大提高了公文传递速度,为元以后各朝所沿用,是对文书工作的一大贡献。

金代仿照宋制,在中央机构内普遍设立了架阁库,收藏档案,置官主管,也比较重视记注材料的积累、编修,各帝实录较齐备,并设有国史院,利用档案修史。

纵观金代的秘书工作,在机构设置、文书档案工作等方面都略高于辽代的水平,究其原因,主要有如下几点:

第一,女真族与契丹族社会经验、文化水平不相上下,都处于向封建社会转化的过程中,金灭辽,吸收了辽代秘书工作的经验(如任用汉族士人为秘书官等),更多的是仿照唐、宋制度,从双方都吸取经验,发展速度自然较快。

第二,金的南部边界直达淮河、秦岭,比辽更深入中原地区,更多地接受了中原地区先进的生产方式和文化,有助于秘书工作的发展。

第三,金兵曾攻陷北宋都城汴京(今河南开封市),将宋王朝中央收藏的大量文书档案悉数掠取,这些文书档案为金提供了宋代成熟的秘书工作经验,促进了金的秘书工作;金代又任用大批汉族士人为秘书官。因而,其秘书工作的水平略高于辽代。

第二节 元朝的秘书机构和官职

一、秘书机构

元朝是蒙古族建立的军事强国,公元13世纪,蒙古族先后攻灭了西夏、金和南宋,统一了中国。它的中央机构既承袭前朝,又有所变化。由于疆域辽阔,地广人茂,民族众多,实行宋代的三省制不便于迅速处理政务,于是,元初只设中书省,作为中央行政中枢,下依尚书省编制,设六部,同时,设枢密院掌军务和机密事宜,设御史台负责监察。中央政府的秘书中枢也在中书省内。

(一) 中书省的秘书部门

中书省长官为中书令(往往以太子充任),有左、右丞相(以右为上),平章政事,左、右丞,参知政事等官。省内设有:

参议府——处理省内日常事务,相当于办公厅,长官为参议中书省事,职掌为"典左右司文牍,为六曹之管辖,军国重事咸预决焉。"①即主管秘书工作,参与军国大事的商议,相当于

---
① 《元史·百官志》。

办公厅主任。

中书省内的专职秘书部门有：

承发司——负责文书的收发。

管勾司——掌出纳四方文移，启拆缄封、邮递的程期等事，由管勾主管，下有典吏8人。

检校司——掌检校左、右司，六部公事程期，文牍稽失等事。设检校官主管，下有书吏6人。

照磨所——负责文书的照刷、磨勘等，设照磨主管，下有典吏8人。

时政科——负责记注皇帝言行和省、台、院、诸司奏闻之事，设文学掾1人主管，有起居注(后改为给事中兼修《起居注》)，左、右补阙(后改为左、右侍议奉御兼修《起居注》)等官员。

中书省的公文用多种文字拟制、颁发，故由左、右丞相分工负责，如窝阔台时，凡中书省文书行于西域、畏兀儿诸国的，用畏兀儿文拟制，由镇海负责；行于汉地、契丹、女真族的，分别用汉文和契丹文拟制，由耶律楚材负责。

(二) 其他秘书机构

元代也设有翰林院，但是将它一分为二：一曰翰林院兼国史院，主掌修撰国史，设有侍读学士、侍讲学士，陪同皇帝读书；二曰蒙古翰林院，至元十二年(公元1275年)设置，负责拟制、翻译、颁降皇帝的文书，置有承旨、学士、直学士、侍制、圣旨必阇赤等官，为皇帝的机要秘书处。

此外，中央还设有内八府宰相，掌诸王朝见皇帝的事宜，遇有诏令，则与蒙古翰林院官员共同译写、润色。在皇太后的徽政院、皇后的资正院、皇太子的詹事院中都设有照磨、管勾等部门，负责文书和院内事务。

元代在地方设行中书省(简称行省)，代表中央政府管理地方事务，下有路、府、州、县各级政府。行中书省内的秘书部门和官职仿中书省；路、府、州内设经历司，负责秘书工作，以经历为首领、知事为副手；散州、上州的知事位在提控案牍之上，多由吏员升任；县府内仍设有主簿，主管秘书工作，为从八品至九品的小官。

二、秘书官职

蒙古族依仗武力夺取政权，因而对武将给以厚遇，元朝立国后，武将纷纷被任用为各级各类政府机构的主要官员。这些武将大都是蒙古人、色目人，多数不通文墨，不谙政事，一系列行政事务，如赋税、刑狱、词讼、铨选、造作、户籍等，都无力处理，只得任用汉族士人为秘书吏员，辅佐理政。"国家故事，以蒙古、色目不谙政事，必以汉人佐之"[1]，这样，导致各级官衙由官、吏员和见习吏员三部分组成，吏员的名目繁多，有30多种，其中设置广泛、作用最重要的10种吏员都是从事秘书业务的，如"曰掾史、令史，曰书写、铨写，曰书吏、典吏，所设之名，未易枚举"[2]。根据他们的职责可归纳为如下几类：

---

[1] 元·李翀《日闻录》。
[2] 《元史·选举志》。

（一）案牍吏员

"案牍者，纪事代言立政而已"①，案牍是官衙中公文、档案的泛指。案牍吏员就是官衙中处理公文事务的秘书人员，是官衙中居于首席地位的吏职。

案牍吏员中重要的名目有令吏、司吏、书吏、必阇赤四种。

令吏，设置于中书省、枢密院、御史台、行中书省、行枢密院、行御史台、六部、宣慰司、大都路总管府和上都留守司等官府中。凡二品以上官衙中的案牍吏员统称为令吏。其中任职于中书省、御史台、枢密院和行中书省、行御史台、行枢密院者又别称掾史。由于中书省常称都省或省，所以，中书省内的令吏又专称为省掾。枢密院中的令吏习称院掾。御史台中的令吏习称台掾。

司吏，设置于地方官衙中。由于地方官衙直接接触民事、公务琐碎，头绪繁杂，司吏又名额有限，不能像中央政府那样分工细密，所以，司吏的职掌要比令吏宽得多，承担的事也杂得多，尤其是司、县中的司吏，除了从事文书、日常事务外，还要轮流执掌官衙印信等。

书吏，设于中书省和行中书省的检校所、御史台的察院、提刑按察司（肃政廉访司）中，检校所有书吏6名，负责核对中书省和行省的文书是否迟滞或错失，御史台中的书吏有几十名，负责审核文书。提刑按察司中的司吏是衙门中主要吏员，每道一般设16名，负责对路以下各官衙公文的处理。

必阇赤，也译作必彻彻，系蒙古语"书吏"的意思，即书写的人或笔者。蒙古立国初期设置此职，在大汗的身边掌管文书，书写大汗命令，地位颇高，耶律楚材就曾担任过此职。

元朝建立之后，必阇赤的地位逐渐降低，成为用蒙古文字从事文书的吏职，职责类似于令吏。这时，必阇赤分为两类：蒙古必阇赤，以蒙文办理公文，一般由蒙古人担任，因蒙古族是元朝的统治民族，所以，蒙古必阇赤的政治、经济地位比任何吏职都高；回回必阇赤，以波斯文字办理公文，是为色目官员服务的秘书吏员，也称回回令吏、回回掾。

除上述案牍吏员之外，尚有照略案牍、提控案牍、典簿、主案、写发等名目的案牍吏员。

元朝幅员辽阔、境内民族众多，统治者在管理国家时，翻译吏员成了必不可少的助手，元朝政府中的翻译吏员数量众多，主要分从事文字翻译的译史和口语翻译的通事两种，他们有时也兼干些秘书事务。

（二）传达吏员

宣使，设于中书省、御史台、枢密院、行省、行台、行院等一、二品官衙中。他们的主要职掌是：宣读诏书或官衙命令；传达主官旨意，催促各项政务。

奏差，设于宣慰司、六部、廉访司等三品衙门中。其主要职掌是"往来传达，实为行人"②，如宣慰司的奏差传达主官的命令，廉访司的奏差负责本司重要公文的传送，"凡部使者有事

---

① 元·胡祗遹《紫山大全集》卷二十二。
② 元·许有壬《至正集》卷七十四《冗食妨政》。

于行御史台府及中台,或四方各道,奏差悉主之"①。

宣使和奏差都是宣达命令,汇报要事的秘书吏员,起上通下达的作用,由于他们经常和中书省或行省的主官(宰相)接触,地位也较高,仅次于案牍和翻译吏员。

(三) 其他重要秘书吏员

知印,设于部以上中央官府及行省、行台、行院等官衙中,负责掌管官衙印章、印信,其地位同于案牍吏员,为高级吏职。中书省内设知印四员,如有中书令(太子兼任)时,增设监印两名,"掌监视省印"②。地方官衙中不设知印,由司吏轮流掌管印章。

典吏,从中书省到司、县官衙内普遍设置,是地位最低的吏员,负责公文档案的收发、启拆、保管事宜。

元朝秘书官职的名称,有不少是沿用金朝旧称,除了上述秘书吏员外,元朝还有翰林学士等高级秘书官职,各衙门中有都事、主事、都目等秘书首领官职。

三、秘书吏员的来源

元朝吏员数量庞大,吏员能升任官员,因此,吏职成为人们竞相争求的目标,为此,朝廷制订了一系列吏员选用制度,决定了秘书吏员的来源和结构。

(一) 见习秘书吏员的来源

元朝自中央政府至地方各级官府中,有一大批见习吏员,其中许多从事秘书业务,名目有贴书、写发和主案。他们是秘书吏员的助手和后备力量。他们有几种来源:

第一种,大批少年弃学为见习吏员。

因元朝以吏员升官,科举不盛,所以,许多少年从幼年入学,到十几岁就废弃学业,至官府帮助书写文字,成为见习吏员。"司、县贴书,民家子弟才及十四五岁,托吏投充,影占门户。"③"后生少年往往以吏为师。明律令,习刀笔。"④然后挤进官府,充当贴书,既能逃避徭役,又能奠定入仕的基础。这些"民家子弟"显然是富贵人家的子弟。

第二种,由吏的子弟充任。

许多官衙吏员利用职权,将自己子侄亲戚招聘为写发。

第三种,由被开除的吏员充任。

一些因贪赃枉法而受惩开除的吏员,或市镇中游手好闲,不在户籍者,利用关系,再入衙门,充当贴书、写发,以图苟且。这些人"久占衙门,年老无耻"⑤,为奸作弊。

上述三种人中,第一、二类数量最多,年龄很小,是见习秘书吏员的主体,第三种人数少,

---

① 元·陈基《夷白斋稿》卷十九《送韦道宁诗序》。
② 《元史》卷八十五《百官志一》。
③ 《元典章》卷十二《迁转人吏》。
④ 元·蒋易《鹤田集》卷上《送郑希礼之建宁学录序》。
⑤ 《元典章》卷十二《革去滥设贴书》。

年龄大。可见,由少、老组成的见习秘书吏员素质不良。

为此,元政府曾数度下令,考选贴书、写发,以提高其素质。

起初,曾用命题考试的办法挑选,但是,由于官场腐败,考官作弊,事先往往受贿泄题,考生营私,出钱雇人代考,挑选出来者往往有名无实,素质仍差。

元朝中期,施行一天不能写完一万字者不能任贴书、写发。后来,规定先由社长和有声望的老者书面保举,证明他品行优良,并通晓一门经书,再由首领官面试,合格者录用。由于官场腐败,这种考选方法在实际执行中仍不严格。

(二) 地方官衙中秘书吏员的来源

元朝地方官衙中的秘书吏员主要来自见习吏员。

贴书、写发听从吏指挥,从事文书抄写、记录、起草等,逐渐熟悉吏业和官场风俗。他们依附于吏员,和吏员结成隶属关系。

贴书、写发任满5年,没有过错,就可"转正"为县、司吏员,任县、司吏员10年,无过错,再可升为府、州吏员。

另一种来源是从民间直接选用,由有声望的老者和上户人家采纳众议,推举德才兼备的"白身"(即平民)直接充任司、县司吏。

(三) 中央政府秘书吏员的来源

元朝中央政府各官署的秘书吏员来源于多种途径,主要有:

"岁贡"——即由地方路总管府每年向中央政府的官署推举儒士和现役路吏,充任案牍吏员。"儒有岁贡之名,吏有补用之法"①,这成为元朝一代的制度。

儒士原是金朝遗民和自学成才者,后来,元朝设各级学府培养的学生,也称儒士。被推举的包括终场落第举人、国子学及府州学府中的学生、教官。被推举的儒士要具备三项标准:

第一,洞达经史,即读过经书;

第二,通晓吏业,即具备基本工作能力,如口才、算数、字画端正等;

第三,廉慎行止,即道德端正,如廉洁、谦让、勤勉、笃实、历史清白等。

各地每年依规定程序、数量向中央政府推举儒士,充任六部令吏。后来,为了提高六部令吏的素质,将这些儒士改任按察司书吏。按察司是纠弹违法官吏的中央监察机构,儒士在此任书吏,能了解为政的是非,熟悉吏务,经受锻炼,然后从中再选拔优秀者充六部令吏。这被儒士视为美差荣职,成为他们竞相争求的目标。

岁贡吏员即由路总管府向提刑按察司(后改为肃政廉访司)贡献优秀的现役吏员。先由路总管府推荐,由廉访司审核,并经考试。考试的内容是分析一则案例,通过了才能被录用为廉访司书吏或六部令吏。

职官任吏员——从七品以下的流官中选择秘书吏员。选择原则一是根据官衙品级的高

---

① 《元史》卷八十一《选举志一》。

低,二是根据职官品级的大小。如中书省是正一品官衙,其省掾自正、从七品内选取;院、台是从一品衙门,其令吏从正、从八品官内选取;宣慰司、六部分别是从二品和正三品衙门,其令吏则自正、从九品官中选取等。地方行省台、院中的秘书吏员也有一部分从职官中选取。

元武帝在位时,曾下令职官占秘书吏员来源的一半,使职官任吏的人数急剧增加,客观上提高了秘书吏员的办事能力和工作质量。

除此之外,中央官府的秘书吏员还逐级递补,如廉访司的书吏可升任六部令吏,六部令吏可递补枢密院、御史台令吏,而枢密院、御史台令吏有资格升补中书省省掾。

元朝的秘书吏员基本上由见习吏员、儒士、职官三部分人组成。见习吏员补录事司、县衙门中的司吏;职官主要补廉访司以上官府的主要秘书吏职,如书吏、令吏、通事、译史、宣使、奏差、知印等;儒士主要补充路总管府、廉访司及六部的秘书吏职。

总体来看,元朝秘书吏员的选拔制度是比较完整的,它不但要求秘书吏员具备良好的品行,还要求有一定的专业工龄,具有实践经验和业务能力强干,并建立起逐级升补的办法。如果这些制度能严格执行,秘书吏员的素质将得到保证,而且越是高级的官府中的秘书吏员,素质会越高。但是,由于政治腐败,这些措施未能被严格执行,尤其对秘书吏员品行的要求,更未能按规定审查,以致元朝秘书吏员品行素质欠佳,舞弊现象比比皆是,成为官场黑暗的一大原因。

(四) 秘书吏员的地位及舞弊现象

元朝各级官府由官、吏和见习吏员三部分人组成,由于官员大都由蒙古人担任,他们往往不通文墨、不谙政事,依赖吏员行使职权,"大小事务一切付之于吏"[①],官的腐败无能,造成吏的权重。由于不少吏来自于职官,使吏客观上官员化,在很多事情上掌握着实际决策权,"权侔上官"[②]的现象十分严重,在中央政府,"中书省、枢密院、御史台、三府掾吏,虽职掌文书,亦日佐大臣决理政务"[③],地方官府的秘书吏员,"今之吏于郡者,立乎黄堂之上,于守相可否。司县而下受事于庭者,惟吏所指画,唯唯不敢一语"[④]。可见,元朝秘书吏员的作用、地位都很突出。

官员的腐败无能,秘书吏员的权重,导致秘书吏员舞弊现象丛生。

元朝政府表面上制定有吏员工作制度,如规定案牍吏员须"案牍明敏,刑名娴熟",公文"无稽迟,无违错,斯为称职"[⑤],但事实上,官府中公文长期积压,公事累年不决,文件错误百出。有的官府"吏牍积糅丛杂,首尾衔络,(他人)摇手莫敢问(吏)"[⑥],文牍主义、官僚主义成为官府中突出的政弊。还有的吏员公然私刻公章,营私舞弊,如"一日间得伪县印一十有八,

---

① 元·许有壬《至正集》卷七十四《文案稽迟》。
② 明·徐一夔《始丰稿》卷六《周处士小传》。
③ 元·马祖常《石田文集》卷七《建白一十五事》。
④ 元·蒋易《鹤田集》卷上《送黄仰言之武平教谕序》。
⑤ 元·胡祗遹《紫山大全集》卷二十三《试典史策问》。
⑥ 元·袁桷《清容居士集》卷三十四《肖御史家传》。

税务印一十有二"。①

地方官府的秘书吏员,任职期长,人情亦熟,往往实际上分理某一方面事务,于是公行贿赂,颠倒是非,纵容亲戚盘扰乡里,私放盗贼,私和人命,无恶不作。元朝政府眼见吏员舞弊严重影响了统治秩序的稳定,多少认识到秘书吏员"名分虽微,所系甚重",于是,采取过一系列措施,来革除吏弊,如实行"避籍迁转"制度,即吏员不能在本地官府任职,需迁转至别地官府任职,以防结党营私。这些措施虽对革除吏弊产生过一定的作用,但毕竟无法从根本上革除舞弊现象。原因之一在于元朝各级官员依赖于吏,而又驾驭不住吏,遂使秘书吏员的腐败现象时起时伏,存在于整个元朝。

第三节 元朝的文书档案工作

一、文书工作制度

元朝建立起一整套文书工作制度,其中多数是创设的,主要有:

照刷、磨勘制度——"明察曰照,寻究曰刷,复核曰磨,检点曰勘。"就是说,照刷是检查公文有否稽迟、失误、遗漏、规避、埋没、违枉等情况;磨勘是指照刷之后,再作一次检查,看其中的错处是否已经改正。它是一种监督公文处理的制度,由各级监察机构执行。中央由御史台负责,地方由行御史台和肃政廉访司负责。它起初规定每季一次,后改为半年一次,其内容、方法及处罚都有详明的细则。凡经过照刷、磨勘的公文,根据其处理质量,分别标明"稽迟"、"违错"、"未绝"或"已绝"(即已经处理完毕,经检查没有差错的)。"已绝"的公文才能按规定送交架阁库收存。

这一制度对于防止、纠正文书处理中的疏忽、错失,提高公文质量,防止文书丢失、涂改、损毁,保持其完整,并对揭发和纠正各级官员在处理政务中产生的弊端起了积极作用。

朱销文簿制度——从中央到地方各级官署普遍设有朱销文簿,凡应处理的公文均按时间先后逐日逐项登录于文簿上,处理完一件就用朱笔勾销一件。

这一制度起到了督促及时处理公文,防止其拖延积压,并为监察部门照刷文卷作好准备。

翻译缮写制度——元朝公文一般用蒙文、回回文、汉文拟制、颁发,凡用一种文字拟写毕由专人翻译成其他文字,再予以缮写。如规定五品以上官员上奏表章,要以蒙文为正本,汉文为副本,这样就多出了一道翻译程序,也就产生了译错、抄错的可能性。为此,统治者特别注意文书的誊抄缮写,对公文中的时间、错字、数字、官员署名都作了严格规定,以利于提高公文的准确性。而"执政出典外郡,申部公文,书姓不书名"。②

---

① 《宋文宪公全集》卷之三,《叶治中历官记》。
② 《元史·刑法志》。

公文署押制度——凡公文,不论事由重大还是一般,主管官员检查后,必须自上至下圆书圆押。蒙古、色目官员大多不通文墨,不会执笔画押,则改用"刻名印"代替画押。

这一制度在唐、宋已经成熟,到元代又进一步发展,这有利于增加公文的严肃性和加强主管官员的责任心。

当面交卷制度——元代案牍繁多,常有公文遗失的现象发生。这种情况大多是由于新旧文书官吏更替之时移交不认真所造成。为此,元世祖诏令,"今后遇有人吏交待,责令当面对卷","明立案验,依例交割,如有遗失,随即追究"。[①] 即凡新旧文书官吏更替时,双方必须当面将文书案牍移交清楚,尤其是接收的一方,更要仔细核对,如发现有错失,要当面查询,立即寻找,否则,要依法处治。

这一制度督促移交、接收双方都必须认真查对公文数量,不使其遗漏、缺少,有利于公文保持完整。

催办制度——元对官府公文办理时限作出具体规定,并建立了公文催办制度:京城各官府10天催办一次,如未完成,过5天再催办一次;地方官衙视路途远近而规定催办时间,催办三次而未完成者,照例问罪。

周年交案制度——鉴于官衙中公文积压累年,延误公事,这些公文又常年掌管于同一人员手中,容易被用来营私舞弊。所以,元代规定,公文必须于每年年底交案,交案时公文上的贴签和收文登记簿上的标题、事目必须一样,不得有误。

印章的制作、保管、使用——由于元代各级掌权官员多为蒙古人、色目人,许多人不识字,在公文上画押时只能以印章代替,所以,元代对印章的制作、保管、使用都很重视。在中央政府内,专门设有如下机构:

铸印局——掌管刻制和销毁各级官衙的印章。

符宝局——掌管宝玺、金银符牌的宝藏,后改称典瑞监。

从中央到地方各级官衙中都设有知印官,多由长官的亲信属吏担任。此外,在中央的省、院和地方的路总管府等重要官衙中还设有监印官,他们负责监视、守护、使用印章,与知印官相互制约,防止滥用、冒用印章。

公文传递制度——元朝疆域辽阔,为了有效地保持中央政府和地方官衙之间的公文往来和联系,并便于迅速掌握全国各地的情况,统治者十分重视公文传递工作,他们吸取了历代的经验,建立起一套严密的公文传递制度。

元朝立国之初,就规定由兵部掌管全国公文传递工作。至世祖至元十三年(公元1276年),在中央政府内特地设立了通政院,专管公文传递,以后,通政院又分置为大都、上都两院,设有大都院使和上都院使分别主管。元代在全国遍设水站、陆站、汉人站、蒙古站、海青站等各种驿站。海青站于紧急军事行动时设立。

[①] 《元典章》卷十四《吏部》。

驿站的职责是负责转送使臣、信差,为他们提供食宿、乘骑、舟车。水站以船传送,陆站以马、牛、车或驴传送。在辽东地区还设有狗站,计有15站,均以狗驾小车,载使者、信差滑行于冰上。这些驿站东连高丽、东北通奴儿干(今辽东地区)、北达吉利吉思、西通伊利汗国和钦察汗国,西南抵乌思藏,南接安南、缅国,组成了以上都、大都为中心,遍及全国的公文传递网。大的驿站设有驿令、小的驿站置有提领,掌管站务,并抽调百姓,专门承担驿站事务。交通枢纽的驿站还设有脱脱禾孙之职官,专司检查过往乘驿人员,是否违反传递规则或假冒。

除驿站外,元代另设有急递铺,专掌递送紧急公文。起初规定"只送中书省公文,而其它官署公文不得交急递铺递送"。[①] 后来地方的紧急公文乃至一般公文也混入铺递送,虽屡经整顿,却难有成效。

急递铺在金代已经产生,元继承、发展之,于世祖忽必烈中统元年(公元1260年),首先开辟了自大都(今北京市)至开平(今内蒙古正蓝旗东)和自开平至京兆两条线路,每10里或15里、25里设置一铺,以铺司1人为头目,隶有铺兵4人,以贫户及漏籍户充役,免除其差役。后来,全国各地均依此例设置急递铺。至元三十一年(公元1294年)忽必烈在大都专设总急递铺提领所,主管全国急递铺,各路设有急递总铺,置提领掌理。至治三年(公元1323年),又定每十铺设一邮长。

凡中央省、台、院的紧急公文以绢袋封缄,以牌书号,号用千字文编次,如果是边关紧急军事公文则用匣子装封上锁,另行编号。编号后书明发送、接收衙门。其余衙门的紧急文书则交付承发司,按投送处所分类,同一类归为一缄,装封后交急递铺递送。各铺收到公文后,由铺司在铺历中登录公文事务及收到时刻,并令铺兵装束停当,腰系铜铃,承轻骑良马,疾驰而去,传至前面一铺,该铺听到铃声,铺兵立即作好准备,待铺司登记完后,即接过公文立即向前传递。初定一昼夜传送400里,后改为300里。如此逐铺传递犹如接力赛跑,十分快速,如为指定专人传递,则也发给递送者牌符:凡皇帝派遣者付于长形的虎头金牌,上铸蒙古字;如为军务公文而受遣者,则发给圆牌,又称圆符,为铁质,上也铸有蒙古文字。分金、银字两种,持金字牌者为朝廷所遣,持银字牌者为蒙古诸王或军政长官所遣。

元代的这一套公文传递制度习称为驿传制,由于元朝是中国历史上,乃至世界历史上幅员最辽阔的封建大帝国,其驿传制无论从规模、制度化程度,都是历代最为发达的公文传递制度。它大大提高了公文传递速度,畅通了中央和地方的信息渠道,因而为明、清所沿袭。

元代的文书保密制度也很严格,如规定不准私自将文书带回家中,如发现有盗窃文书者,或擅自改动文书年、月字迹者,要受杖刑或笞刑。

二、公文文体

元代皇帝和皇后、太子颁下的文书,除沿用前代的诏书等以外,还设有下列文体:

[①]《元典章·兵部》卷四。

宣命、敕牒——均为皇帝封赠百官的文书。

懿旨——皇后颁下的文书。

令旨——皇太子及诸王颁下的文书。

皇帝颁下的文书统称为圣旨，其中公开告谕臣民的文书，因以黄纸书写，称为黄榜，也称为皇榜。

臣下上呈皇帝、太子的文书仍旧沿用前代的奏、启等。

各级官府的下行文有答付、今故牒、指挥等；上行文有呈、申、牒上、牒呈上等；平行文有咨、平牒等。

三、档案工作

元代仿照宋制，在中央政府和地方官衙中普遍设置架阁库，收藏前代和本朝的档案。本朝形成的档案依据文字不同，分为蒙文、回回文、汉文档案，特设有蒙文架阁库、回回架阁库，收藏蒙文、回回文档案。

由于元统治者缺乏统治幅员广袤的大国的经验，各级官员在处理政务时，往往借助于旧档案中的先例，所以，对旧档案的利用率很高。他们依据宋、金的档案，建立起各项立国制度。但是，元统治者在利用档案中也执行民族歧视政策，规定机密档案只准蒙古官吏查阅，严禁汉族官吏接触。如文帝时，奎章阁学士、汉人虞集奉命修纂《经世大典》，请求查阅实录和《元朝秘史》，均遭回绝说："实录，法不得传于外，则事迹也不当示人。"①

元代也设有实录院、国史院，利用档案编修实录、国史，尤其重视汇编典章格例，以供施政时参用，其中最有价值的是《元典章》。由于元代统治集团的整体文化水平低，加上采取民族歧视政策等原因，在利用档案修史方面远不及宋兴盛。

元代的档案工作又出现和文书工作混合的现象，其工作制度也与文书工作密切相关。对唐、宋以来的"一案一卷"制度和保密制度等，元代继承之。新创的当面交卷制度、周年交卷制度则对档案工作的发展多少起了些促进作用。

【知识链接】

耶律突吕不——（？—942年）字铎衮，辽朝大臣、少聪明好学，为辽太祖器重。契丹族是游牧民族，流动性大，其经济、文化水平低于宋。初无文字，直至太祖耶律阿保机神册五年（920年），才命耶律突吕不等人，仿照汉字偏旁，创制出契丹文字。耶律突吕不也就成为使用契丹文字的首批契丹族知识分子，被任用为文班林牙，是朝廷秘书首脑，领国子博士、知制诰，掌管拟制皇命文书。是辽初朝廷知名高级秘书官。

---

① 《元史》卷一百八十一《虞集传》。

韩昉——(1082—1149年),字公美,辽、金时代大臣。辽天祚帝天庆二年(1112年)壬辰科状元,补右拾遗,转史馆修撰,累迁少府少卿、乾文阁待制。辽亡后,降金,金太宗授其为昭文馆直学士,历任礼部尚书、翰林学士,兼太常卿、修国史、卫尉卿、知制诰、济南尹、参知政事、汴京留守等,封郓国公。他善文章,尤其精于撰写诏书、册命,所著《太祖睿德神功碑》,为当世所称誉。虽为显贵,诗书未尝离手,好学不倦。他在礼部7年,金代礼仪制度多出其手。是金代朝廷著名高级秘书官。

韩昉性情仁厚,待人接物甚为宽容。曾被家奴诬告,查无实据,官府将家奴还予韩昉,韩昉并不报复,待之如初,并言:"奴诬主人以罪,求为良耳,何足怪哉。"时人称其为慈善长者,颇具声望。

欧阳玄——(1274—1358年),字元功,号圭斋,欧阳修后裔,元代史学家、文学家。延祐二年(1315年),欧阳玄中进士第三名,此后历任翰林待制、直学士、承旨,为官40余年,先后六入翰林,两为祭酒,两任主考,时凡宗庙朝廷大册、制诰多出其手,名山大川中寺观碑文、贵族墓志也以请他题写为荣。一生以史学成就最为突出,同时也以诗文闻名天下,因其学识渊博,文绩卓著,人称"一代宗师",与王约并称元代"鸿笔"。曾编写辽、金、宋三史,有《太平经国》、《至正条格》、《经考大典》、《纂修通议》、《康书纂要》、《元律》、《至正河防记》等史著多种,共达1120卷;有《元诗选》、《全金元词》、《渔家傲南词》12首,并有《圭斋文集》15卷遗世。

【练习题】

(一)单项选择题

1. 辽、金、元的秘书工作既带有原有的痕迹,又糅合了(　　)一些经验,表现出两者混合的特点。

　　A. 辽　　　　　　　　　　　B. 金
　　C. 唐、宋　　　　　　　　　D. 元

2. 辽代的秘书机构分为(　　)两套班子,以适应不同民族、地区的行政管理。

　　A. 南北　　　　　　　　　　B. "辽官"
　　C. "汉官"　　　　　　　　　D. "南面官"

3. 辽代的秘书工作表现出积极吸取(　　)政权经验的倾向。

　　A. 女真族　　　　　　　　　B. 契丹族
　　C. 汉族　　　　　　　　　　D. 蒙古族

4. 辽代中央政府的秘书中枢在(　　)内。

　　A. 尚书省　　　　　　　　　B. 中书省
　　C. 门下省　　　　　　　　　D. 枢密院

5. 元代地方政府路、府、州内设（　　），为秘书机构，负责文书工作，处理日常事务。

  A. 承发司　　　　　　　　B. 管勾司
  C. 检校司　　　　　　　　D. 经历司

6. 据《元史·百官志》记载，元代各级政府中的吏员名目有 30 多种，其中设置广泛、作用最重要的（　　）种吏员都是从事秘书业务的。

  A. 4　　　　　　　　　　　B. 3
  C. 6　　　　　　　　　　　D. 10

7. 元代将官衙中的公文、档案统称为（　　）。

  A. 案牍　　　　　　　　　　B. 文书
  C. 公文　　　　　　　　　　D. 公函

8. 元代中书省内令吏的专称是（　　）。

  A. 经历　　　　　　　　　　B. 台掾
  C. 省掾　　　　　　　　　　D. 掾史

9. 元代从中央到地方各级官署普遍设有一种文簿，凡应处理的公文均按时间先后逐日逐项登录于文簿上，处理完一件就用朱笔勾销一件，这种制度称（　　）。

  A. 周年交案制度　　　　　　B. 朱销文簿制度
  C. 催办制度　　　　　　　　D. 公文署押制度

10. 元代中央政府内专门总管公文传递的机构是（　　）。

  A. 枢密院　　　　　　　　　B. 大都院
  C. 上都院　　　　　　　　　D. 通政院

（二）多项选择题

1. 金代的翰林学士院中，自侍读学士至应奉翰林文字，规定由（　　）各若干名担任。

  A. 汉人　　　　　　　　　　B. 蒙古人
  C. 女真人　　　　　　　　　D. 契丹人
  E. 回鹘人

2. 金代秘书官吏的名目有（　　）。

  A. 知事　　　　　　　　　　B. 都目
  C. 吏目　　　　　　　　　　D. 典吏
  E. 书吏

3. 金代各官府中的秘书首领官有（　　）。

A. 抄事　　　　　　　　　　B. 主事
C. 吏目　　　　　　　　　　D. 典吏
E. 主文

4. 元代中书省内的专职秘书部门有（　　　）。
A. 承发司　　　　　　　　　B. 管勾司
C. 检校司　　　　　　　　　D. 照磨所
E. 时政科

5. 元代案牍吏员中重要的名目有（　　　）。
A. 令吏　　　　　　　　　　B. 司吏
C. 书吏　　　　　　　　　　D. 必阇赤
E. 译史

6. 下列案牍吏员中哪些是秘书首领官：（　　　）。
A. 写发　　　　　　　　　　B. 主案
C. 提控案牍　　　　　　　　D. 典簿
E. 照略案牍

7. 元代的翻译吏员主要有（　　　）。
A. 蒙古译史　　　　　　　　B. 典吏
C. 回回译史　　　　　　　　D. 主事
E. 通事

8. 元代主要职掌为宣达命令、汇报要事，起上通下达作用的传达吏员有（　　　）。
A. 宣使　　　　　　　　　　B. 典吏
C. 知印　　　　　　　　　　D. 主事
E. 奏差

9. 元代的上行文有（　　　）等。
A. 呈　　　　　　　　　　　B. 申
C. 启　　　　　　　　　　　D. 咨
E. 平牒

10. 元代皇帝、皇后、皇太子及诸王颁下的文书名目有（　　　）。
A. 懿旨　　　　　　　　　　B. 令旨
C. 圣旨　　　　　　　　　　D. 故牒
E. 指挥

11. 元代形成的档案依据文字不同，分为（　　　）。

A. 蒙文档案　　　　B. 色目档案

C. 回回文档案　　　D. 契丹档案

E. 汉文档案

（三）简答题

1. 什么是译史？

2. 什么是奏事官？

3. 什么是幕职官？

4. 什么是司吏？

5. 什么是急递铺制度？

6. 元代参议府是什么机构？

7. 什么是必阇赤？

8. 什么是译史？

9. 什么是照刷、磨勘制度？

10. 什么是周年交案制度？

（四）论述题

1. 为何说辽代统治者是力图学习、吸取宋代的文书档案工作经验的？

2. 金代的秘书人员有何特点？

3. 试述元代秘书官吏的来源和选拔制度的利弊。

4. 试述元代秘书吏员的地位及舞弊现象。

5. 为什么说辽、金、元时期是我国秘书工作经验融合时期？

【扩展阅读】

杨剑宇：《我的金字塔论——论秘书的职责层次和含金量》，《秘书》，2016年第6期。

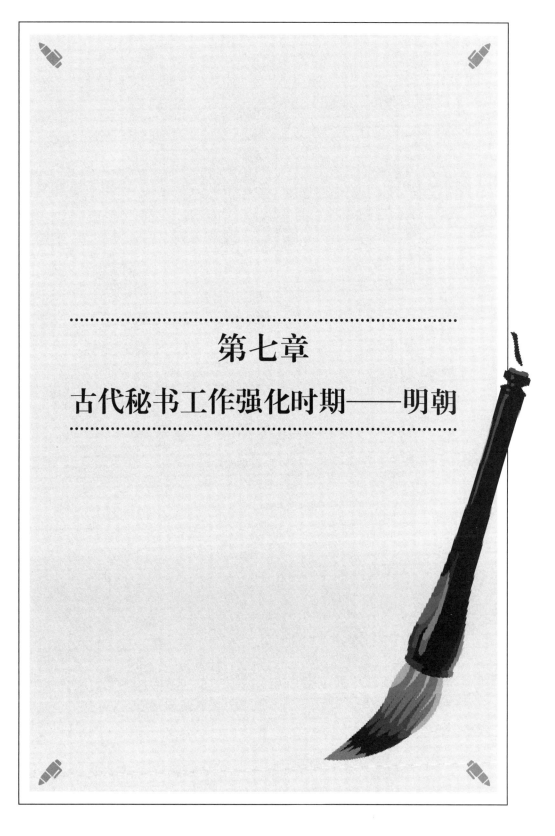

第七章

古代秘书工作强化时期——明朝

第七章
古代秘书工作强化时期——明朝

本章概述

明初,朱元璋依靠专职秘书机构亲自处理政务,指挥国事,大大强化了秘书工作,使中央秘书机构数量众多,阵容强大,趋于系列化。各项秘书工作制度进一步健全,趋于完善。秘书人员主要来自科举出身者,文化水平高,从而提高了秘书工作的整体质量。

明朝是封建社会后期,文牍主义流行,前期曾一度抑制了文牍主义。而中后期各帝大多昏庸,各级秘书机构一度涣散混乱,文牍主义泛滥成灾,秘书工作几近失控,统治集团几经大力整治,才使秘书工作得以维持运行。

因此,明代是我国古代秘书工作的强化时期。

学习目的和要求

通过本章学习,理解明朝是我国古代秘书工作的强化时期。这是因为:明初废除了丞相制度,皇帝依靠秘书机构直接指挥国事,导致全力强化秘书机构和秘书工作制度,其中央秘书机构数量多、规模大、地位高、作用大,紧紧为皇帝所控制;秘书官吏主要来自科举出身的文士,业务水平高,提高了秘书工作的质量;明中后期,由于宦官秘书部门职权膨胀,屡屡操纵朝政,一度导致秘书工作的混乱。

重点、难点

根据本章的学习目的和要求,本章的重点和难点是:

1. 中央秘书机构;
2. 秘书官吏的主要来源和素质;
3. 张居正整顿文书工作的背景、措施及效果;
4. 档案工作。

第一节 秘书机构和秘书官吏

明朝立国之初,中央政府机构沿袭元代,设中书省作为全国政务中枢,置左、右丞相。洪武十三年(公元1380年),朱元璋认为宰(丞)相居一人之下,万人之上,最有可能越权,因此,他借端处死丞相胡惟庸,取消中书省,下令永远不准再设丞相。从此,秦朝以来的丞(宰)相一职遂被取消。朱元璋遂以皇帝兼行宰相职权,直接处理国务,设六部作为处理中央政务的中枢,由六部尚书分任国务,各自对皇帝负责。这一方面造成了皇权高度集中,封建君主专制进入了最高阶段;另一方面,导致皇帝亲自处理的政务数量剧增,忙得除早朝外,又增设午朝,仍忙不过来,只得设立阵容强大、数量众多的秘书机构,协助他处理政务,从而推动了秘书工作的大发展。

明朝中央秘书机构主要有内阁、六科、通政司、司礼监、文书房,兹一一简介如下:

一、内阁

朱元璋于洪武十五年(公元1382年)设华盖殿、谨身殿、武英殿、文渊阁、东阁等大学士,充当顾问,收阅奏章。成祖时,命以官品较低的翰林院编修、检讨等官入午门文渊阁当值,参与机要,称为内阁学士,类似于唐宋时的翰林学士。仁宗以后,"阁职渐崇"、"阁权益重",入阁者多为尚书、侍郎。宣宗时,命阁臣杨士奇等人批答各处上呈的奏章,提出初步处理意见,草拟诏令,再进呈皇帝裁决,自此,内阁的地位升居六部之上,类似于唐宋的政事堂。大学士称阁老,但是,一切受命于皇帝,无决策权,是皇帝的高级顾问和秘书。

内阁设有两个专职秘书部门:

中书科——洪武初年,中书省内设有承敕监、司文监、考功监,负责起草诏诰等文书事务,内设直省舍人。废中书省后,这些秘书部门多数随之被撤销,但保留直省舍人,改名为中书舍人,另设立中书科。这时,诏册制诰皆由内阁学士拟制,中书舍人的职责仅为缮写正本、誊抄副本,事毕后立即离开。所以,其官称虽与唐宋中书舍人相同,而职权和地位却大大下降,两者不可同日而语。

制敕房——设立制敕房的同时,又于内阁学士办公之处东阁设立了东制敕房,从进士、监生、儒生等人中选拔善书写者,任为中书舍人、序班、译字等官,负责缮写、誊抄诰敕、翻译敕书、外国文书和誊录揭贴、兵部记功簿及勘合等。

二、六科

由于皇帝直接领导六部,需要在他与六部之间建立联系机构,由此产生了吏、户、兵、礼、刑、工六科,作为协助皇帝处理六部事务的秘书机构。各科均设有下列官员:

都给事中,1人,主管一科事务,掌本科印章,又称掌科官。

左、右给事中,各1人,协助都给事中处理事务。

给事中,负责具体处理事务,吏科、工科各设4名,礼科6名、刑、户科各8名,兵科10名。

这些官员统称六科给事中,他们的衙署设于午门外东西朝房内,他们与御史合称科道,或称台垣(台指御史,垣指六科给事中)。

六科给事中协助皇帝,分别处理对口所部的文书,又负有"侍从、规谏、补阙、拾遗"等类似于唐宋门下省官员的职责。归纳起来,他们的具体职责有下列几项:

第一,收受内外奏章,参验稽考,驳正其违失,分类抄写后发交所对口的部办理。

第二,皇帝上早朝时,六科轮流派官员1人,侍立朝堂一侧,记录圣旨。

第三,将每天收集的奏章,逐一抄成副本,汇编成册,5天一送内阁,以供编纂。

第四，所收受的题、奏、本、状和奉旨发落的事件，由六科的都给事中于早朝时一起至御案前进呈皇帝。

第五，检查各官署奉旨执行的任务是否完成，或进展情况如何，5天一清理，完成者即予注销。

从上所述可见，六科集唐宋门下省、起注院的责任于一身，既辅助皇帝处理公文，又有权封驳弹纠六部、督促、催办六部处理公文，兼记注皇帝圣旨，是职掌颇宽的秘书机构，皇帝依靠它实现对部的领导和控制。所以，尽管六科给事中只是七至九品的小官，实际作用却很大。皇帝对他们要求甚严，训令办事必须十分谨慎。

三、通政司

通政司的全称为通政使司，因职掌类似于宋代的通进银台司故亦称银台。朱元璋认识到，治政如治水，欲使水流经常畅通，必须开凿渠道，要使国家上下情况通达，也必须设置类似渠的机构，因此，朱元璋称其为通政使司，其长官为通政使，正三品，副职称通政副使或参议，正五品，级别很高。海瑞就曾任过通政使。

通政司的职掌有如下几项：

第一，收受四方陈情、建言，申诉冤屈或检举不法行为等文书，将申诉、告发的缘由誊写于登记簿上，连同原状一起进呈皇帝。

第二，收受天下臣民实封递入的书信，开拆，予以初阅，然后节写副本，奏告皇帝。

第三，收受外官陈奏公事的题本，陈奏私事的奏本及京官的奏本，早朝时汇送进呈皇帝。

第四，凡五军、六部、都察院等衙门有重大或机密事宜的公文，随时入奏皇帝。

第五，负责关防公文的勘合，各种奏章的月终类奏、岁终通奏。

第六，参与议决大政、大狱及"廷推"（即商议任命重要官员）。①

从上述职掌看来，通政司集南北朝通事舍人、唐代知匦使、宋代通进银台司的职责于一身，是中央政府总的收文机构，也是皇帝与朝野联系的咽喉之处。所以，明朝历代皇帝对它都很重视。朱元璋要求它"审命令以正百司，达幽隐以通庶务，当执奏者勿疑避，当驳正者勿阿随，当敷陈者毋隐蔽，当引见者毋留难"。②洪武十三年（公元1380年），他虽然废除中书省，但是，却保留了通政司。

明成祖对通政司地位、作用评价甚高，称它是："代言之司，机密所系，且旦夕侍朕，裨益不在尚书下也。"③当时，通政司收受的不重要的章奏都直接送六科，不上呈皇帝，成祖斥责说："设通政司所以决壅蔽达下情，今四方言事，朕不得悉闻，则是无通政矣。"他告诫臣下："欲周知民情，虽细微事不敢忽。盖上下交则泰，不交则否，自古昏君，其不知民事者多至亡

---

① 《明史·职官志》。
② 《明史·职官志二》。
③ 《明史·解缙传》。

国。"明令通政司："凡书奏关民休戚者,虽小事必闻,朕于所受不厌倦也。"①

让通政司充分发挥沟通上下的作用,尤其让来自下层的情况能畅通无阻地直达皇帝。

四、司礼监和文书房

司礼监是明代皇宫内由宦官组成的内侍机构之一。

朱元璋开国后,鉴于历代太监误国乱政的教训,对太监严加管束,规定他们不准识字,不得干预朝政,并特地刻写铁牌,悬于宫门之上,明令："内宦不得干预政事,预者斩。"这些措施对抑制太监势力起了一定作用。

燕王朱棣起兵北京,争夺皇位时多用宦官替其效力,即位后,即破坏朱元璋的禁令,大量任用宦官出镇,监军,掌管东厂、锦衣卫等,使宦官势力抬头。

宣宗时又废除"太监不得识字"的禁令,在宫内设内书堂,命大学士陈山教太监识字,接受教育,学成后升迁,使不少太监从事文职事务。

明中叶后的皇帝大都沉湎于享乐,荒怠朝政。依例,皇帝每天需阅办几十件奏章,这些奏章往往文字冗长晦涩,使皇帝厌倦,遂选用些通文墨的司礼监太监,帮助他阅读奏章,弄清其中心意思后向他扼要奏告,使司礼监演变成皇帝的私人秘书机构。

司礼监设提督太监1员,为总管,下有从事务秘书事务的太监若干人,主要有：

掌印太监,掌理内外章奏及御前勘合。

秉笔太监,负责章奏初阅、代皇帝批答、记述、传达皇帝的命令。

随堂太监,秉笔太监的助手。

作用最大的为秉笔太监。起初,他们只是记录皇帝口述的命令,交付内阁撰拟诏谕。后来,皇帝懒于阅办奏章,委派他们轮流值日,初阅奏章,向自己扼要奏告,皇帝对大多数奏章只需抽看其中的重要段落,注意人名、地名就可批答了。再后来,皇帝除了象征性地批答几份奏章外,其余均交他们代为批答,称"批红",批后交内阁抄录、颁布、执行。因此,使他们掌握了决策权,地位实际上居于首辅之上。

这些秉笔太监从实践中积累了经验,熟悉政务,其中不乏干练之人,有的文字水平甚至高于内阁大学士,其待遇也类似于高级文官,有的遂利用大权、结党营私。

明英宗时,掌管司礼监的王振干脆下令搬走"内宦不得干预政事"的铁牌,网罗文武朝官为党羽,操纵皇帝,指挥国事。正统七年(公元1442年),王振怂恿、胁持英宗贸然出征瓦剌,群臣见险象环生,丧君失师的大祸在即,都欲向英宗奏告实际军情,但是,王振终日守在英宗身边,禁止大臣接近,封锁消息,最后导致数十万明军在土木堡覆没,英宗被俘。

又如武宗时,太监刘瑾掌司礼监,刘瑾常在武宗玩得兴浓时奏些小事,武宗不耐烦,回答：你去办吧。他就以此为据,专断政事。当时,朝臣奏事须写双份,一份先送刘瑾过目(称

---

① 《明史·解缙传》。

红本),允准后才能将另一份(称白本)送通政司。刘瑾不识字,将奏章带回家,由其妹夫等人批答。刘瑾利用这种权力排斥异己,网罗党羽,从内阁到六部、都督到监军,巡抚到知县,无不安插爪牙,结成一股强大的政治势力,弄得政治昏暗,民不聊生。

司礼监的擅权,使太监干预政事达到历史上登峰造极的地步,甚于东汉及唐代,给明代政治造成极大的破坏,是导致明王朝崩溃的一大原因,也是封建制度趋于没落的一个标志。

文书房是与司礼监密切相关的皇宫秘书部门,设有掌房 10 员,以太监充任,为皇帝草拟文书,凡司礼监的太监必须从文书房中选用,它类似翰林院,而司礼监则类似内阁,但是,他的职权往往大于学士。

此外,中央的秘书机构还有:

行人司——置有司正,左、右司副,下隶行人若干,以进士出身者担任,掌奉使外出,传宣诏命。明代分封藩王于各地,中央与他们常有文书往来,凡有颁诏、册封、抚谕、征聘等事,皆由行人出使。当时,中书舍人、行人、评事、博士为京官中地位虽低,声望却颇高,又便于升转的官职,初中进士者都以授此职为荣。

尚宝司——明代皇帝的印玺根据不同用途,有 24 种,特设此司保管,并同时保管"金牌"、"令牌"、"铜牌"、"牙牌"等符信的发收、验收,也以太监任职。

上述中央秘书机构有三个特点:一是数量众多;二是分工明确;三是直接协助皇帝处理事务。但是,随着发展,它们与皇帝的亲疏关系有了区别,太监组成的司礼监和文书房成为皇帝的亲信秘书机构,内阁、六科与皇帝的关系相对疏远些,类似于前代外朝的秘书机构,至于通政司,曾经长期为皇帝的直属秘书机构,至明后期万历年间才划归内阁。

五、中央各部门和地方秘书机构

明代中央六部和大理寺内各设司务厅,置司务为长官,掌管公文的收发、登记、检查、催办等事。另户、刑两部因事务较繁杂,还设有照磨所,置照磨、检校等官职,掌管清理各类卷宗。

詹事府、太仆寺、鸿胪寺、钦天监等衙门内,都设主簿厅,以主簿为长官。国子监、太常寺、光禄寺等衙门,均设典簿厅,以典簿为长官。宗人府下设经历司,以经历为长官。唯有都察院内,设置了经历司、司务司、照磨所三个秘书机构。

执掌军政的中军、左军、右军、前军、后军五军都督府内,各设经历司,置经历、都事等官。

明代的地方行政区划分为布政使司(相当于省级)、府、县三级。布政使司内均有经历司、照磨所、理问所等秘书机构。经历司、照磨所所置官职与中央部门同类机构所置相同。理问所置理问、副理问、提控案牍等秘书官吏。府衙门也设有经历司、照磨所。县衙门仍以主簿为秘书首领,下属有典史等秘书人员。

第二节　秘书人员的来源和地位

一、秘书人员的来源

明代，科举制度臻于完善，范围广泛，规模巨大，三年一考，成为选用各级秘书的主要方法。科举考试分为数级，士人先经童生试（包括县试、府试、院试三个阶段），合格者称秀才，秀才通过乡试（省一级考试）称举人，举人通过会试（全国性的考试）称贡士，贡士通过殿试（皇帝亲自主持的考试）称进士，进士的前三名，即状元、榜眼、探花，授予翰林院修撰、编修之职，负责编撰记录皇帝言行的《起居注》、进讲经史及草拟朝廷册诰，为带有秘书性质的官职，如升任翰林学士，则往往入内阁，成为拟制朝廷公文的高级秘书。其余的进士再经过一场考试，称馆选，考取者入翰林院学习，称庶吉士，三年期满，成绩优秀者授编修、检讨，次一等的用为六科给事中、主事、中书舍人、行人等秘书官职和其他官员。中央六部、五军都督府、御史台等官署中的秘书官员大多需由进士担任。地方各级政府中的秘书官员，也须从举人、贡士等科班出身者中选用。这普遍提高了明代秘书的文化素质，从而也提高了各级秘书工作的质量。

明代选用秘书很注重实际业务能力。明沿袭唐宋制度，于京城设国子监，挑选秀才或举人入监读书，称为监生。并规定监生需轮流至官府实习，"历事各司，则俾其习政法"，"凡监生历事，吏部四十一名、户部五十三名、礼部十三名、大理寺二十八名、通政司五名、行人司四名、五军都督府五十名"，①还有的至地方州县，帮助清理粮田、督修水利。

监生历事期满，根据其实习期间的能力、表现，分别奖罚，凡勤勉者，送吏部附选候补，继续实习，遇有缺官，即补充之；能力平常者，延长实习期；才力不行者送回国子监读书；奸猾懒散的发充下吏。建文帝时制定考核制度，分为上、中、下三等，上等者选用为官，中、下等者再历事一年，如下次考核为上等，仍选用为官，其余回监读书。这一制度使士人接触了实际业务，得到锻炼，从中选用的秘书官吏能胜任本职工作。然而，随着监生的日益增多，官职不足，监生历事遂流于形式，英宗正统三年（公元1438年）干脆废止。

此外，明政府还规定，凡进士出身外放至地方任州县佐官者，经地方官员保举，可以调入京城，通过考选后补授六科给事中或各道监察御史等官，称"行取"。这些补充到中央机构任秘书的官员，不仅文化水平高，又有多年的治政实践，故更能胜任秘书工作。

二、秘书人员的地位

明代，由于皇帝是通过秘书机构直接指挥国政，所以，中央政府的秘书人员虽然品秩不高，地位却比前代重要。如起草制诏的内阁学士，官位仅正五品，成祖却将他们与二品大员

---

① 《明史·选举志》。

的各部尚书相提并论,说他们是自己的喉舌,掌管国家机密,且日夜陪侍于自己左右,其作用并不亚于尚书。又如六科给事中,仅为七品至九品的小官,却有权封驳弹纠、监察督促由二品大员主管的六部。

地方官衙内的秘书人员地位也颇高,如县府内负责收发、处理公文的典史,如遇县丞、主簿不在时,规定由他代领县丞、主簿的职务。

第三节　文书档案工作

一、抑制文牍主义的尝试

(一) 文牍主义盛行

明朝已到了封建社会的后期,封建社会的种种社会弊端日积月累,愈演愈烈,其在文书档案工作领域的反映之一就是文牍主义盛行。

其表现一为公文泛滥:蝇头小事,动辄发文,"一二百文之争,往复问答,费纸数千张,而终年不绝"①,元朝那种乱发文的恶习遗留到明朝。史载,仅工部于洪武十四年五月至十一月终,"擅生事务,行下诸司文书计一万九千件",②平均每月2 700件,又如洪武十七年九月8天中朱元璋收受内外诸司奏札1 660件,平均每天要看200多份奏章,处理400多件公务,这无论如何也应付不了。

二为行文冗长:公文动辄洋洋千万言,甚至有的长达6万字。

三为内容空洞:受八股文影响,公文开头大多抄引三皇五帝、唐尧虞舜、夏禹商汤、文武周公的圣贤语录,或者引用四书五经中言论,导致空话、废话、套话连篇,而真正的内容用语寥寥无几。各级衙门对这种公文又是全文照录,层层转发,劳民伤财。

这种文牍主义严重影响了行政效率,妨碍了政令的实施。所以,从开国皇帝朱元璋一直到末代皇帝崇祯帝,都努力试图抑制文牍主义,采取过多种举措,如:严禁繁文,规范程式,惩处违者,创设新法。

(二) 三令五申　严禁繁文

朱元璋提倡公文应开门见山、直叙事由、简短扼要、明白易懂,禁止浮辞藻饰、套话连篇和过于琐细。即位次年,他指示道:"自今翰林为文,但取通道理明世务者,无事浮藻。"③

洪武六年(公元1373年)朱元璋又指示中书省官员说:"自今凡诰谕臣下之词,务从简古,以革弊习。尔中书宜播告中外臣民,凡表笺奏疏,毋用四六对偶,悉从典雅。"④

---

① 《紫山大全集·寄子云郎中书》。
② 《皇明诏令》卷二。
③ 明·余继登《典故纪闻》卷二。中华书局出版,1981年7月第1版,第30页。
④ 同上书卷三。第49页。

洪武九年(公元1376年)，朱元璋杖责了炮制繁文的刑部主事茹太素后，令中书省制定了建言格式，将它"颁示中外，使言者陈得失，无烦文"。①

朱元璋取缔丞相，直接理政后，事务剧增。尽管他早朝外另设中朝、晚朝，仍无法办完。亲身感受到被公文泛滥，行文冗长，内容空洞的文牍主义所累。所以再次下令减少公文数量，文字须简洁明快，违者论罪：

"官民有言者，许陈实事，不许繁文"。②

朱元璋的这些三令五申，和他制定的相关条文，加上明代前期诸帝致力于奠基立业和巩固皇权，都比较勤于政事，除朱元璋外，惠帝、成祖、仁宗、宣宗也都亲笔批答奏章，此期间内，文牍主义一度受到抑制。

自中期后，英宗、代宗、宪宗、武宗等都沉湎享乐，不理朝政，逐渐将政事委于司礼监。导致政治昏暗，吏治腐败，各衙署涣散怠职，文牍主义也再度泛滥，且朝中官员缺额，经年不补，以致六部中竟无人对公文用印、画押，一时"朝廷诏旨，多废格不行，钞到各部，概行停阁，或已题奉钦依一切，视如故纸，禁之不止，令之不从"。③中央各部门如此，地方官府亦然。各地呈送中央的公文，也多是搪塞应付的文字，有的公文所用资料竟是多年以前的，早已过时。且文书传送拖延迟缓，有的在路上耽搁经月，送到京城时已成废纸。造成上下壅塞，政令不通，朝廷政务几乎处于停顿。

为此，嘉靖帝数度诏令：

"令诸司章奏，不许繁词，第宜明白，开陈要旨，庶易省阅。"④

"以后章奏，俱务简明质实，有如前欺肆者，科臣以闻。"⑤

其后的隆庆帝也下诏：

"近来章奏，信多繁词，且语涉肆慢，甚非人臣奏对之体。所司通行严禁，违者部院及科臣劾治之。"⑥

万历年间，再申禁令：

"近来章奏，多有词义浮沉，字句险僻，殊非章奏之体，今后这等的，你每一体参治。"⑦

尽管历帝一再三令五申，但成效甚微。"章奏之冗滥，至万历、天启之间而极，至一疏而荐数十人，累二三千言不止，皆枝蔓之辞。"⑧

(三) 制定法规　规范程式

明朝历帝除三令五申，严禁繁文以抑制文牍主义之外，同时还制定了不少文书档案工作

---

① 明·余继登《典故纪闻》卷三。中华书局出版，1981年7月第1版，第56页。
② 《明太祖实录》卷一百四十九。
③ 明·张居正《陈六事疏》。
④ 《典故纪闻》卷十七。中华书局出版，1981年7月第1版，第304页。
⑤ 同上书，第323页。
⑥ 同上书，卷十八，第337页。
⑦ 明·周永春辑《丝纶录·礼科·万历十四年》。
⑧ 明·顾炎武《日知录》卷十八。

法规条文,以规范程式。重要的有:

洪武六年(公元1373年),朱元璋下令制定笺表法式,规定以柳宗元的《代柳上绰谢表》、韩愈的《贺雨表》为范本,提倡笺表类公文简洁明快,禁止使用骈俪文;

洪武九年(公元1376年),朱元璋命中书省制定颁布了《陈言格式》,并亲笔作序,要求百官"言者陈得失,无繁文";

洪武十二年(公元1379年),颁布了《案牍减繁式》,规定发文要少而精,公文语言应通俗易懂,防止吏员利用公文舞弊弄权。

洪武十四年(公元1381年),正式颁布了《表笺定式》;

洪武十五年(公元1382年),朱元璋颁布《行移署押体式》、《行移往来事例》,并诏令实行诸司勘合制;

洪武二十九年(公元1396年),朱元璋下令颁行《庆贺谢恩表笺成式》;

这些法规性文件,对各级官衙文种使用范围、公文格式、文风等,作了系统、明确、具体的规定。

(四)惩处违者　以作警示

洪武九年(公元1376年),刑部主事茹太素上了一份《陈时务疏》,洋洋17 000字,朱元璋让人读,读了6 300字,没有涉及正题,朱元璋大怒,虽知道他是贤良忠臣,还是下令痛打了他一顿板子。第二天,叫人再读此文,一直念到16 500字时,才谈到正题,说了5件事,只需500字即可。可见当时官场文风之繁冗。

工部尚书薛祥是个好滥发文、写繁文的官员,且也是位忠臣,被朱元璋也下令杖死。这些惩处,朱元璋都是为了刹住繁冗文风,警示百官。

(五)创设新法　提高效率

明代列帝为抑制文牍主义,提高行政效率,创设了不少新的文书工作制度,主要有:票拟、贴黄、公文格式、公文字体、行移勘合、面裁等。

(六)明朝抑制文牍主义的经验教训

明朝文牍主义在历史上是出了名的。汲取该朝抑制文牍主义的经验教训,对我们今天的文书档案工作是颇有裨益的。笔者认为:

第一,文牍主义是官僚主义的表现,君主专制的封建社会是产生官僚主义的土壤,因此,只要封建社会存在,就势必产生文牍主义。越到封建社会后期,官僚主义越严重,文牍主义也就泛滥成灾,不管统治集团如何努力,都只能治标而无力治本。因此,要从根本上消除文牍主义,就必须从思想上消除官僚主义的遗毒,树立真正为国为民服务的思想,培养务实的工作作风,而不是以乱发文来敷衍了事。

第二,凡皇帝勤政,必然反对乱发文、写冗文,抑制文牍主义。明前期的皇帝都亲笔批答奏章,所以,文牍主义一度受到抑制。明中期后的皇帝大都不理朝政,将政事委于太监,吏治腐败,使文牍主义再度泛滥。这一教训提示第一把手必须亲自处理政务,才能深切理解文牍主义的危害,从而提倡、领导该单位反文牍主义,使反文牍主义有组织保证。

第三,明朝公文冗长、空洞的文风源于八股文。明朝官员皆取于科举考试,科举考试的内容限定在四书五经,形式为八股文。这些官员任职后所写公文自然是言必称四书,文必称五经,迂腐呆板。这一教训告诫我们要端正文风,训练自己简洁明快、言之有物的写作风格。

第四,制定政策、制度建设和创新是反文牍主义的又一保证。明朝制定的一系列文书工作法规,作为政策条文,为明前期一度抑制文牍主义起了积极作用。它创立的诸多文书工作制度,多少提高了文书工作效率。这是我们直接可以借鉴的经验。

二、文书工作制度

明王朝强化秘书工作,在着力健全机构的同时,还致力于改进规章制度。中央政府的文书处理工作已趋向系列化、程序化,各个环节都有专门的机构负责,并相互配合,衔接连贯。

与高度发展的封建君主专制制度相适应,明代产生了一些新的文书工作制度,主要有:

票拟——亦称条旨。内阁大学士阅读奏章后,先拟写一纸初步处理意见,贴于奏章上,供皇帝批阅参考。类似于现代公文处理中的"拟办"。"凡中外章奏,许用小票墨书,贴各疏面以进,谓之条旨。中易红书批出,上或亲书,或否。"① "凡章奏,禁中称文书,必发阁臣票拟。"②

贴黄——明末崇祯帝即位后,惩办太监魏忠贤,取消了司礼监的批红权,亲自阅办奏章。为提高公文处理效率,他命令上呈奏章的官员,按照内阁制定的统一格式,将公文内容用100字以下概括出来,贴附于文尾,以便其迅速了解奏章内容,避免耽搁急件、要件。明思宗"崇祯帝英年御宇,励精图治,省览之勤,批答之速,近期未有,乃数月之后,颇亦厌之,命内阁为贴黄之式"。③ 这是将宋代的引黄制度加以发展完备,它与唐宋时的贴黄制度名同而实异。

公文格式——前述洪武年间制定和颁布实施的《陈言格式》、《案牍减繁式》、《表笺定式》、《行移署押体式》、《行移往来事例》、《庆贺谢恩表笺成式》等法规性文件,对公文格式、文风等,作了明确、具体的规定。

公文字体——规定奏本用《洪武正韵》的字体,黄册用细字,并不准浮贴,错处须用印压盖。

行移勘合——勘合即核对。朱元璋为防止官吏利用空白公文纸作弊,创制了关防(一种长方形印章,因取"关防严密"之意,故名),规定公文纸上均须加盖半印,以便拼合验对。后来,为加强皇帝对中央和地方官府的控制,防止各官衙擅自行移,乱发公文,规定凡发文必须经有关部门核对无误后方加盖印章,并留下底簿;收文单位要对公文进行查验,印章无误,才为有效。在中央,由通政司负责公文勘合,对核对、查验无误的发文、收文,分别加盖专门印

---

① 明·黄佐《翰林记》卷二《条旨》。
② 明·叶凤毛《内阁小识》。
③ 明·顾炎武《日知录》卷十八。

章,并编号登记。地方各官衙间的行移,同样勘合甚严,亦须留存底簿和详加验正。若有官衙不经勘合,或擅自接收无勘合的文书以及私自行文者,其主官和文书部门的负责人都要被凌迟处死。

面裁——凡诸司所上章奏,切中时弊、符合实情的,受理者要当面裁决,不得拖搁,以提高行政效率。神宗万历年间,张居正出任首辅,面对明王朝文书工作的混乱状况,进行了整顿。这是其主要措施之一。

整顿驿传——明朝中期,全国有1040个驿站,名义上由兵部掌管,实际上其费用开支全由地方负担,官员往往假公济私,携带家属旅行,运送私家财物都向驿站索取车马、酒食,以致公文传递业务受阻。张居正明令禁止借公济私,违者严办。驿站只接待信使和出公差者,并重申公文递送期限。以使公文的上下传递途径畅通。

此外,当时的公文,习惯上在文末留有空白,不法者遂在此处做文章,增添内容,谋取私利。张居正下令文末不得留有空白,以堵塞漏洞。由于整个王朝官僚机构的腐败,张居正的这些整顿措施并未奏效,文书工作的混乱状况有增无减,反映了明王朝的没落。但是,明朝创设的上述文书工作制度,为我们留下了宝贵的经验,有的沿用至今。

从明代中央秘书机构的设置上,可以看出中央政府的文书处理工作分有上行文和下行文两个系统,其各自的程序分别如下:

上行文处理程序:

通进司收受——交内阁转呈,或直接送呈皇帝——皇帝或司礼监批答——文书房——内阁拟旨、誊录——六科抄发。

六科收受六部的公文,如系一般文件,则直接转对口部办理;如为六部官员的奏章等,则面呈皇帝,由皇帝或司礼监批答后发下,交付有关部门执行。

下行文处理程序:

皇帝授意——司礼监笔录——送内阁,由学士起草诏谕——中书舍人等缮写、誊清——交文书房——尚宝司用印——六科抄发。

这些表明,中央政府文书处理的各个环节都有专门机构负责,相互衔接、配合,已经相当系统化。

此外,明代很重视对公文的检查、催办,除六科负责督促、催办各官衙外,皇帝还经常派员检查各官衙的公文处理情况。如洪武二十五年(公元1392年),朱元璋就曾派监生潘文等170人到各布政司"考校诸司案牍"[①]。

明代继承了元代的公文照刷、磨勘制度,规定卷内文件要"依左粘连",编写目录,卷内不许有"文卷不是"或日期颠倒,并规定在照刷过程中,要根据办理情况分别标以"照过"、"通照"、"稽迟"、"埋没"等名目。

---

① 《明太祖洪武实录》。

明代制定了《授职到任须知》，将元代的当面交卷制度以法律规定下来，凡官吏上任，要向前任官问清官衙中有多少谕旨及公文，是否有遗失、缺损，如有"损缺不存者，须要采访抄写，如法收贮"。[①]

明代的公文传递制度已较完善，有水驿、陆驿和水陆兼驿。驿路以京城为中心，延伸向四面八方。急递铺则统一为十里一铺，每铺设铺长、铺兵，用"回历本"登记公文。铺兵每天传递300里，耽误者鞭二十，并不准传递无印信的文书，不得损坏封套，更不准私自拆封。州、县还设有专职检查、督促公文驿传的官员。

明代公文的保密制度严格，不断增补保密条律。对泄密者惩处极重，规定：凡将军情机密大事泄露于敌者，杖一百，徒三年；私开官署文书印封看视者，处杖刑六十；如近侍官员泄露重大机密于人者，处斩；泄露一般文书的内容，处杖刑一百，罢职不用。

三、公文文体

明代皇帝颁发的下行文有：诏、诰、制、册文、谕、书、符、令、檄等，其中"谕"在习惯上又作为皇帝所颁布的文书的总称，衍生出圣谕、上谕、谕旨、谕告等。"圣"、"上"均代指皇帝，圣谕、上谕意为皇帝颁布之谕。

臣下上呈皇帝的上行文有：题、表、笺、奏、疏、讲章、书状、文册、揭贴、制对、露布、译等。其中最常用的是：

题——亦称题本，指凡以官署的名义向皇帝陈述、请示有关政务、军情、钱粮等公事所用的文体。上呈官员须用印具题，送通政司转交内阁上奏，并备副本送六科。因其内容大都属于例行公事，故很少会引起争执。

奏——亦称奏本，是京官以个人名义呈送皇帝的上行文，内容多为具奏者本职以外的事情，如个人、家庭私事，对军政事务、礼仪程序的批评、建议等。奏本不需要用印，不用备副本，也不必告诉上级官员，由本人送到会极门，交管门太监转呈皇帝。因其内容在皇帝批示、公布前无人知悉，具有保密性，故在百官中引起震动的本章，往往是这一类。

揭贴——由内阁直达皇帝的机密文书，皇帝阅后退还本人，不予公布。

各级官府的上行文有：咨呈、呈状、申状、牒呈、牒等；下行文有：照会、札、下帖、故牒等；平行文有：平咨、平关、平牒等。

明代文书的总称为"文牍"、"案牍"。

四、档案工作

明王朝在高度集权、强化秘书工作的同时，十分重视加强档案工作。档案的收集、整理、保管、使用等方面都有发展，尤其是档案库的建设有较大发展，档案工作制度渐臻完备。

---

① 明·张居正《陈六事疏》。

（一）规模宏大的中央档案库

明朝中央政府所建立的档案库，规模宏大，数量众多，分布广泛，收藏繁富，建筑技术高超。著名的有以下几处：

皇史宬——是专门保管皇家玉牒、实录、圣训等御用档案的库房。由司礼监掌管，除皇族档案外，也保存一部分重要图书，如《永乐大典》的副本即存放在这里。嘉靖十三年（公元1534年），仿古制修建，筑于皇城内东侧、重华殿之西的东苑内。皇史宬是我国古代档案库的杰作和典范，其建筑结构和内部设备都注意到了保存档案的要求，全用砖石结构以利防火，拱顶和东西对开的窗户以便通风，高出地面的石台便于泄水防潮，坚固厚实的墙壁既安全，又可保持室内恒温。所有这些，除了说明统治者对档案保管的重视外，同时，也反映了我国劳动人民的聪明才智。

后湖黄册库——是专门收藏全国黄册的库房。明初规定由户部侍郎兼领该库工作，宣宗时，改由南京户科和户部清吏司主管。洪武初年，开始在南京后湖（今玄武湖）中心的小岛上建库，故名后湖黄册库。初仅有库房八间，随着黄册逐年增加，不断扩建库房，很快布满了湖中各小岛，据赵官等所著《后湖志》记载，库房最多时曾达900余间。万历三十年（公元1602年）时，收贮黄册达150多万册。平时设库匠百余人，办事吏员数十人，每逢大造黄册之年，另外增加大量库夫、库匠。该库规模之大、收贮之富、管理人员之多，均是古代档案库中前所未有的。

内阁大库——保管明王朝在统治活动中形成的重要档案文件。弘治五年（公元1492年），内阁大学士上奏获准，在皇宫内文渊阁附近修建重楼，也是专用砖石垒砌。将各朝实录、玉牒副本及事关国家大政的档案，用铜匮藏在楼之上层；将诏、册、制、诰等，用铁匮藏在楼之下层。

古今通集库——皇帝御用的档案库房，建于皇宫内，由太监掌管。收藏赐给功臣、藩王、驸马等的诰封、铁券等文书，和京官、外官的诰封底簿，并存贮有部分御用图书。

大本堂——主要收藏元朝官府档案，洪武元年修建，由秘书监掌管。同时又是皇子幼年读书及长大后学习理政的场所，故也保存有部分本朝案牍和秘籍。

明代，不仅中央档案库的建设大大超过前代，地方上的档案库也大有发展。各省、府、州、县普遍设立，叫做架阁库（堂）、黄册库、案牍库（所）、贮册库等，名称不一，数量众多，且收藏丰富，有的规模也很大。

（二）档案工作制度完备

明代的档案工作制度，在吸收历代经验的基础上发展完备，其中尤为突出的有以下几个方面：

制作与装订——为使黄册便于管理和长久保存。规定造册须用特制的厚棉纸；册籍大小规格和书写行款须按统一规格；粘贴时"依左粘连"，并须用掺有矾末的浆糊，以防虫蛀；装订时须用牢固的粗棉白线，以防线断册散。

分类保存——入库的黄册按造册年代和所属地区分类存放,同一年代的收贮于同一库房,再按南、北直隶,各布政使司和府、州、县分置于各架阁。每间库房放置四个架阁,每架分为三层,顺序排列,统一编号,以便统计、查核和利用。

保管——架阁须用木制,不准用竹制,以防因竹片不平、竹器易生虫而损坏档案。库内严禁灯火,以防火灾。定期晾晒档案,以防霉变。

查阅——只有专门人员方可查阅档案,对一般官吏严加限制。查阅黄册时,规定凡核对军民户籍的,只准查阅有关部分,不得随意翻阅其他部分,并不准为别户代查代抄,以防泄密。

保卫——各地档案库都有严密的保卫措施,中央档案库大都建于皇城内或靠近皇城处,由于皇城保卫森严,在客观上保证了档案库的安全。

综上所述,明代重视档案库的建设和加强档案库的保卫工作,以及防止档案损毁,保证档案的安全和完整,提高档案的保存年限,专业性、技术性比前代增强,这些标志着明代的档案工作已趋于完备。

【知识链接】

明朝抑制文牍主义的措施——明朝文牍主义盛行,从朱元璋起,采取一系列措施抑制之,主要措施有:第一,三令五申,严禁繁文,提倡公文应开门见山、直叙事由,简短扼要、明白易懂,禁止浮辞藻饰、套话连篇、过于琐细;第二,制定了不少文书档案工作法规条文,以规范程式;第三,惩处违者,以作警示;第四,创设了不少新的文书工作制度,如票拟、贴黄、公文格式、公文字体、行移勘合、面裁等,以图提高行政效率。

内阁大库——保管明王朝在统治活动中形成的重要档案文件的档案库。弘治五年(公元1492年),内阁大学士上奏获准,在皇宫内文渊阁附近修建重楼,用砖石垒砌。将各朝实录、玉牒副本及事关国家大政的档案,用铜匮藏在楼之上层;将诏、册、制、诰等,用铁匮藏在楼之下层。

朱 升——(1299—1370年),字允升,元末明初的军事家、文学家,明朝开国谋臣。元朝至正元年(公元1341年),登乡贡进士,做过学官。元末,朱元璋起事争夺天下,朱升为其提供了大量的谋略,为消灭元朝,统一中原,建立明王朝发挥了重要的作用。"高筑墙,广积粮,缓称王"这一创基立国的战略,就是他提出并为朱元璋所采用。朱元璋称帝,朱升被召继续充当谋臣,地位与"开国元勋"不相上下,晋升翰林院学士兼东阁学士、嘉议大夫、知制诰衔,同修国史,成为皇帝顾问,凡军政机密均与之相商。开国颁赐大封功臣李善长、徐达、常遇春、李文忠、邓愈、刘基、陶安、范常、秦中、陈德等的制诰文字;皇室礼乐制度及各种诏令大多由其执笔。作为朱元璋亲信秘书官,他还受命收集古代后妃故事,与诸儒编修《女诫》一书,以防后宫干预败坏朝政。他为官十多年,深受器重。71岁时告老还乡,辞官隐居,次年病逝,葬于盐城。

沈　　度——（1357—1434年），字民则，号自乐，松江华亭（今上海市）人，明代著名书法家。少力学，博涉经史，善篆、隶、真、行、八分书。成祖即位，诏入翰林院，为翰林修撰、侍讲学士，成为成祖的高级秘书官。沈度个性敦实，其在内廷备顾问，必以正对。其书法婉丽飘逸，雍容矩度，八分尤为高古，浑然汉意，最为帝所赏，每称之曰："我朝王羲之。"凡金版玉册，必命之书。并命中书舍人们皆学习其字体书法，作为缮写、誊抄文书的标准字体。弟粲亦以书法名，与沈度同在翰林，时号称"大、小学士"。兄弟并赐织金衣，镂姓名于象简，泥之以金。其书法作品《送李愿归盘谷序》轴现藏故宫博物院。

【练习题】

（一）单项选择题

1. 六科是协助皇帝处理（　　）事务的秘书机构。

A. 吏部　　　　　　　　　　B. 兵部

C. 六部　　　　　　　　　　D. 户部

2. 能代替皇帝以朱笔批阅奏章的是司礼监中的（　　）。

A. 秉笔太监　　　　　　　　B. 随堂太监

C. 提督太监　　　　　　　　D. 掌印太监

3. 明代詹事府、太仆寺、鸿胪寺、钦天监等衙门内，都设（　　），是为秘书机构。

A. 司务司　　　　　　　　　B. 主簿厅

C. 典簿厅　　　　　　　　　D. 经历司

4. 明代秘书人员主要源于（　　）。

A. 推荐　　　　　　　　　　B. 辟除

C. 应聘　　　　　　　　　　D. 科举考试

5. 明代急递铺中用来登记公文的簿册称（　　）。

A. 黄册　　　　　　　　　　B. 登记簿

C. 回历本　　　　　　　　　D. 铺册

6. 明代由内阁直达皇帝的、皇帝阅后退还本人、不予公布的机密文书文体是（　　）。

A. 揭贴　　　　　　　　　　B. 奏

C. 表　　　　　　　　　　　D. 书状

7. 明代继承了元代的公文照刷、磨勘制度，规定卷内文件要（　　）。

A. 依右粘连　　　　　　　　B. 依左粘连

C. 依上粘连　　　　　　　　D. 依下粘连

8. 明代很重视对公文的检查催办,除(　　)负责督促、催办各官衙的公文办理外,皇帝还经常派员检查各官衙的公文处理情况。

　A. 行人司　　　　　　　　B. 通政司
　C. 内阁　　　　　　　　　D. 六科

9. 明政府规定凡进士出身外放任州县佐官者,经地方官员保举,可以通过考选后补授六科给事中等官,称(　　)。

　A. 历事　　　　　　　　　B. 举荐
　C. 行取　　　　　　　　　D. 考选

10. 秉笔太监代替皇帝以朱笔批阅奏章,称(　　)。

　A. 内批　　　　　　　　　B. 批红
　C. 批答　　　　　　　　　D. 代批

(二) 多项选择题

1. 明代内阁中的专职秘书部门有(　　)。

　A. 中书科　　　　　　　　B. 承敕监
　C. 司文监　　　　　　　　D. 考功监
　E. 制敕房

2. 明代的地方政府布政使司内均有(　　)等秘书机构。

　A. 经历司　　　　　　　　B. 司务厅
　C. 理问所　　　　　　　　D. 典簿厅
　E. 照磨所

3. 朱元璋识字不多,注重实际,他提倡公文应(　　)。

　A. 开门见山　　　　　　　B. 直叙事由
　C. 简短扼要　　　　　　　D. 明白易懂
　E. 辞藻华丽

4. 下列哪些是明代皇帝颁发的文书文体:(　　)。

　A. 圣谕　　　　　　　　　B. 讲章
　C. 上谕　　　　　　　　　D. 谕旨
　E. 谕告

5. 明代各级官府的上行文有:(　　)。

　A. 咨呈　　　　　　　　　B. 呈状
　C. 申状　　　　　　　　　D. 牒呈
　E. 牒

6. 明代各级官府的下行文有：（　　　）。
A. 照会
B. 札
C. 下帖
D. 平牒
E. 故牒

7. 明代中央所建立的著名档案库有（　　　）。
A. 皇史宬
B. 古今通集库
C. 后湖黄册库
D. 内阁大库
E. 大本堂

8. 明代各省、府、州、县普遍设立档案库，名称不一，有（　　　）等名称。
A. 架阁库
B. 架阁堂
C. 黄册库
D. 案牍库
E. 贮册库

9. 明代的档案工作制度中尤为突出的有（　　　）。
A. 制作与装订
B. 分类保存
C. 保管
D. 查阅
E. 保卫

10. 明代文书的总称为（　　　）。
A. 文牍
B. 文书
C. 文件
D. 文档
E. 案牍

(三) 简答题

1. 什么是司礼监？
2. 什么是文书房？
3. 什么是行人司？
4. 什么是尚宝司？
5. 什么是票拟？
6. 什么是贴黄？
7. 什么是行移勘合？
8. 什么是题本？
9. 什么是皇史宬？
10. 什么是后湖黄册库？

(四)论述题

1. 六科的职责、地位如何?
2. 简述通政司的职责、地位。
3. 试述张居正整顿文书工作的背景、措施及效果。
4. 如何评价明代的秘书工作?

【扩展阅读】

杨剑宇:《我的三三论》,《秘书》,2012年第8期。

第八章

古代秘书工作的高峰及衰落时期——清朝

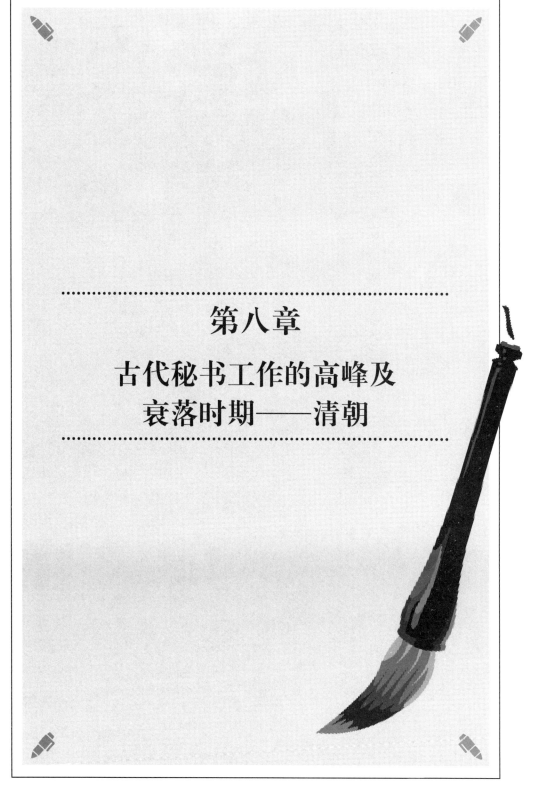

第八章
古代秘书工作的高峰及衰落时期——清朝

本章概述

清朝,是我国历史上最后一个封建君主专制的王朝。它是由满族建立的政权。

清初,国家机构设置与各项工作制度全面仿效明制,因此,其秘书工作不但未落后于前代,反而在明朝的基础上继续发展。清统治者一度扭转了明中后期以来秘书工作衰退的状况,解决了宦官秘书干政问题;并暂时控制住了中央秘书部门的越权问题;秘书机构和人员职掌较宽,功能更全;文书档案等各项工作也发展完善。军机处制度周密,人员精干,办事迅速,效率甚高,是皇帝得力的秘书机构,其工作制度和军机章京的选拔制度已高度完善。

因此,清代我国古代秘书工作发展到高峰。但是,它只表现在中央主要秘书机构,而在部院和地方政府中,却由书吏和幕僚控制着实际政务,导致官吏营私舞弊、官场昏暗,屡治无效,以致史称"清与吏胥共天下",表明古代秘书工作从高峰开始衰落,也折射出封建制度已走向腐朽没落。

学习目的和要求

通过本章学习,理解清朝是我国古代秘书工作的完备时期。这是因为:清初,统治者在吸取历代经验的基础上,扭转了明后期秘书工作的混乱局面,解决了宦官秘书机构膨胀干政问题,采取有效措施,控制了中央秘书机构的越权问题;其秘书机构逐步趋于精干,办事迅速,效率甚高;秘书官吏的选拔制度、各项秘书业务工作制度均日臻完备。但是,由于我国封建制度此时已走向没落,在地方官衙和京城部院中的秘书吏员操纵政务,营私舞弊,是官场黑暗的原因之一,造成"清与吏胥共天下"的现象,标志着封建社会的秘书工作在达到完备的顶部时,也开始衰退、没落。

重点、难点

根据本章的学习目的和要求,本章的重点和难点是:

1. 中央秘书机构内阁、军机处;
2. 鸦片战争后产生的秘书机构;
3. 军机章京的选拔和素质;
4. 书吏的流弊和对书吏的整顿;
5. 幕僚的来源、素质、职掌及与主人的关系;
6. 题本处理程序和密奏制度。

第一节 中央秘书机构

清朝的中央秘书机构比历代都多,它们均以处理文书工作为主,既有明确的分工,又相

互配合,联系紧密,形成巨大的秘书机构系统。主要秘书机构有:

一、内阁

(一) 内阁的沿革

清朝的内阁经历了一个从文馆到内三院,从内三院到内阁,旋又复称内三院,后再次改称内阁的发展演变过程。

清入关前,后金天聪三年(公元1629年),设立了类似内阁性质的文馆,命儒臣入值,分两班办事,负责翻译汉文书籍和记注本朝政事。几年后,皇太极改文馆为内三院,即内国史院、内秘书院、内弘文院。各院职掌分工明确,均直接为皇帝服务。

入关次年(公元1645年),清廷命原明朝归降的内阁官员归入内三院,并将明代的翰林院也并入内三院,改称内翰林国史院、内翰林秘书院、内翰林弘文院。各设大学士、学士、典籍、侍读、中书等官职。内三院各自承担着朝廷的一部分秘书事务,其职掌如下:

国史院——负责记注皇帝起居、诏令,收藏"御制"文字;修撰各朝实录;将各衙门的机密文移、外国来书和百官奏章编为史册;记载官员升降的文册;起草诰命、册文、祝文等。

秘书院——负责办理文书事务。拟制敕谕、祭文及与外国的文书等;处理与外藩的往来文书;抄录保存各衙门的章奏疏状等。

弘文院——为皇帝进讲,为皇子、亲王等教课,讲解古今政事得失。兼理颁行制度。①

顺治十五年(公元1658年),为了进一步拉拢和利用汉族官僚,清廷将内三院改为内阁。三年后,又改为旧称。康熙亲政后,再度改称内阁,一直至清亡被废止。

(二) 内阁的部门组成

内阁内部设置十二房,其中有十一房均承担秘书业务。十一房的名称为:典籍厅、满本房、汉本房、蒙古房、满票签处、汉票签处、诰敕房、稽察房、收发红本处、批本处、副本库。其中的典籍厅为内阁的办公厅,分为南、北两厅。南厅负责收文、分办、发文;掌管典籍厅关防;对内阁侍读以下官员考绩和管理吏役。北厅主要处理内阁上呈皇帝的奏章事务;办理朝廷大典;保管皇帝宝玺,负责用印;收藏重要文书入库。

内阁官职有:大学士,正一品,为朝廷最高官职;协办大学士,从一品,协助大学士理事;学士,从二品,主掌奏章事宜。此外,还有典籍、侍读、中书、帖写中书、供事等秘书吏员。总编制达280人。各房多者六七十人,少者仅几人。

(三) 内阁的职掌

内阁总的职掌是"赞理机务,表率百寮",归纳上述十一房的职责,内阁的职掌主要有以下几个方面:

第一,参与议政。内阁大学士是朝廷最高官职,有参与议政之权。有时也赋予学士以议

---

① 《光绪会典事例》卷十一。

政之权。不过这时的议政权只是"备咨询,供顾问",提出意见供皇帝参考而已。

第二,办理本章。即对各衙门上奏给皇帝的题本进行具体处理,这是内阁最主要的、大量的日常事务,十一房中的大多数,如满、汉、蒙三房和满、汉票签处,稽察房,红本处,批本处等,都是办理这项工作的。除了技术性的处理以外,大学士还有票签之权。

第三,拟撰、承宣谕旨。初期,各类谕旨均由内阁拟撰、进呈,经皇帝批准后,再由内阁颁发,分送有关部门执行。南书房设置后,内阁的撰拟之权被削弱。到设立军机处后,撰拟之事被完全剥夺,只剩下颁布一般性政务的上谕——即明发谕旨之责了。

第四,筹备、组织大典。凡皇帝登极、册立皇后、太子,祭祀天地等朝廷大典,都由内阁负责安排,并撰写诏书、册文、祝文等。临期由内阁大学士或学士奉神位、奉诏书、奉宝,及命将出师授敕印、文武殿试传胪奉榜、大朝时展表听宣等。

第五,收存重要档案。官员上奏的题本、朱批后的红本、揭贴、起居注册、各朝实录、抄录的上谕等重要档案,均由内阁负责收存、保管。

此外,内阁还负责组织修书。凡纂修实录、圣训、会典等书,由内阁大学士受命出任监修总裁官,学士分兼副总裁、总纂、纂修等职。

从上述职掌可见,内阁主要是处理朝廷例行公文和日常事务,辅助皇帝施政的办事机构,相当于皇帝的"办公厅"。但其职能、作用在清代不同时期是不一样的,大致说,初期它是朝廷唯一的总秘书机构,职权颇大;南书房设立后接管去相当大一部分职权,但内阁仍可处理部分军政机要;军机处设立后,内阁降为办理例行事务、颁发文告的机构;光绪二十七年(公元1901年),废止题本,内阁办理题本的职责也消失,成为储存档案的"闲曹";到宣统三年(公元1911年),成立责任内阁,旧内阁遂寿终正寝。

清代内阁的由盛至衰,再次表明,直到封建社会的最后一个王朝,中央主要秘书部门的嬗变仍在延续,中央秘书机构仍不稳定。

二、军机处

军机处的全称是办理军机事务处,简称军机处。雍正时,因用兵西北,往返军报频繁,军事文书骤增,清政府鉴于内阁人多事杂,易泄露机密,且内阁位于太极门外,距内廷较远,不便于皇帝随时面授机宜,因此,于雍正七年(公元1729年)在内廷设立军机房,亦称军需房,处理紧急军务,以期"办事密速"。雍正十年(公元1732年)改称为军机处。乾隆即位后一度废除,两年后复置,并使其职权日益扩大,以削内阁之权,最后取代内阁成为最重要的辅助决策部门,性质同内阁。光绪二十七年(公元1901年),另设督办政务处,略分其权。宣统三年(公元1911年),设立责任内阁,军机处遂废止,前后存在180余年。

(一)军机处的结构

军机处结构非常简单,既无下属部门,也无吏员,有官无兵,而官员也只有军机大臣和军机章京两种,且都是兼职。

军机大臣——俗称"大军机",由亲王、大学士、尚书、侍郎等兼任,任命时根据各人资历分别称为军机上行走、大臣上行走、大臣上学习行走等。无定员,初设为3人,后增加到六七人,最多时曾有11人,满、汉员中各设一领班大臣,以满员领班大臣为最尊,总揽军机处一切事务。所有军机大臣均由皇帝亲自从内阁和各部院司员及督抚中选调,无任职期限,受命后仍保留原职,皇帝可随时免除,令其回原衙门续职。军机大臣的办公处所称"军机堂",入值时只许在此办事。

军机章京——俗称"小军机",从内阁和各部院司员中选调兼任,由原衙门保送,经军机大臣考试,合格者由皇帝亲自选用。初无定额,后定满、汉章京各16人,各分为两班,每班8人,均设领班章京和帮领班章京,由军机大臣从章京中择资深者担任。各班分别在满屋和汉屋轮流值日,皇帝外出时则分两班随侍。

军机处的日常工作主要由军机章京承担,根据典章规定,满、汉屋有着比较明确的分工:

满屋——负责办理在京及各省驻防旗营官员、西北两路军营官员的补放进单;草拟赏赐内、外蒙古及藩部、喇嘛等朝贡者的赏单;掌管军机处本身的事务。

汉屋——负责办理在京各部院、各省文官和绿营武官的补放进单;草拟赏赐王公大臣及外国朝贡使臣的赏单;办理皇帝随时交办事项;负责军机处的对外联系和保管档案。

此外,他们还收发文件、缮写诏旨、记载档案、查核奏议、稽牒检案、封存文件等,职掌宽泛且十分繁杂。每日的主要工作有:其一,将收到的公文分送军机大臣阅办;其二,将处理后的文书按类登记;其三,乾隆初年后,他们逐渐代替军机大臣掌拟写谕旨;其四,上奏的密件及以寄信方式传下的原折,或朱批指定慎密处理的公文,由他们亲自抄写。

军机章京官秩虽然不高,但接近皇帝,洞悉政情,地位重要,容易升迁(有清一代由军机章京升任军机大臣者多达30余人),故时人多以谋得此职作为升官的捷径。

(二)军机处的职掌

军机处成立初期,其职掌限于军务,如办理往来军报,转奏军情、颁发皇帝任命将帅、出师征剿的命令等。后来,职掌逐渐拓宽,直至"掌书谕旨,综军国之要,以赞上治机务;议大政,谳大狱……"①虽然名义上在内阁之下,但实际职权已超过内阁,成为清廷最重要的部门。其职掌主要有以下几项:

第一,参与议政。军机大臣有参政的职责,其参政途径有三:一是皇帝将某些重大政务和官员所请求的问题,或专交军机大臣议复,或由军机大臣会同有关衙门议复,提出处理意见,由皇帝定夺;二是参加皇帝主持的廷议,就军国大政进行讨论,提出意见;三是皇帝在处理政务、批复奏折时遇有疑难,随时询问军机大臣的看法和见解,以供参考。

第二,拟写谕旨。初期,由领班军机大臣请旨,后改为共同进见,承旨后退下,由军机大臣草拟。乾隆时,开始由军机章京草拟,拟毕由军机大臣审阅,然后呈送皇帝阅定后下发。

---

① 《光绪会典事例》卷三。

如皇帝加以修改,称"过朱",不必另行誊清,原样封寄承旨人。

第三,办理奏折,开列赏单。不论内、外官员,凡上呈"请旨"的奏折,都由军机处处理,录副送内阁传抄,抄毕交回存档。凡皇帝赏赐王公大臣、藩部朝贡者、外国朝贡使臣等的赏单,均由军机处草拟。

第四,备顾问,当参谋。军机大臣常侍从皇帝左右,皇帝出巡时也必须陪同,随时回答皇帝的询问,起参谋、顾问作用。

第五,参与审理大案。审理谋反的"叛逆"首犯和参劾高级官员的案件,多交军机大臣审办,军机大臣审案,一般在军机处提讯,如用刑讯则至刑部大堂或内务府公所、步军统领衙门公所。另外,每年"秋审"奏决死刑犯人,也由军机大臣会同大学士一起承旨办理。

第六,奏补文武官员。需经皇帝点派的官员,由军机处事先列出候补名单,呈皇帝选用。

此外,军机处还负责催办、稽查公文,办理皇帝随时交办事项。

可见,军机处的职掌广泛而重要,是皇帝的机要秘书处兼参谋部。

(三) 军机处的特点

军机处是封建君主专制发展到顶峰时的产物。清统治者吸取历代经验,极力加强其机要秘书机构的建设,职掌越来越宽,人员越来越精干,效率越来越高,保密措施越来越严,所起作用也越来越大。军机处作为封建皇帝的机要秘书处,已臻于完备,具有如下特点:

第一,被皇帝严格控制。皇帝绝不允许军机处膨胀为影响皇权的权力中心。为此采取了多种措施:结构上,军机处既无公署,也无下属部门,只有军机大臣和军机章京,且都由皇帝直接选用,皆为兼差,如有不宜者随时可予以免除;办事方式上,皇帝交办临时事项时,是指定交给某一军机大臣,而不是交给军机处,避免领班军机大臣集权;职掌上,虽然重要而广泛,但须一切听命于皇帝,并无独立决策之权。而且,一旦权力过重,便立即予以削弱、抑制。如嘉庆四年(公元1799年),有人议论军机处"乾纲独揽",皇帝"大权旁落",嘉庆帝立即下令各部院、省的奏章都直送皇帝,不准预先告知军机处,皇帝直接召上奏人面授机宜。这些措施,强化了军机处的从属性、辅助性,抑制了军机处的膨胀回位趋势。

第二,职掌宽泛。在皇帝的严格控制下,军机处的职掌越来越广泛,既掌管军事机要,也掌管行政机要;既参与议政,又办理具体事务;既为皇帝撰拟谕旨、处理文书,又参与审理要案、荐补官员等,它是皇帝的综合性办事机构。

第三,人员精明强干。军机处职掌广泛,事务繁杂,而人员却仅有军机大臣和军机章京,最多时也不过四十几人,还必须分班入值、随侍和值宿,处理涉及各个方面的大量业务,非精明强干之人难以胜任。因此,对其选拔异常严格,从各衙门中挑选文化水平高、知识面广、业务能力强、办事谨慎的干练官员到军机处任职。

第四,办事效率很高。军机处以区区几十人的班子,协助皇帝处理朝廷浩繁的军政事务,其效率之高,是历代皇帝机要秘书机构中罕见的。其中尤以承办谕旨最为迅速,从接折、阅折、进见请旨、草拟、审阅、誊清,全部过程一般都在当天完成,次日即可呈送皇帝审定、颁发。遇到紧急谕旨,当时交下,随撰随讲,动笔千余言,自起草到誊清、进呈,只需一两个时辰。若逢夜间紧急军报到京,皇帝连夜批答,则召值宿的军机章京进见授意,当场撰旨,呈皇帝审定后即交发。如遇皇帝出巡,行进途中有旨,军机章京立即歇马路旁,挥笔起草、誊清,然后赶至宿营地进呈,由此可见其办事之迅捷。

第五,保密措施极严。军机处承办之事,多属朝廷的核心机密,故对保密十分重视。如嘉庆帝曾严令,"军机处为办理枢务,承写密旨之地,首以严密为要,军机大臣传述朕旨,令章京缮写,均不应有泄漏"[①],其保密措施主要有:

皇帝召见军机大臣时,太监不得在侧侍候;

军机大臣只许在军机堂承写当日接受的上谕,不准办理部院公文;

军机处的值房,即使是诸王大臣,没有皇帝的"特旨"也不准进入;

京内外大臣奉旨至军机处听旨、恭请朱笔及阅看奏折,事毕须立即离开;

各部司员不准至军机处找兼任军机大臣的主官;

军机章京的办公处不准闲人窥视,为此,每天特派都察院满、汉御史各一人,在军机处旁的内务府值房监视,直到散值后,才准撤离,如发现弊情,御史有权即刻"参奏",如御史失职,军机大臣也可参劾。军机章京必须画押存查;

个人承办的事,不准传泄;

不是自己办理的事不准过问;

机密公文一般指定一两名军机章京承办,誊清后密封呈递,由军机大臣用印密封后交兵部发出,底稿押封存记,待事毕后才许拆封登档,其间如有泄露,承办者要受严罚。

三、其他中央秘书机构

(一) 六科

即吏、户、礼、兵、刑、工六科,设立于清初,雍正元年(公元1723年)划归都察院。

六科的职掌明显比明代减少,主要有:

第一,稽查各部事务。各科分别检查、督促对口各部的各项政务,主要是查验其公文处理情况,办毕者即注销该文卷。

第二,抄发题本。各科每日派给事中一人至内阁接受批下的题本,抄给各衙门办理。需抄写数份,一份给承办衙门,称"正抄",相当于今天发文中的"主送";一份给有关衙门,称"外抄",相当于现在的"抄送";正抄和外抄统称"科抄"。另还需摘录两份,一份送内阁备史官记注,称"史书";一份收存于本科内以备编纂,称"录书"。原题本则于年终交内阁收存。

第三,封驳。从内阁收来的题本,如批阅中有不利施行的,六科有权具奏封还;如系票拟错误或本中所陈之事有不妥之处,有权驳止。不过,清代的六科极少使用封驳之权。

---

① 清·梁章钜、朱智《枢垣记略》卷十四。中华书局出版,1984年10月第1版,第146页。

第四,考察文武官员。京察(考察京官)、大计册(考察外官)由六科察核。此外,内阁颁给官员的敕书,也由六科颁发,官员任满后送回六科转还内阁。

(二) 中书科

专掌缮写册文、诰敕等事。凡册文、诰敕由内阁汉票签处拟就,经诰敕房校核颁发,而中书科专司缮写。

(三) 通政司

亦称"通政使司",是朝廷收文机构,建立之初时职责为"掌受内外章疏、臣民密封申诉之事,凡在外之题本、奏本,在京之奏本并受而进之于朝,核其不如式及程途稽限者。凡大政大狱,咸得偕部院予议焉",①后其收文范围缩小,在京各部院的题本不再经过通政司而直送内阁。其主要职掌如下:

第一,收受各省题本。清初,凡各省题本、京内各衙的奏本,不分公私,一律送通政司呈进。后规定通政使只收各省题本,经校阅后送内阁,并将随本的揭贴(相当于副本)交堤塘官投送有关部、科。如发现题本不合格式,报内阁参办,有逾期的则移文与相关部交涉。

第二,查核本章。凡各省将军、都统、总督、巡抚、总兵等官,每季度须将上奏过的本章咨送通政司查核。

第三,参与议政。遇有交九卿议办之事,位居三品的通政使可参加商议,提出意见。

第四,负责上访事务。司内设有登闻鼓厅,凡军民有冤屈,可击鼓鸣冤,由通政使亲自讯问,如确系有冤,奏报皇帝后交刑部办理。

(四) 奏事处

雍正时,专为收受密奏而设,后来,内阁、军机处承办的公文也由它呈进。奏事处由御前大臣兼管,分为内奏事处与外奏事处,简称内奏事与外奏事。其主要职掌有:

第一,收受奏折、密奏。京内外各衙门(军机处除外)的奏折由外奏事处收受,转交内奏事处呈送皇帝;军机处的奏折和密奏则直接交内奏事处。各省官员的密奏经朱批后,由奏事处发交具奏人,年终须交回奏事处收存。

第二,传宣谕旨。京内各衙门的奏折,除特颁上谕外,皇帝一般都不批,如有谕旨,由奏事太监传宣于领奏折之人。

第三,安排皇帝接见事宜。官员欲谒见皇帝奏事,均须将官衔、姓名书写于牌子上(宗室王公用红头牌,其余官员用绿头牌),由奏事官于皇帝用膳前递呈,故称为"膳牌"。如皇帝同意接见,奏事官则安排接见事宜。

(五) 稽察钦奉上谕事件处

是代表皇帝稽察、催办交办事项的机构。对各部院承办事件,将其已结未结情况,每月稽察存案,年终汇奏一次;对八旗承办事件及引见官员有无逾期遗漏,三月汇奏一次。此外,

---

① 《清朝文献通考》卷82。

各修书馆承办之事,也由其稽察,逾期均参办。

(六) 捷报处

隶属于兵部,但实际上是中央的机要交通机构。专掌收受各地呈送中央的急件,和封发军机处的寄信谕旨。

(七) 南书房

本是康熙帝读书之处,曾一度为皇帝的机要秘书处。康熙十六年(公元1677年),选用翰林院编修、检讨等官入内当值,称"南书房行走",除为文学侍从外,还秉承皇帝旨意,起草诏诰谕旨、发布政令,办理机要,用以削弱内阁之权。自军机处成立后,其职掌划归军机处,不再参与政务,而专司文词书画等事。

四、中央各部院和地方秘书机构

(一) 中央各部院的秘书机构

清代中央各部院内负责秘书工作的机构,主要有司务厅(如六部)、典簿厅(如光禄寺、翰林院、国子监)、博士厅(如太常寺)等,分别置有司务、主事、理事官等秘书首领。下属经承、承差、典吏、部办等各种名目的秘书人员。其中,六部内的秘书机构比各寺院的要庞大。

六部中的秘书部门,其数量、名称并不统一。多者如礼部,设有司务厅、汉本房、清档房、督催房、当月处五个秘书部门,都负责文书工作。它们既以处理的公文种类(如按奏折、题本、文移等)分工,又以处理公文的环节(如按收发、缮写、催办等)分工,并还以区域(如京内、外省)分工,划分标准不一。但是,各部门都设有如下秘书部门:

司务厅——负责收受外省呈文,登记、编号后分发各有关司办理。

当月处——负责收受京城内各衙的文书,登记、编号后分发各有关司办理;将本部的题本呈送内阁;保管本部堂印。

督催所——负责催办文书,依定期限,检查各司文书办理情况。

(二) 地方秘书机构

清代的地方行政区划分为省、府(州)、县三级,分别以巡抚、知府(州)、知县为主官。另设总督,掌管一省或数省军政。

总督、巡抚衙门中均各设经历司、照磨所、理问所等秘书机构,置有经历、都事、照磨、理问等秘书官,下属攒典、典吏等秘书人员。

知府(州)衙门内也设经历所、照磨所,置经历、知事、照磨等秘书官,下属典吏。并仿中央分为吏、户、礼、兵、刑、工六房办事,主要还是处理文书事务。

县衙内仍以主簿为秘书首领,下设承发房,负责收发、办理文书,有典吏、稿案等秘书人员,也分六房办事。

在地方官衙中,除了上述公职秘书官吏以外,主官还自行聘用幕僚,作为私人秘书。这在清代是一种普遍的现象,幕僚在地方政务中起着非常重要的作用。

五、鸦片战争后新增设的秘书机构

1840年鸦片战争以后,由于外国列强的侵入,使中国逐渐沦为半封建半殖民地社会。随着社会性质的变化,清王朝的政府机构也发生了变化,导致了一些新的秘书机构的产生。

咸丰十年(公元1860年),清政府为办理洋务,成立了"总理各国事务衙门"。初期,以各业务股分兼文书事务,后随着文书工作量剧增,设置了司务厅和清档房两个专职的文书档案部门。司务厅下设文案科房,清档房下设清档库房,文书档案人员也随之增加。光绪二十七年(公元1901年),总理各国事务衙门改称外务部,其秘书部门增加到6个:

司务厅——负责收受文书、领用印信。

翻译房——负责翻译各国文书和承担口译。

清档房——掌管档案的编纂、校对等事,后又增设秘书股,负责机要文书的拟稿和编辑。

机要股——负责收集机密情报事宜。

电报处——专掌以电报拍发公文和翻译、传递电报。光绪六年(公元1880年)李鸿章开办电报局,其后,清廷规定明降谕旨均由电报拍发,各省督抚收报后即照办,不用等候原件。

文报局——光绪元年(公元1875年),清政府开始正式向外国派驻公使、设置使馆。文报局负责寄递外务部与驻外使馆间的往来公文。

清末,清政府为了欺骗人民、消弭革命,玩弄所谓"立宪"骗局,于光绪三十二年(公元1906年)宣布"预备立宪",进行官制改革,因此,中央和地方的秘书机构又发生了一些变化,并出现了名实相副的秘书机构和秘书官职。

在地方官衙中,安徽巡抚冯煦于光绪三十三年(公元1907年)上书,奏请设置辅助人员,佐理文牍、分科办事,经皇帝批准后,在巡抚衙门最早设立了秘书、助理秘书等官职,并设有会议厅,议办事,以备斟酌损益。接着各省纷纷照章设置,总督、巡抚衙门都设秘书一职,掌管机密折电和函牍,以及处理不属各科职责范围内的事项。各省为"预备立宪"成立了咨议局,在咨议局内设有秘书长一职。

在中央,于宣统三年(公元1911年)成立责任内阁,并颁布了《内阁属官官制》。按其规定,内阁中的秘书机构有:

承宣厅——负责宣布诏令,办理奏折、文移,保管图书、档案等。

制诰局——负责进拟制诏诰敕、进呈贺表等。

收文处——负责收受京外衙门投送内阁的公文。

内阁下属各部的秘书机构也有变化,如外务部设承政厅,置左、右丞掌管机密文件、总领庶务;学部设总务司,下设机要、案牍两科,掌管机要文移、审核图书典籍;弼德院、资政院各设秘书厅,置秘书长一人、一、二、三等秘书官若干人等。陆军部的承政厅中设置了秘书科,职掌为:掌机密事宜,收发奏咨函电及编纂、翻译,监守大印,保管图书等。

《内阁属官官制》颁布后仅5个月,便爆发了辛亥革命,这些新设立的秘书机构还未站稳脚跟,就随着清王朝的覆灭而瓦解了。但是,这些机构和官职却是近代首批名实相副的秘书机构和秘书官职,为以后历届政府所沿用,成为我国现代秘书机构和秘书职名的直接源头。

第二节 秘书人员

一、军机章京的选拔

军机章京由于其地位重要,责任重大,因此,对他们的选拔异常严格。

初期,由军机大臣从内阁中书及六部司员中选取任用。后规定了严格的选用程序:先由中央政府各衙门保送;再经过军机大臣进行考试,合格者由军机大臣带领谒见皇帝,称"引见";最后,由皇帝亲自决定是否任用。选用的条件主要有:

第一,品德良好,相貌端正。

第二,年富力强,精明强干。

第三,撰稿迅速,书写端正。

第四,聪明敏锐,办事谨慎。

第五,必须是普通官员。凡三品以上高官的子弟不用,曾随从过三品以上官员者也不用,如已被选用后,其原来随从的主官升转为从三品以上,即令其退出军机处,以防结党泄密。

从上可见,军机章京的选拔吸取了历代秘书选拔制度所积累的经验,并注重防止秘书人员和朝中高官有过密的联系,它表明清代的秘书选拔制度已高度完善。

二、书吏

书吏是清代京内外各官衙中从事文书档案事务的吏员的通称,名目繁多,有承差、经承、典吏、部办等。他们数量众多,在中央各部院更为集中,操纵着各部院的实际政务。与之相呼应,各级地方官衙则由大批幕僚操纵政务。书吏与幕僚几乎在整个有清一代都起着举足轻重的作用,故史家称为"清与吏胥共天下"。清代能将中央秘书主要机构牢牢控制在皇帝手中,却无法革除一般秘书人员操纵政务的流弊,这也是封建制度腐朽没落的表现之一。

(一) 书吏的流弊

清统一全国后,随着王朝的巩固,许多官员开始追求和沉缅于享乐之中,八旗子弟为官者尤甚。他们既缺乏治政能力,也无心处理政事,热衷于应酬巴结、钻营升迁,处理政务的实权便逐渐被书吏所把持。

朝廷各部院内的书吏长期任职,熟悉业务,精于案牍,善文墨,有辩才。他们都是父子、师徒自相授受,对办理公文的制度、方法秘不示人,视作"家传之秘",以作为长期占据甚至子孙世袭此职位的手段,并互相串通、勾结、把持、垄断文书档案工作,作为要挟主官的利器,使主稿、司务、知事、主事等秘书官员乃至主官,都不得不依靠他们处理公文,不敢得罪,否则,便会受到刁难。这使书吏权势日重,有的甚至独掌一司之事,被称为"缺主"。他们把持案卷,包揽词讼,经常伪造、改易、盗取和焚毁文件,进行舞弊活动。如嘉庆年间,工部有一书吏伪制假印,冒领银子数十万两,竟长期未被发觉。书吏的流弊日益严重,加深了吏治的腐败,也影响了皇权的集中,成为对统治者极为不利的内在威胁。

(二) 对书吏的整顿

雍正元年(公元1723年),为打击书吏的贪赃枉法、营私舞弊,颁旨进行整顿。规定:

书吏不得干预政务,其职责仅为"缮写文书、收贮档案";

书吏任职期限为5年,期满遣返回原籍,并不许更换姓名窜入别地重新任职;

招用书吏时,应聘者必须持有原籍地方官的证明,证实其确未假冒姓名、籍贯,方可录用,否则,应聘者及地方官一并问罪;

中央和地方各级监察机关有责严加查访,发现问题及时上报。

同时,还以法律的形式规定,书吏如不将案卷收贮衙署或携归私室,都要按律惩治。这些措施一度打击了书吏的气焰,限制了其舞弊行为,对改善吏治起了一定作用。

道光、咸丰年间,书吏之害重新严重起来,至清末则发展到了顶峰,影响了清王朝的稳固。希望有所作为的光绪帝连下谕旨,决定"将从前官吏尽行裁汰,以除积弊"。[①] 这次裁减也一度限制了书吏的作弊。但是,仍很不彻底。此时的清王朝已日薄西山,摇摇欲坠,无力解决这一延续了200多年来的顽症,所以,书吏之弊一直延续到清王朝覆没。

三、幕僚

幕僚又称幕友、幕宾、幕客、师爷、宾师、西席等,是由主官自行聘请来备顾问、当参谋和协助办理文书事务的私人秘书。这类人员早在战国时就已出现,当时称为食客、门客、舍人等,自晋代公孙弘自聘幕僚,始有此称。金代,由秘书吏员升任官员是得官捷径,于是,社会上吏师应运而生,教授吏业,是为幕馆的前身。明代,幕僚逐渐增多,清代则遍及地方各级官衙。他们只对主官负责,在地方政治起着重要作用。

(一) 幕僚的盛行

清代,在总督、巡抚等地方大员身边,常常幕宾如云,即使知府、知县上任,也携带幕僚,少则五六七人,多则十几人。清代府、县都仿照中央设吏、户、礼、兵、刑、工六房办事,原先的秘书人员逐渐担任六房具体事务,使辅佐人员减少,需要补充,这是幕僚盛行的一个原因。

从幕主方面来讲,首先,相当一部分主官昏聩无能,或是花钱买官,或是依仗权势背景而得官,不具备理政能力。有些主官即使有能力理政,但却陷身于官场的繁文褥节之中,为保持或晋升官职,忙于巴结上司,应酬同僚,无力顾及政事。于是,他们都要聘请幕僚协助处理政务。

[①]《大清光绪新法令》。

其次，对秘书吏员的业务要求大大提高了。清代法令苛繁，稍有违犯，便受惩罚；又屡兴文字狱，若文书中不慎出现不当之词，即遭祸殃。故凡上呈章奏，或行文下属，均须依据法令，字斟句酌，主官不熟悉繁细的法令，而依赖于秘书，故对其要求很高。但是，科举制度以八股文为标准考选出来的秘书官员，大都缺乏阅历，不谙世事，加之考试舞弊盛行，录取者的素质低劣，难以胜任秘书工作。因此，主官只得聘用谙熟法令、精通文牍、老成世故的幕僚来承担秘书工作。

再次，主官对书吏大多存在戒心，自雍正对书吏进行整顿后，任用书吏又受到严格限制，因此，地方官员多不愿用书吏，而另辟蹊径，延揽幕僚来代替之。

上述因素使地方官员普遍聘用幕僚。幕僚的来源很广泛，既有学者、名流、已取得功名之人，也有科场失意者，富有阅历的退休或被黜革的官员，还有民间专门培养的幕僚等。

从幕僚方面来讲，愿意充任幕僚主要有两个原因：

其一，为求取出路。清代官场昏暗，有才干之人常难陟升；卖官鬻爵过多，使不少已取得功名之人，仅得"候补"之空名；科举考试的腐败，常使有真才实学者名落孙山。他们投到地方大员门下为幕僚，以期得到保举。也有的官僚，让其子弟到故友同僚的幕下，求得荐举，以此作为升官的捷径。因此，入幕者甚众，例如，李鸿章是以翰林院编修身份入曾国藩幕下，左宗棠任州同知后入湖南巡抚骆秉章幕下，周学熙以道员身份入袁世凯幕下，等等。

其二，迫于生计。此多为职业幕僚和落魄官员等，他们为生活而计，投入官员门下，谋得一职，以养家度日。

以上各因素促使清代幕僚盛行。随着幕僚需求量增多，一些地方出现了专门培养幕僚的民间私学"幕馆"。幕馆招收士人，入馆学习者趋之若鹜，时称"学幕"。幕馆教给他们处理公文案卷和官衙日常事务的技能，介绍官场的礼节和应酬，并教他们学习、了解社会风气。也有的是父子、兄弟自相授受，成为幕友世家。此种风气在浙江绍兴府最为流行，许多士人以幕友为业，清代有声望的幕僚大都出于此地，人称"绍兴师爷"。这些幕馆和家传培养出来的幕僚，既具有很高的文化水平，博学多才，善于文墨，又精于世故，熟悉吏务，办事干练，并往往足智多谋，因此，地方官乐于聘用。

(二) 幕僚的职掌

清代前期，幕僚的职掌与以前历代大致相同，主要是为主官当参谋和处理文书。后来，主官逐渐委托其经办其他具体事务，职掌越来越宽，归纳起来，主要有如下几项：

第一，参与筹划、出谋献策，是幕主的智囊。幕僚中不乏著名学者，如史学家章学诚当过毕沅的幕僚，天文学家梅文鼎曾为李光地幕友，法学家冯桂芬入陆建瀛幕下为其撰修《两淮盐法志》等。这些智囊能充分发挥参谋、顾问作用，让幕主集众人之所长，自如地应付公务及其他事务。

第二，草拟章奏、文移，管理档案。负责此项工作的幕僚，被称为"文案师爷"，简称"文案"，其中在内签押房办公者，与长官关系密切，可预闻机要，称为"内文案"。

第三，监督、约束书吏。"衙门有六房书吏，而唯幕友是倚者，幕友之为道，所以佐官而检吏也。盖官统群吏，而群吏各以其精力，相与乘官之隙。官之为事甚繁，势不能一一而察之。惟幕友则各有专司，可以察吏之弊。"①主官视幕友为亲信，去监督、约束书吏。

第四，审理、仲裁民事案件。主掌此项工作的幕僚被称为"刑名师爷"，简称"刑名"，亦称"刑席"。

第五，核查、征收田赋税粮。掌理此项工作的幕僚被称为"钱谷师爷"，简称"钱谷"。

此外，幕僚还常承担其他事务，如评阅书院中的试卷等。咸丰以后，随着外国列强的侵入和农民起义的爆发，通商、办企业、海防、团练等事务增加，地方督抚权力扩大，往往将一些兼职或兼理的事务委托幕僚办理，交办事项遂成为幕僚的重要职掌之一。如李鸿章为曾国藩幕僚时，一度襄赞营务；包世臣曾替幕主朱珪主持练兵；周学熙在袁世凯幕下时，受托筹办直隶银元局及其他实业；科学家徐寿被曾国藩招入幕府，委其在安庆内军械所研制轮船，等等。还有的幕僚是替主官主持家政，如郭尚先就为幕主卢荫博的管家。

从上可见，幕僚作为私人秘书，职掌宽泛，具有辅助性、综合性、差遣性很强的特点。

还应指出的是，鸦片战争后，随着西方科学技术和文化思想的传入，一批接受了新知识、新思想的近代知识分子，也被地方大员聘为幕僚，他们以自己的思想、学识影响了一批幕主，这对洋务运动和维新变法起了一定的作用。

(三) 幕僚与主官的关系

幕僚不是政府任用的官吏，而是主官私人聘用的，其酬劳也由主官个人支付，称为"束脩"或"饩廪"。因此，幕僚只对主官负责，为主官服务。主官对幕僚往往给以很高的礼遇，以宾客相待，视为师友。幕僚没有任期，双方没有法定的依附关系，幕僚的人身是自由的，合则留，不合则走，例如，李鸿章就因与曾国藩意见不合，拂袖而去。可见，两者之间的关系，不同于官衙中的上下级，相似于主宾，故幕僚又称幕宾、幕友、幕客、宾师。

幕僚与主官之间大多关系密切，因为主官在聘请幕僚时，完全根据自己的意愿决定，对所聘之人既不讲年龄，又不计有无功名，标准只有两个：一是主官深信不疑之人，二是老成干练。所以，主官对幕僚的信任程度远远高于所属官吏，将政务乃至家事都托付其办理，使幕僚不但具有参谋权，在一些交办事项中甚至还有决策权，把部分实权交给了他们。例如，包世臣曾被朱珪派往辖区处理刑事案件，凡审理案件均由其裁决，不必向朱珪请示。

因此，幕僚的实际地位明显高于一般公职秘书官吏。自雍正元年下谕吏部，允许各省地方官员"延请幕宾相助"②后，幕僚作为秘书的地位得到了王朝的正式承认，还可升补为朝廷命官。被升补者往往才干出众，其中不少人成为重臣干将，如李鸿章、左宗棠等。

如上所述，清代的幕僚文化水平高、知识面广、社会经验丰富、业务能力很强，并且功能

---

① 清·汪辉祖《佐治药言》。
② 清·张廷骧《入幕须知五种》。

全面、作用重要,他们是封建社会中最为完备的私人秘书。从个体而论,他们是无衔之官、无职之吏,有着明确的工作目标,职责专一,各为其主官承担一个方面的具体事务;从群体而论,他们是一支庞大的秘书队伍,职掌范围几乎囊括了官衙中的所有日常事务,形成一股强大的政治势力,在吏治腐败、官员无能的清朝,起了使国家机器正常运转的重要作用。然而,幕僚中也有不少人同书吏一样,利用职权,营私舞弊,成为清代地方政治黑暗的一个原因。

(四)幕学著作的出现

幕僚的盛行,幕宾经验的积累和丰富,使一些幕僚在总结经验的基础上著书立说,出现了一些幕学著作。其中以1884年问世的《幕学举要》、《佐治药言》、《学治臆说》、《办案要略》、《刑幕要略》,共五种八册最为出名。其中的《学治臆说》、《学治续说》、《学治说赘》三册偏重于论述从政供职、为官治民之道;《办案要略》、《刑幕要略》两书侧重于介绍办案、断案经验;《幕学举要》、《佐治药言》、《续佐治药言》三册主要介绍从幕的经验,它们可被视为我国近代研究秘书工作的首批著作,具有一定的参考价值。

第三节 文书档案工作

清朝的文书档案工作产生很晚,16世纪末叶以前,满族还没有文字,努尔哈赤时,才令儒臣以蒙古文为基础创制了无圈点的老满文。皇太极时,对老满文加以改进,创制出有圈点的新满文。满文出现后,才产生了文书档案工作。当时在形式上和书写材料方面都杂乱,文书没有统一规格,长短宽窄无定式,字体也不一致,所用材料有明朝的旧公文纸、高丽纸,还有丝绢和木片。

入关次年,清廷下令停止使用木牌,公文一律采用纸质本章形式,并全面沿用明代的文书档案工作制度。此后,在高度强化秘书工作的情况下,文书档案工作有相应的发展。但是,清代的文书档案工作往往混为一体,直到清王朝覆灭,也没有完全分离。

一、文书工作制度

清代的文书工作制度除因袭明制外,在以下几方面有所发展:

票签——即对公文提出初步处理意见。清代制定了专门的票签式样,对各种题本的拟写批示有了程式。一般性问题可按定式拟写票签;复杂的问题,可提出多种处理意见,拟写双签、三签或四签,并附以"说帖",供皇帝选用。若皇帝认为不妥,则需重新写,叫"改签"。起初,票签由内阁票签处草拟,大学士审定,后来先后为南书房和军机处所接管。

稽察、催查——清代在中央和地方各衙门普遍设置稽察房、督催所、照磨所等,负责稽查下属官衙或本部门的文书处理情况。并制定了一系列稽查制度,查对办理结果或进度。这一制度一度提高了办文效率。

保密——前面已述及军机处周密、繁细的保密措施,其他衙门也有相应的规定。如内阁规定发出的密件,由六科中的有关科登号,原封送有关部,该部办理完毕后,仍须密封送还。顺治十六年,实行了"实封进奏"制度。清末,陆军部还颁布了《陆军惩治漏泄军事机密条例》,对泄密者,视其情节与危害程度"分别轻重给以三年以上监禁直至死刑"。

此外,还严格规定了题本、奏本及贴黄的书写格式,并限定其字数,禁用浮言套语;以及题本、奏本的副本必须呈交等。

清代的文书工作制度集历代之大成,臻于完备,其中最有代表性的是对题本、密奏的处理,对此单独作一简要介绍。

二、题本、密奏的处理

(一) 题本处理程序

题本在清代是向皇帝请示、汇报政务的主要上行文,其内容多属例行公事。题本的处理有以下程序:

收阅——各省的题本送通政司,经检查符合格式的再送内阁,称为"通本"。在京各部院的题本直接送交内阁,叫做"部本"。内阁有关各房进行摘写贴黄、翻译、校阅,拟写票签,后来此权先后归南书房、军机处。

进呈——初步处理后的题本,送交奏事处,由内奏事处上呈皇帝。

皇帝批阅——皇帝阅看后,有三种处理情况:一是批示后发下办理;二是阅后不作批示即发下;三是留在宫中不发下,称"留中"。皇帝的批语可归纳为四类:一是表示已审阅并同意其请求和处理办法;二是表明对所请示的问题还需交某衙门议复奏后,再作定夺;三是表示对此事将另发谕旨;四是直接把处理办法批在上面,大臣阅本后便照批示办理。

录副——凡皇帝批示过处理办法的题本,应迅速发还上奏人遵办,军机处须按原样抄录一份,称之为"录副"。录副时不仅照抄原本全文,还要将皇帝的批示,包括旁批、眉批、圈、点、勾、杠等,均照原样抄录。由军机章京校对后,在抄本封面上写明具奏人、事由、收到日期,若应交有关衙门办理的,则注明"交"或"随旨交"字样,如有附件则须附交,也要注明,当时称此为"开面"。录副后即将原本发还上奏人。

发抄——凡皇帝批示交各衙门拟办或知道的题本,由军机处发交内阁,内阁传知各衙门派人来抄回办理,这在当时称为"发抄"。内阁于发抄当时或次日将原件退还军机处。

议复——凡皇帝批有某某议奏字样的题本,则发交该衙门。其余的则交军机处或相关衙门处理。

传宣——凡皇帝指定交给某大臣密办的事项,由军机处行文内阁或该衙门,转传该大臣于指定时间到军机处阅文或听宣谕旨,然后回去办理。

存记——皇帝在处理某项政务时,认为其处理办法可作为今后办理类似事项的参照范例,或批示某待办事项到时再办理,或某项谕旨待以后某时才公布等,凡此情况,军机处必须立档存记,届时再奏请办理。

归档——军机处对其收受的题本(包括录副件及附件),待事情办完后收齐归档,俗称"归箍"。以每日为一箍,每半月为一包,叫"月折包"。箍内按上奏人集中排列,并编立简目,注明某日人折、片、附件的件数,及箍内的总件数。并按季入库保存,按年编制目录。

从上述程序中,可以看到,题本的处理已形成一套完整的制度。但是,仍有不便之处:其一,拟制复杂。题本的拟制须按规定格式和用仿宋体书写,并加贴黄,另还须备制三份副本,一份留通政司,另两份送有关衙门和六科,称为"揭贴";其二,行文迟缓。行文过程须经通政司转内阁,内阁各房技术性处理后,再拟写批旨进呈皇帝,皇帝审批后还需经人用满、汉文字誊抄,然后才发回。手续如此繁复,容易耽搁误事;其三,较易泄密。由于环节过多,需经多人办理,知其事者甚众,这就难免泄露机密。

题本是请示例行政事的文书,处理机密事宜则用密奏。

(二) 密奏制度

密奏,亦称密折,它是只有指定的官员才有权上呈,并由皇帝亲自启封、阅看、批复的绝密奏折。因其折面、折内标明"密奏"或"密折"字样,故以此为名。它不拘格式,书写自由,也不必贴黄和备副本,并不用送通政司转内阁,直接交奏事官进呈,由皇帝亲自处理,避免了题本的不便。

密奏大约出现于顺治年间,康熙继位后,予以推行,命令亲信文武大臣需经常"附陈密奏",让"各省之事不能欺隐",[①]但此时的密奏尚属这些亲信写给皇帝的私人信件,其内容也以请安问好、谢恩表忠之类居多,反映各种情况的所占的比例并不很大。

雍正继位后,为便于直接了解各地情况,监视政敌,镇压人民的反抗,大力推行密奏。他扩大上呈密奏者的范围,指定了一大批从中央到地方的各级官员,要他们经常向他呈送密奏,反映官吏、民间的动态,使密奏成为正式的官方文书。同时,对其制作和行文程序等作了详细的规定,形成一套严格的制度。

密奏的撰制、处理程序主要有以下环节:

撰写——必须由上奏人亲笔书写,不许委托他人代笔。由于上奏人中有的文化水平低,为便于这些人书写,还规定可以不限字体,字的大小也随意,只要词能达意就行。

用纸——规定陈述事状用素纸,请安、谢恩等用黄纸。使皇帝一见密奏的纸色就能分辨出其内容的类别,以便根据轻重缓急进行批复。

封套——密奏装入格式统一的封套中。套面标明"密""密奏""密折"等字样。

封匣——密奏装入封套后,再放于匣内,匣外加铜锁,并用盖有御印的黄纸封口,然后用黄包袱包裹。凡指定的上呈密奏者,都发给装密奏的木匣或皮匣,因密奏是不间断地递呈,故根据其路途远近和递呈次数的疏密,分别发给各人的封匣数量不等,一般为二至八只。匣锁是皇宫内特制的,民间锁匠难以开启,钥匙备有两把,一把在皇帝处,一把连同匣子一起交

[①]《清圣祖实录》卷二百四十九。

给具奏人,故只有皇帝和具奏人两人能够开匣。

递呈——各省督抚的密奏,需派亲信僚属或家丁直送京城,路上不得耽搁,为避免张扬,不准派兵护送。到京后原送通政司,雍正后,便直接送奏事官,由其进呈皇帝。位卑职微的小官,不能直接送至奏事处,规定先送给御定的转折大臣,由其转呈皇帝。转折大臣多为皇族中的亲王,虽然均为皇帝的亲信,仍只是代转,不准拆阅,也不许向具奏人了解密奏内容。

批阅——由皇帝亲自拆封、阅览、批示,并不委托他人。据载康熙有次出巡,右手患疾不能书写,便以左手执笔批答。雍正对此更为重视,密奏一到,便挥退左右,独自拆阅,批写圣谕,绝不让任何人参与此事。

发还——多数密奏经皇帝朱批后发还,仍密封交奏事处,由其发给等候在京的家丁、亲信携回,交上奏人阅办。

缴回——康熙时,批示后的密奏发还具奏人后,便任其保存,致使机密被扩散。雍正鉴于这一教训,命令内外文武官员,凡存有御批密奏的一律上缴,不准隐匿、焚弃。

从上述程序中可以看出,密奏具有拟写简便、行文迅速、高度保密等特点,其中尤以保密为其核心所在。

密奏制度使各地重大之事,均上密奏请示,秉承皇帝旨意去办理,削弱了中央政务中枢的职权,巩固了皇权。密奏直达皇帝,运转环节少,处理迅速,不少事当即便可决定,下令实施办理,效率很高。同时,它还使地方大员彼此监视,各存戒心,不敢擅权行事及肆意妄为,有利于控制官员、整肃吏治。

密奏制度是古代文书工作中相当成熟的制度之一,它为我们提提供了宝贵的文书工作经验,对今天的秘书工作具有借鉴和启迪作用。

三、公文文体

清代,皇帝颁布的下行文有:

制书——亦称制辞,凡有国家大典向百官宣示时用。

诏书——凡有重大政事布告臣民时用。

诰命——封赠五品以上官员及命妇时用。

敕书——又称敕命、敕谕,是皇帝向地方重要文武官员授予职权、交待工作任务、明确职责范围、规定行政纪律、指导方法时使用的文书。

清承明制,皇帝颁下的文书统称为谕旨,又称上谕,"上"即指皇上,意为皇帝颁布之谕。谕与旨有所区别:

谕——是皇帝主动颁布的命令性文书。另外,虽然是针对某一官员的奏请所作的指示,若同时将其宣示百官一体遵行,也称谕。

旨——是批答朝内外官员的奏请所作的指示性文书,一般只发给奏请者本人。

雍正初年,将皇帝的指示性文书,区分为例行文书和机密文书两种,分别由不同部门拟

制,不同途径发送,提高了机密文书的保密性。这两种文书分别称为:

明发谕旨——简称明发,是宣布皇帝巡幸、上陵、经筵,对各地的灾赈、减免赋税,及侍郎、知府、总兵以上官员的黜陟调补等事的文书。属于例行文书,由内阁传抄发送。

寄信谕旨——简称寄信,是皇帝告诫高级文武官员、指授兵略、查核政事等事项的机密文书。由军机处奉旨后撰拟、抄写、密封,盖军机处印后,送兵部捷报处寄给受旨官员,这种颁发形式称为"廷寄"。属于机密文书。

上呈皇帝的上行文有题、奏、表、笺。清初沿明制,主要用题本和奏本;乾隆时,奏本逐渐废止,一律改用题本;清末又废题本,改用奏折。另外,约从顺治年间开始,出现了密奏,它于雍正后广为流行,成为臣下上奏机密事宜的重要文体。

鸦片战争后,随着外国列强的侵入及外国科学技术的传入,清代的公文文体也有变化。伴随频繁的外事活动,增加了报告、护照等;电报传入后,当时的官用电报分为三种:一是皇帝的下行电报,称"电旨";二是臣下的上行电报,称"电奏";三是官衙之间的平行电报,称"电信"。电报的使用,使文书工作和整个秘书工作发生了重要变化。

此外,光绪三十三年(公元1907年)创办了《政治官报》,宣统三年(公元1911年)改为《内阁官报》,作为清政府公布谕旨、奏章、法令的政治刊物,使这些公文能迅速、广泛地为臣民所知晓。

四、档案工作

清入关前,档案工作虽然还处于初级阶段,但已初具规模。此时期,档案工作先后由文馆和内三院中的国史院负责,并利用档案以满、蒙、汉文修成了《太祖实录图》和《太祖实录》。满族最早的档案,留存至今的有满文老档和满文木牌。满文木牌"存贮年久者曰档案,曰档子,以积累多贯皮条挂壁若档故也",[①]学术界一般认为这就是"档案"一词的渊源。

(一)档案机构的恢复与建立

清入主中原后,在各级官衙中普遍建立了架阁库、"档房"、"档库"等档案机构。由于清代的文书档案工作常常混为一体,因此,这些机构也往往不是职责专一的档案机构,有的担负部分文书工作,有的兼管人事,如礼部的清档房兼管官吏升迁。而职责专一、独立性强的档案机构则数皇史宬、内阁大库和方略馆。

皇史宬——明代所建,清代仍用其收贮实录、圣训及玉牒,石室前的两厢存放雍正朝以后的副本。由内阁典籍厅主管。嘉庆十二年(公元1807年)曾重新整修。

内阁大库——位于内阁后门外,坐南面北,共库房二十间,每间深四丈。分为东、西两库。东库收藏实录、书籍表章。西库十间,皆贮红本及典籍关防。两库所存档案数量繁多,

---

① 清·杨宾《柳边纪略》。

内容丰富,是王朝的核心机密。内阁大库分别由内阁典籍厅、满本房兼管,典籍厅以掌管红本和书籍表章为主,满本房以掌管实录、《起居注》为主。

方略馆——本为编纂清代各次军事始末的机构,军机处成立后,为其保存档案。由满、汉军机章京掌管。所存档案大致可分五类:一是军机处分类汇抄的上谕、奏章、专案等;二是军机处进呈皇帝的表、折及所附图册等;三是军机处处理完毕的行移、考绩、经费等例行公文;四是各官衙送军机处的咨文、照会等公文;五是馆内编修的各种方略稿本等。以上档案都以满、汉两种文字抄录收存。

(二) 档案工作制度

清代沿用了前代的各项档案工作制度,并使档案的形成、积累、收藏、保管、安全等各个环节都有明显的加强,已趋于完备。尤其是新创了以下环节和规章制度:

汇抄——凡军机处办理的公文均须抄录。每天值日的军机章京将所收公文逐条誊录于专用簿上,称为"随手登记档",每月汇编成一册,叫做"现月档"、有"春季档"、"夏季档"、"秋季档"、"冬季档",合称"四季档"。有时,还按问题或事件的种类汇抄,如处理西藏问题的"西藏档"等。除军机处外,中央至地方各官衙也普遍采用此制,这一制度加强了档案的收集和归档环节。

定期清查、修缮——每次清查档案都制有清册,并开有折片数目、档册篇页数目及清查的记载等。从乾隆时开始对年代久远和毁损的档案修缮,由军机大臣奏明后,另抄一份,与原档一起贮存。嘉庆时规定每5年修缮一次,咸丰时改为每3年一次,每次修缮当然不可能将各期档案都抄一份,只是对前届未缮的及残缺毁失的另缮一份。这一制度延长了档案寿命,保持了档案的完整。

分类——内阁大库的档案原未立卷,仅以件为单位,打包结捆,按朝代先后分存于柜中,用《千字文》四字韵句来编柜号。嘉庆年间,典籍厅对东库所藏的近9万件档案进行整理,并编制了《清理东大库分类目录》,将全部档案分为25大类。主要按文件名称区分,也有按问题区分的,各类中一般按年代排列,也有的再分小类。这种分类是以统治者的活动为中心,反映了封建伦常秩序,因此,分类方法模糊不清,划分标准前后不一,致使所分类别重复混乱。但是,在当时有积极作用。

清末,"新政"时设立的会议政务处将档案分为官制、吏治、财政、军政等门,门下分类,类下分子目。这是按问题性质分类法,是比较科学的,它成为现代档案分类的直接源头。

保密——清代非常重视档案的保密与安全,如内阁大库是一般官员不能擅入的"机要重地",所藏档案在当时称为"秘藏",除管理人员外,"九卿翰林部员,有终身不得窥见一字者"。[①] "三百年来,除舍人、省吏循例编目外,学士大夫,罕有窥其美富者"。[②] 由此可见其保

[①] 清·阮葵生《茶余客话》卷一。
[②] 清·王国维《观堂集林·库书楼记》,河北教育出版社 2004 年版,第 582—583 页。

密程度。方略馆也是戒备森严，严禁闲杂人员进入。各部院的档案库委派笔帖式等人员轮流值宿、巡查，加强了档案的安全性。

(三) 档案成分的变化

鸦片战争后，随着外国势力的侵入，我国社会政治、经济发生了变化，档案的成分也发生了变化，逐渐突破了"皇家档案"的狭窄范围，陆续产生了各种新的档案。主要有：

技术档案——清政府为了镇压农民革命运动，于19世纪60年代开始创办近代军事工业，70年代后，又形成了近代技术档案，如修建厂房的图纸、制造武器的样图、建筑铁路的线图、开办矿业的矿图等。这些档案反映了我国近代机器工业产生时的历史情况。

教育档案——我国最早的近代学校是1861年设立的"同文馆"，以学外文为主，聘用外国人为教员。戊戌变法（公元1898年）后，兴办了一批具有近代意义的学堂，同时，也成立了一些专业学堂，如水师学堂、农林学堂等。在这些学堂的教学与管理活动中，形成了大量的有关学校教育的档案。另外，在向外国派遣留学生和对留学生的管理工作中，也形成了一些关于留学生的档案。

照片、影片档案——随着摄影技术的传入，清统治者也采用摄影技术，拍摄铁路、厂矿等工程的照片，作为档案保存。电影传入后，又形成了一些影片档案。

此外，还产生了一些特殊的档案，诸如注册、商标等。同时，随着近代企业的发展，统计、会计等财务档案也比以前增多了。

【知识链接】

官用电报——鸦片战争后，随着外国列强的侵入及外国科学技术的传入，电报也在那时传入，并被官方所用。当时的官用电报分为三种：一是皇帝的下行电报，称"电旨"；二是臣下的上行电报，称"电奏"；三是官衙之间的平行电报，称"电信"。电报的使用，使文书工作和整个秘书工作发生了重要变化。

方略馆——清代军机处的档案馆，本为编纂清代各次军事行动始末的机构，军机处成立后，为其保存档案，由满、汉军机章京掌管。所存档案大致可分五类：一是军机处分类汇抄的上谕、奏章、专案等；二是军机处进呈皇帝的表、折及所附图册等；三是军机处处理完毕的行移、考绩、经费等例行公文；四是各官衙送军机处的咨文、照会等公文；五是馆内编修的各种方略稿本等。以上档案都以满、汉两种文字抄录收存。

阿兰泰——(? —1699年)富察氏，满洲镶蓝旗人，清初大臣。初授兵部笔帖式，即专事公文缮写的文书小吏。康熙初年，累迁职方郎中，康熙平定"三藩之乱"时，任用他专司军国机要文檄。他忠于职守，办事勤劳、详慎，操行清谨，不弄权势，人莫敢干以私，为此，颇得康熙赏识、器重，称阿兰泰能强记，且善治事，遂屡加升迁，官至武英殿大学士、工部尚书。雍正年间，入祭祀贤良祠。是由秘书小吏升为朝廷重臣的典型例子。

蒲松龄——(1640—1715年)，字留仙，一字剑臣，别号柳泉居士，世称聊斋先生，自称异史氏。19岁应童子试,接连考取县、府、道三个第一,名震一时。补博士弟子员。以后屡试不第,直至71岁时才成岁贡生。他应宝应县知县孙蕙之请,为其幕宾,任书启师爷数年,负责起草呈文、文告、判词、书信等,并陪同孙蕙送往迎来,官场应酬,是为亲信秘书。他为人正直,富有正义感、同情心,为百姓办过些好事。他洞察社会黑暗,官场邪恶,创作出著名的文言文短篇小说集《聊斋志异》。他起草的公文书信被编成《鹤轩笔札》,现存于青岛博物馆。

【练习题】

(一) 单项选择题

1. 清代的内阁经历了一个从( )到内三院,再从内三院到内阁的过程。

A. 文馆　　　　　　　　　　B. 国史院

C. 内秘书院　　　　　　　　D. 内弘文院

2. 内阁中有( )承担秘书业务。

A. 七房　　　　　　　　　　B. 十一房

C. 十房　　　　　　　　　　D. 十二房

3. 内阁中专掌转呈本章和批本的部门是( )。

A. 副本库　　　　　　　　　B. 收发红本处

C. 稽察房　　　　　　　　　D. 批本处

4. 军机处的日常工作主要由( )承担。

A. 大学士　　　　　　　　　B. 军机大臣

C. 军机章京　　　　　　　　D. 学士

5. 在地方官衙中,( )巡抚冯煦于光绪三十三年(公元1907年)上书,奏请设置辅助人员,佐理文牍、分科办事,经皇帝批准后,在巡抚衙门最早设立了秘书、助理秘书等官职。

A. 江苏　　　　　　　　　　B. 山东

C. 广东　　　　　　　　　　D. 安徽

6. 宣统年间,陆军部的承政厅中,设置了( ),掌机密事宜、收发奏咨函电、监守部印等。

A. 承宣厅　　　　　　　　　B. 制造局

C. 秘书科　　　　　　　　　D. 收文处

7. 幕僚是由主官自行聘请来备顾问、当参谋和协助办理文书事务的( )。

A. 私人秘书　　　　　　　　B. 吏员

C. 官吏　　　　　　　　　　D. 官员

8. 清承明制,皇帝颁下的文书统称为(　　)。

A. 制书　　　　　　　　　　B. 谕旨

C. 诏书　　　　　　　　　　D. 诰命

9. 鸦片战争后,清代皇帝的下行电报,称(　　)。

A. 电报　　　　　　　　　　B. 电奏

C. 电旨　　　　　　　　　　D. 电信

10. 光绪三十三年(公元 1907 年)创办了(　　),作为清政府公布谕旨、奏章、法令的政治刊物。

A. 内阁官报　　　　　　　　B. 内阁公报

C. 内阁邸报　　　　　　　　D. 政治官报

(二) 多项选择题

1. 清代的内三院是指(　　)。

A. 文馆　　　　　　　　　　B. 国史院

C. 内秘书院　　　　　　　　D. 内弘文院

E. 内阁

2. 指出下列哪些是内阁中的秘书机构:(　　)。

A. 满本房　　　　　　　　　B. 汉本房

C. 蒙古房　　　　　　　　　D. 满票签处

E. 汉票签处

3. 内阁的职掌主要有(　　)。

A. 拟撰、承宣谕旨　　　　　B. 筹备、组织大典

C. 收存重要档案　　　　　　D. 参与议政

E. 办理本章

4. 军机处的内部结构非常简单,既无下属机构,也无吏员,有官无兵,而官员也只有(　　)两种,且都是兼职。

A. 大学士　　　　　　　　　B. 军机大臣

C. 协办大学士　　　　　　　D. 学士

E. 军机章京

5. 清代除内阁、军机处以外,其他中央秘书机构有(　　)等。

A. 六科　　　　　　　　　　B. 中书科

C. 通政司　　　　　　　　　D. 稽察钦奉上谕事件处

E. 捷报处

6. 六部都设有如下秘书部门（　　　　）。

A. 汉本房　　　　　　　　B. 清档房

C. 督催所　　　　　　　　D. 司务厅

E. 当月处

7. 光绪期间，外务部内部比以前新增加的秘书部门有（　　　　）。

A. 翻译房　　　　　　　　B. 当月处

C. 机要股　　　　　　　　D. 电报处

E. 文报局

8. 可被视为我国近代研究秘书工作的首批著作有（　　　　）。

A.《办案要略》　　　　　　B.《续佐治药言》

C.《刑幕要略》　　　　　　D.《幕学举要》

E.《佐治药言》

9. 清代职责专一、独立性强的中央档案机构有（　　　　）。

A. 文馆　　　　　　　　　B. 皇史宬

C. 内阁大库　　　　　　　D. 秘书院

E. 方略馆

10. 鸦片战争后，清代档案的成分发生了变化，陆续产生了各种新的档案，如（　　　　）等。

A. 照片、影片档案　　　　B. 政治档案

C. 皇家档案　　　　　　　D. 技术档案

E. 教育档案

（三）简答题

1. 什么是秘书院？
2. 什么是典籍厅？
3. 简介内阁职掌的变迁。
4. 军机处的职掌怎样？
5. 什么是南书房？
6. 什么是奏事处？
7. 什么是稽察、催查？
8. 什么是票签？
9. 什么是密奏制度？

10. 什么是明发谕旨？

11. 什么是寄信谕旨？

12. 什么是方略馆？

13. 什么是汇抄？

14. 什么是技术档案？

（四）论述题

1. 试述军机章京的选拔、素质及评价。

2. 试述军机处的特点。

3. 试论书吏的流弊、危害和对书吏的整顿、效果。

4. 试述幕僚的职掌、地位及评价。

5. 试述清代题本处理程序。

6. 如何评价清代的秘书工作？

【扩展阅读】

杨剑宇：《论秘书学专业的学科归属》，《秘书》，2019年第1期。

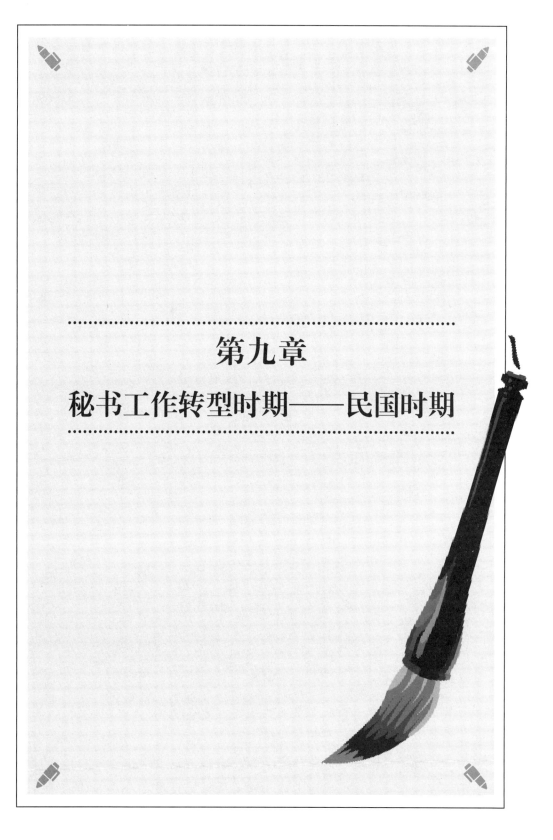

第九章
秘书工作转型时期——民国时期

第九章
秘书工作转型时期——民国时期

本章概述

民国时期是从清朝灭亡至中华人民共和国建立的历史时期。经历了南京临时政府、北洋政府和国民党政府三个阶段。

南京临时政府存在时间虽短，但首开我国现代国家秘书工作之先河。其政权性质导致在秘书工作中体现出反封建的民主思想。各项制度多有开拓创新，并为后世所沿袭。

北洋政府时期，中央政府首脑更换频繁，对中央秘书机构的工作影响很大，短暂的帝制复辟，也曾使秘书工作一度倒退。但总体而论，其秘书工作多承袭南京临时政府，并有所发展。秘书机构的设置逐渐趋向一致，部分秘书业务技能有所提高。

国民党政府的秘书工作则承袭南京临时政府及北洋政府，有所发展。其秘书机构的设置较为健全，人员的选拔比较严格，业务工作也有一定发展，开始进行秘书工作的学术研究并吸取外国的经验。然而，由于国民党政府的腐败，秘书工作中同样存在许多弊端和腐败现象。纵观这近40年间的秘书工作，是从古代型向现代型转型的时期。

学习目的和要求

通过本章学习，了解我国近代秘书工作的概况，理解近代秘书工作与古代秘书工作相比的特点：南京临时政府首开我国近代秘书工作之先河，其秘书工作体现了反封建的民主思想，各项制度多有创新，为近代各政权所仿效；北洋政府的秘书工作总体上承袭南京临时政府，秘书机构的设置逐步健全并趋于一致，部分秘书业务技能有所提高；国民党政府的秘书工作有所开拓，机构设置健全，秘书人员的选拔较为严格，业务技能发展，开展了对秘书工作的学术研究，并学习、吸收国外的经验。然而，由于国民党政府的腐败，其秘书工作也同样存在着弊端和腐败现象。

重点、难点

根据本章的学习目的和要求，本章的重点和难点是：

1. 临时大总统府秘书处；
2. 南京临时政府秘书人员的种类、地位和来源；
3. 南京临时政府的文书工作制度和公文文体；
4. 北洋政府秘书官员的选拔任用制度；
5. 国民党政府对秘书工作的改革。

第一节 南京临时政府的秘书工作

辛亥革命推翻了清王朝。1912年1月1日，南京临时政府成立。临时政府各级政权普遍设立了名实相副的秘书机构和官职,并以制度形式规范了秘书机构的设置和职责;在文书工作上进行了一次划时代的革命,废黜专制与等级,推行民主与平等,开创了近代文书工作。各项制度草创之始,不免粗疏简单,但它初步奠定了近代秘书工作的基础,在我国秘书史上具有里程碑意义。

一、临时政府的秘书机构与官职

(一) 临时大总统府秘书处

根据《临时政府组织大纲》的规定,南京临时政府实行总统制,不设国务总理,不设内阁,临时大总统既是国家元首,又是政府首脑,直接统辖、指挥中央九部,所以,总统府秘书处也就是临时政府的总秘书机构。临时政府还开创性地制定了专门的秘书工作条例——《总统府秘书处暂行章程》29条。根据该章程,秘书处设有:秘书长一人,承总统之命总理本处事务,监督所属职员。秘书若干人,具体办理秘书处各项事务。秘书处分七科二所:总务科、军事科、财政科、民政科、文牍科、通译科、电报科、收发所、招待所。秘书处的工作大致分为四个方面:一是撰拟及收发公牍文件;二是保存命令、法规及公牍文件;三是编录各部会议事项;四是接待总统来宾。

与封建社会历朝不同的是,南京临时政府的中央秘书机构职权单一而明确,不再是行政职能部门,而只是一个直接为最高领导办事的服务机构。凡各部、局、各地机关团体、军民人等呈递的函件、电报,都由秘书处收受,并作出初步处理。凡总统来宾,均由秘书处招待员问明来意,斟酌引见。《总统府秘书处暂行章程》还对秘书人员的工作一一作了规范,比如,文件的收发、转递、保管,电报的收发处理,来宾的接待,日常事务的管理(包括值班、签到、告假、开会)等。

(二) 行政九部的秘书机构与官职

临时政府中央行政各部有陆军、海军、外交、司法、财政、内务、教育、实业、交通等九部。各部内均设有专业的秘书机构,或沿袭清末官制旧称,叫"承政厅",或称"秘书处"。据《中华民国各部官制通则》,承政厅是各部的办事机构,负责掌管机要,典守印信,编制统计,撰拟、收发、保管各项公文函件,管理经费预算等。由此可知,各部的承政厅相当于后来的总务厅和现在的办公厅,以负责秘书工作为主。秘书处的职掌和承政厅大致相同。

承政厅分处(科)办事,以内务部为例,据《内务部承政厅办事规则》,承政厅分纂辑处、文牍处、收发处、监印处、庶务处、会计处六处。其人员构成有:秘书长一人,承总长之命,总理厅务,并掌管机要文书;秘书六人,承秘书长之命,各自分管各处事务;另外还设有科员若干,录事若干。其他各部承政厅的设置与内务部大体相同。

除了承政厅职员,各部职员中带有秘书性质的还有参事,每部二至四人,负责审议重要文件、法规和草拟文稿等事项。还有文牍员、书记员、监印员、收发员、缮写员、调查员、应接员、编纂、录事等秘书人员,也有少数叫科长、科员。

（三）参议院秘书科

参议院是最高立法机关，成立初期即设有秘书机构。据《参议院办事细则》规定，参议院设有秘书科（后改为秘书厅），分文牍、记录两课，其职责是编纂文牍、编制各种记录以及办理会计、庶务。秘书科设有科长一人，受议长指挥、监督，管理本科事务；又设文牍课长一人、记录课长一人，受科长指挥、监督，分掌各课事务。

（四）其他秘书机构

南京临时政府重要的中央行政机关概括称为"九部三局"：九部如前所述，三局指法制局（初称法制院）、印铸局、公报局。法制局负责起草、审定临时政府的各种法令、法规。印铸局负责印刷文件、公报，铸刻勋章、印信等。公报局负责编纂、发行临时政府公报。从职责来看，三个局均带有秘书性质，听命于总统，只是负责某一个方面的具体事务工作，虽然编制独立，却并没有独立的行政权。三局内部也设有秘书官职，负责本机关的秘书工作，如法制局内便设有秘书长一人，协助局长襄理局务，秘书一人，掌管重要文书，另设参事、编纂等若干。

南京临时政府成立后，一些宣布脱离清政府而独立的省区均尊奉其为中央政府，但临时政府实际上并不能控制各省，故各省的机构设置并不统一。各省光复后，一般公推"都督"统领军政，成立都督府或军政府为地方政府。其组织机构多属草创，但都设有秘书机构。如，湖北军政府内设直属秘书处，秘书长1人，秘书25人，还设有若干顾问员和稽查员。府下各司、局置有秘书、录事等专职秘书人员。其他各省军政府也分别设有不同名称的秘书机构，如秘书处、秘书局、秘书厅、总务厅、文书局、文书部、文事部、参事处等。

由此可知，南京临时政府时期的秘书机构与官职名目众多，原因在于时局动荡，来不及统一。但其在以下两个方面具有开先河的进步意义：其一，各机关普遍创设了名实相副的秘书机构和官职，建立了近代意义上的秘书队伍。其二，秘书机构的设置开始有了法规依据，其职能渐趋明晰。各机关开始以近代官制章程来建立、规范秘书机构，秘书机构也逐步从政务机构中独立出来，其职能普遍以文书工作为主，兼及日常庶务，这就在一定程度上保证了秘书机构的稳定性。

二、秘书人员

（一）秘书人员的类别与地位

当时，秘书人员的名目众多，有秘书长、秘书科长、秘书员、秘书官、顾问（官）、参事（官）、书记长、书记员、文牍员、监印员、收发员、记录员、缮写员、电务员、译员、调查员、应接员和录事、司书，等等。根据他们的工作性质和范围，大致可分为下述三类：

一是顾问和参事，他们是总统、部长、局（总统直辖局）长、都督的高级参谋、辅佐人员，地位颇高。顾问主要是在总统府和部分省都督府等机关中设置，有的顾问已带有荣誉职务的性质，并非在府中办事，但也有顾问随侍在长官左右，其规定职责仅仅是备顾问、供咨询。参事为各部和部分直辖局、都督府设置，其职责为审议、核定本机关的法规、文件，协助部长等长官工作。顾问、参事主要起智囊参谋作用,是辅助首长决策的高级秘书人员。

二是秘书长、秘书,他们是各机关长官的高级助手,且多兼任部门负责人。各部秘书长一般主管承政厅、秘书处的工作,还直接掌管机要文书,全面辅助长官工作,排位在各司、局长之前。秘书主要负责重要的文书工作,直属秘书长领导,一般各分管一科,若该科无科长时则兼任科长。当时,凡以"秘书"为职务名称的秘书工作人员,其地位都比较高,他们均以掌管重要文书为主要职责,并兼任部门负责人,还负责处理下属各职能部门的一切事项,职掌颇宽。

三是其他秘书人员,名目众多,工作性质比较单一,各负责一个方面的具体事务,人数也最多。其级别有的为科员,有的只是雇员。数量众多的日常工作主要是靠他们完成的。

上述三类秘书人员中,前两类可称为高级秘书人员,第三类是普通秘书人员。

(二) 秘书人员的来源

南京临时政府各级政权中的秘书人员,主要有两个来源:

一是从同盟会员等革命党人中聘任。早在辛亥革命前,同盟会及其他团体的革命活动锻炼了一大批革命党人,这些人随即成为南京临时政府的中坚。临时政府秘书队伍的骨干力量,尤其是高级秘书人员,就是从早期的革命党人中聘任的。比如总统府秘书长胡汉民,早在同盟会成立时就加入了该组织,并先后任评议部议员、书记部书记、《民报》编辑等职,参加过孙中山领导的多次反清起义。他既有革命经历,又有秘书工作经验,跟随中山先生多年,自然受到重用。

二是从旧政权的秘书人员中选用。南京临时政府成立以前,湖北军政府一度暂居中央政府的地位,曾制定对原有书吏的两种选用办法。其一是考试,旧政权文职人员欲在新政权内任职须参加考试,考取后派往府县各部门任"课员"或"司书生"(见习秘书),三个月后根据其品行成绩决定去留;其二是访察,察访各房科书吏,品行端正、办事谙练且兼通新政者,可被派充各课课员。采用这些方法,从书吏、幕僚等旧有秘书人员中选用了大批人员,担任各机关中的普通秘书人员。

南京临时政府和各地政权中也混入了不少立宪派和旧官僚。他们掌权后极力安插自己的亲信为秘书,排斥革命党人。有的已"光复"的省区,甚至原封不动全是旧政权的一套人马,其秘书人员自然都是旧有人员。

总的来说,辛亥革命时期的秘书人员,主要源于革命党人和原有的幕僚、书吏,未能建立健全的选拔任用制度,因此,秘书队伍不免鱼龙混杂。

三、文书工作

南京临时政府对旧有的文书工作进行了大刀阔斧的改革,开创性地建立起一套与资产阶级民主、平等精神相适应的新的文书工作体系。

（一）创建新的公文文体

临时政府成立后，立即以大总统名义发布了《公文程式令》，规定了临时政府的 7 种新公文文体，随后内务部又补充了两种法定文体。其用法分别为：

呈——下级公署职员行用于上级公署职员，及人民行用于公署职员时用。

令——上级公署职员行用于下级公署职员，公署职员行用于人民时用。

谕——公署职员行用于人民时用。区别于"令"之处在于"凡命令含有劝导之意者曰谕"。

批——凡上级公署受有呈词而予以裁决判断、答复时用。

示——公署职员公告一般人民时用。

公布——经参议员议决之法规，由大总统向一般人民宣布时用。

状——委任职员及授赏徽章的证书。

咨——同级公署职员互相行文时用。

照会——各公署行文外国时用。

中国封建社会的公文文体相当繁杂，仅皇帝颁发的下行文就有 30 多种。由于一则要维护皇帝的专制权威，把一大批文体单列出来供皇帝专用；二则为了维护封建等级制度，不同品级的官署规定使用不同的公文文体，导致封建社会公文文体多不胜数。临时政府要废黜专制与等级，彰显民主与平等，所以其建立的新文体，断然摒弃了封建王朝使用的充满专制与等级色彩的的制、诏、诰、敕、题、奏、表、笺那一套名称，并删繁就简为 9 种。这在我国公文史上是一个创举。

（二）规定新的公文格式

临时政府在统一公文文体后，对旧式公文格式也作了改革，力图简明、划一。

封建社会重视尊卑高下，即便同一方向行文，公文用纸的颜色、大小也有不同：皇帝诏书用黄色，官署下行文则用白色；清代诏书、敕谕、牌文、票文同为下行文，而用纸大小各有不同的规格；同为官府告示，官署品级不同，用纸大小也不同。就公文书写而言，用纸幅数，每幅行数，每行字数，甚至虚词套语，都有刻板的规定，抬头避讳、提行顶格皆要遵循，公文字体、用印、署名及书写位置，上行文与下行文又各有规范。

南京临时政府在实践中革新了公文格式，公文用纸皆用白色，普遍采用折式，纸幅大小大体一致。在公文书写方面，临时政府统一了公文的文式、行式、字式，所有"公文不限页数，随文而止"，首幅折面一律居中书写文种名并加印，次幅首行皆为"某职某文种"形式，次行即叙事，末尾"紧接'此谕''此咨'等字样"，①简化公文程式，废除抬头避讳，公文不论上行下行，皆用楷体书写，一律端正用印，发文官署长官皆全署姓名，一律靠下书写。

临时政府废除了公文中的封建称呼，认为此前公文中下级称呼上级的"大人""老爷"有损民主共和精神，特通令一律改以官职相称。

---

① 《临时政府公报》第 23 号：《内务部拟定公用折及封套式样咨各部暨各都督文》。

临时政府还规定,公文落款日期一律采用新历(阳历),民国纪年。

(三)建立新的文书处理制度

临时政府奉行务实、高效的办文宗旨,力求摒弃封建王朝文书处理中相互推诿、拖延的官僚作风,特地发文强调,"公文以敏迅为归,事权以分任为主",杜绝不负责任的文牍主义。各部、局依据新的办事精神,纷纷建立起办文制度,如《财政部办事通则》制定的文书处理程序为:

挂号——收到文件,将事由登记于收文簿内,另编本厅司号数,并注明收到日期;

呈阅——文件登记毕,由司厅长阅过,分盖各科戳记,每日一次汇呈总长批阅,如属重要文件,则由司厅长或主任人员亲呈总长请示办理;

办稿——文件发科后,应办稿者,由主任人员办理,经该签事盖章送厅司长核定,再送总次长判行;

缮校——已判行之稿,交录事缮写校对,送承政厅印信课用印,送总次长署名盖章;

发送——发文封固,将事由登记在发文簿内,一并送承政厅收发课;

归档——文件发行后,仍由各科将所收原件及拟办的文稿,分别类目归档,以备检查。

对公文处理的时限,财政部还严格规定,除重大问题需留待研究外,其余各项事件自收文挂号,到呈阅、办稿、判行、发送,不得超过5日。

为防止作弊,临时政府还严格规定了收文制度:凡到总统府投递文件者,由外传事处将文件呈交收发处验阅,决定收受与否,若收,则由收发处加盖印戳,注明日期,发给收据。凡上呈文件均一律存查,分别批答。为防止秘书人员刁难或勒索,还规定,投送文件如外传事不替呈交,而借机勒索,投递人可向总统府指名投诉。

(四)创设新的公文下达方式

临时政府的公文除了运用投送、邮发的下达方式外,还创设了两种新方式。

其一,设立揭事处批答呈件。总统府秘书处在总统府东、西栅门外设立揭事处,"凡来本府投递呈件者,分别事项量予批答,揭示该处,以三日为限,过期揭去"。①

其二,利用公报发布通行公文。临时政府于1912年1月29日开始出版《临时政府公报》(以下简称"《公报》"),每日一期,规定大总统和各部所发有通行性质的公文,一律刊登于《公报》,不再另行公文。除有特定时间外,其实行日期定为:京城实行日期是登载《公报》的第5日,各处实行日期是《公报》到达公署的第5日。《临时政府公报》共出版了58期,发布过大量的政府公文。

由于临时政府存在的时间很短,它的各级政府中还未建立专门的档案机构,其档案工作一般由文书工作部门兼理。

第二节 北洋政府的秘书工作

1912年4月,北洋军阀篡夺辛亥革命成果,建立起北洋政府,直到1928年覆灭。此期

---

① 《总统府秘书处广告》,《临时政府公报(第15号)》。

间,政权形式变化多端,虽然挂着"民主共和"的招牌,实际上是封建军阀的军事独裁统治。这一时期秘书工作有所发展:秘书机构在名称和职掌上逐步吻合,并且从政务部门中独立出来;秘书机构的设置和秘书人员的选拔、任用初步纳入法治的轨道,具有封建社会所没有的稳定性;文书档案工作在继承历代传统和吸收西方经验的基础上,有所扩展和开创。但在封建军阀统治下,各项制度实际上难以贯彻,以致秘书工作在各个方面都保留了或多或少的封建残余。

一、中央秘书机构

(一)总统府的秘书机构

总统府(包括临时执政府、大元帅府)的秘书机构是秘书厅。1912年4月开始设置。秘书厅置秘书长一人,掌管秘书厅事务;参议若干,负责审议法令;秘书若干,分掌秘书厅的具体事务,其中参与机要者又称机要秘书,还设有英文秘书、日文秘书,以应付外事;另有大礼官若干,掌大礼时仪制之事。

袁世凯企图复辟时,曾改秘书厅为内史厅,秘书改称内史,设内史监统领。又改总统府为新华宫,收文处为奏事处,另设承宣司传宣命令,完全复古为封建朝廷那一套。袁世凯称帝失败,才又恢复为秘书厅,一直沿用到北洋政府末期。

1914年,袁世凯曾取消国务院,设政事堂作为办公厅。它名义上虽是最高行政中枢,实质上并非独立的行政机构,凡事听命于总统,相当于前清的军机处。袁世凯通过它集实权于总统府。政事堂设机要局,设局长1人,参事6人,佥事16人,主事若干,分掌:颁布命令,恭请钤章;撰拟命令及文电;收发京外官署文牍电信;典守印信;审核各部事务;处理关于清室往来文件;办理关于立法院往来文件;和各部院接洽文件;和政事堂各局所人员接洽文件;保管图书;编辑档案。可见机要局人员颇多,职掌宽泛,是此时期中央政府唯一的总秘书机构。1916年,袁世凯帝制破产,不得已取消政事堂,恢复国务院,机要局也即行撤销。

(二)国务院的秘书机构

依《临时约法》,国务院理应是北洋政府的中央行政中枢,其秘书机构应是最重要的中央秘书机构,事实上并非如此。由于内阁更换频繁,短短16年中,便有40多届内阁,多数内阁被人左右,难以成为政务中枢。只有拥有实力的大军阀(比如段祺瑞)任国务总理时,国务院秘书机构才是中央秘书机构。

国务院的秘书机构是秘书厅。根据《国务院秘书厅官制》、《国务院秘书厅办事规则》,其人员及职掌设置大致如下:秘书长1人,承国务院总理之命,掌理秘书厅事务,召开国务会议时充任会议书记长;秘书6至10人,宣达法令,撰拟及保管机要文书,典守印信等;佥事12至24人,撰拟文书,编纂记录,保管图籍,翻译文电,核对文稿,收发文件,掌理会计,办理庶务;主事24至72人,辅助佥事分办各项事务;参议8人,审议法令。

秘书厅分课(科)办事,民国初年为三课,一课办理机要,二课办理一般文书和统计,三课办理出纳、庶务、交际等项。后来又有八课、五科、七科之分。

(三) 国会的秘书机构

国会是立法和制宪机关,也是民意机关,北洋政府为标榜民主共和制度,大部分时间设有参议院、众议院。两院均设有院秘书厅,设秘书长1人,秘书6人,分科办事。另有两院联合议定宪法的宪法会议,也置有秘书厅,筹办会务,与现在大型会议的秘书处相似,是临时性机构。

上述各中央机构的秘书厅,其事务的繁简视各个机构头目的实际权力而定。如果总统是最大的军阀,总统府秘书厅不但事务繁忙,还参与机要,国务院秘书厅则处理例行公文;如果总统是各派军阀的傀儡,国务总理便是最有实力的军阀,则与上述情况相反;如果总统与总理实力相当,则常为事权争斗,难免发生"府院之争",两个秘书厅也各为其主而忙碌。至于参、众两院秘书厅,所做多为表面文章。这是半封建半殖民地社会中军阀统治下的特有现象。

(四) 中央政府各部的秘书机构

北洋政府大多数时间设置外交、内务、财政、陆军、海军、司法、教育、农商、交通等九个部。依据《各部官制通则》,九部均设总务厅作为办事机构,负责秘书工作及其他事项。总务厅一般不设秘书长,其职员有:参事2至4人,负责拟订和审议各种法律、命令;秘书2至4人,分掌总务厅事务;佥事至多8人;主事若干。总务厅的职掌有下列各项:掌管机要;典守印信;编制、统计报告;登记职员进退;纂辑、保存、收发各项公文函件;办理本部预算、决算;稽核会计;管理本部官产、官物;办理其他不属各司的事务。总务厅分科办事,大多分置机要、文书、统计、会计、庶务等科。除会计科外,大多为专职秘书部门。

各部总务厅为综合性的办事机构,以秘书工作为主,兼职本部门的人事、财政、庶务、会计等事务。其性质与现代各机关的办公厅相同。

综上,北洋政府时期政权频繁更迭,政府军事化,秘书机构的设置也受此影响,很多做法还带有浓厚的封建色彩。但在以下几方面还是有进步意义的:第一,北洋政府普遍比较重视秘书法规的建设,秘书机构和职官的设置基本都有法可依。总统府有《总统府办事规则》,国务院有《国务院秘书厅官制》,参议院也有《参议院秘书厅组织规则》,虽然这些规定和实际具体情况多少有些差距,但终究把秘书机构的建设纳入了法制化轨道。第二,秘书机构被定位为服务性办事机关,权限明确,保证了秘书机构和秘书工作的稳定性和连续性。第三,秘书机构分科办事,各科也有办事细则,如《国务院秘书厅第一课办事细则》,职员各司其职,体现了新型的行政管理规范。

二、秘书人员

(一) 秘书人员的名目和职级地位

北洋政府行政机关设置的秘书人员主要有秘书长、秘书、佥事、科长、主事、科员、录事等。当时,行政官分特任、简任、荐任、委任四种;除特任外,共分九等。国务院和行政九部的秘书人员中，秘书长为一等或二等简任职；秘书为三等或四等荐任职；佥事、科长为四等或五等荐任职；主事、科员为六等至九等委任职；录事为雇员，无官秩身份。

凡冠以"秘书"者，均属高级文官，实际地位则更为显赫。他们多系长官亲信，参与机密，被赋予的权力也比他人大。如袁世凯府中内史（原秘书）夏寿田，所知机密连国务卿徐世昌都不知道。还有国务总理段祺瑞的秘书长徐树铮，可以公然私拟命令送到总统府盖印。这是军阀统治下秘书越职侵权的一大特色。除了总统府、国务院，各部、局等机关亦无不如此。由此可将北洋政府的秘书人员分为两类，一是高级秘书官，包括秘书长和秘书，其等级虽和参事、佥事差别不大，但因系长官亲信，预闻机密，实际地位很高；二是普通秘书官，包括参事、佥事、科长、主事、科员，承办各项秘书事务，虽不乏高级官职，但所做多为日常性、程序性工作，地位并不显赫。这两类秘书人员不仅地位悬殊，任用方式也不同。

民国才女吕碧成就是此时期的高级秘书。吕碧城，一名兰清，字遁夫，安徽旌德县人，生于清光绪九年（1883年）。她出身书香门第，父亲吕凤岐是光绪年间进士，在父亲教导下，她在少女时期，诗词书画造诣就已很高了。但是，13岁那年，她家中发生重大变故，父亲病逝，全部家产被族人霸占，母亲被强行幽禁，她又被退婚。她给父亲的朋友写信，四处求告，包括时任两江总督的樊增祥。在樊增祥救援下，吕母得以脱身，吕碧城被送到了舅舅家。戊戌变法之后，维新思想狂飙突进，20岁的吕碧城于1903年逃离了保守的舅舅家，去到天津。通过友人介绍，她被邀请为《大公报》见习编辑，成为我国新闻史上第一位女编辑。数月后，她就成为《大公报》的第一杆名笔，借助这一舆论阵地，她积极宣传女权、倡导妇女解放，发表了大量诗文。1904年10月，经直隶总督兼北洋大臣袁世凯支持，让吕碧城协助筹办起"北洋女子公学"，吕碧城出任总教习（教务长），两年后添设师范科，更名为"北洋女子师范学堂"，23岁的吕碧城升任监督（校长）。

所以，她被誉为"近三百年来最后一位女词人"、诗人、政论家、社会活动家、中国新闻史上第一位女编辑、中国第一位动物保护主义者、中国女权运动的首倡者、中国女子教育的先驱者。23岁成为大学女校长。

袁世凯窃取辛亥革命的果实，任大总统后，慕其才名，礼聘为新华宫大总统府的机要秘书。袁世凯称帝后，她不屑与之为伍，毅然出走，后在上海从商而致巨富，又赴美就读哥伦比亚大学，攻读文学与美术，兼上海《时报》

特约记者,她将看到的种种新事物,写成游记,让中国人与她一起看世界。4年后学成归国。1926年,再度只身出国,漫游欧美达7年,将见闻写成《欧美漫游录》(又名《鸿雪因缘》)。

在她看来,"生平可称心的男人不多,梁启超早有家室,汪精卫又太年轻",所以,这位美女、才女兼奇女终身未嫁。中年游遍天下,晚年皈依佛门,在香港孤独辞世,享年61岁。

(二) 普通秘书官员的任用

对普通秘书官员的任用,北洋政府借鉴了西方的文官制度,按《文官任用法》等法规,或从现任文职中甄别,或通过考试来选拔。

以主事、科员等委任职为例,其任职条件是:现任或曾任委任文职,或经文官普通考试及格并实习期满有成绩,或有荐任各项资格之一。据《文官普通考试令》及《施行细则》,文官普通考试每3年在首都举行一次。应试者须年满20岁,男性,且须具有中等以上专门学校的毕业文凭,或经政事堂(后为国务院)甄录试或省地方考试合格,或曾任委任以上文职。考前一月,应试者须取同乡荐任官以上京官一人的"保结",亲赴政事堂铨叙局报名,并呈验相关文件证书。凡被剥夺或停止公权尚未复权,品行卑污,受破产宣告尚未复权,有精神病或年力衰弱,亏欠或侵蚀公款者,不得参加考试。普通考试分三试:第一笔试国文一道;第二笔试专业科目,试宪法大纲、现行法令解释、策问、文牍等科;第三为口试。三试平均及格,才能录取。录取后分发到各官署实习一年,期满而又成绩优良的,即可作为候补,授委任职。其任命状由各官署长官署名盖印。

佥事、科长等荐任职秘书官的任用,须现任或曾任荐任职,或经文官高等考试及格,或有简任资格。文官高等考试与普通考试类似,只是选拔条件更严苛。

从上可见,对一般秘书官的任用形式、程序及手续,北洋政府既吸收了西方文官制度的做法,也继承了我国历代秘书官吏选拔的经验。尤注重以下三个方面:要求具有较高的文化水平和专门知识;任用或升用一般通过考试选拔;注重实际能力,有实习环节。这些措施表明,此时期一般秘书官员的选用制度是比较成熟的,虽然在施行上还未能完全遵从规定,但比之前清的八股科举和官员自聘幕僚(师爷)制度,还是要合理、进步得多。

(三) 高级秘书官员的任用

北洋政府秘书长与秘书的任用,根据《秘书任用法草案》,并不按文官制度执行,其资格也不受《文官任用法》等法规的限制。其任用主要是根据长官的意志,由长官决定,也没有实习期,任用后享受荐任官的薪俸等级待遇。比如国务院秘书长,就通常由国务总理的亲信担任。高级秘书官的任用之所以如此,原因有二:一是长官要用其亲信,亲信又往往不具备同级文官的资格条件,故不设资格限制;二是便于长官随时更换秘书。

北洋政府的长官任用亲信做高级秘书的做法,带有很强的私属性,任用的秘书虽为国家机关编制内的正式官职,但在一系列的政治颠簸中,与幕主同荣辱,共进退,即使在民主共和制度下,传统幕僚的特点也很明显。这种任官制度,不可避免地带有封建性。它使任人唯亲合法化,也不考虑资格、能力等条件,造就出一批对主子唯唯诺诺、对他人专横跋扈而无真才实学的奴才。这是军阀用人的一个特点,表现出北洋政府政治上的腐朽与黑暗。

三、文书工作

(一) 公文文体

1912年11月6日,北洋政府公布了第一个《公文程式令》,该令规定了13种法定公文:

大总统令——大总统指挥全国时用。主要用于公布法律、教令、国际条约、预算,及任免特任、简任、荐任官。

院令——国务院发布命令时用。

部令——国务院各部及相当于部之院、会发布命令时用。

委任令——大总统对于官吏及上级官对于下级官有所差委时用。

训令——大总统对于官吏及上级官对于下级官有所指挥时用。

指令——大总统对于官吏及上级官对于下级官,因其呈请而有所指挥时用。

处分令——行政各官署对于特定人民,就特定事项,命其行为或不行为时用。

布告——宣布事实时用。

任命状——任命委任职以上官员时所发的证书。

批——行政各官署对于人民之呈,分别准驳时用。

咨——参议院与大总统或国务员往复文书时用。

公函——无隶属关系的行政各官署往复文书时用。

呈——人民对于大总统及行政各官署之陈请,官署或官吏对于大总统之陈请或报告,下级官署对上级官署,或官吏对于长官之陈请或报告时用。

这个《公文程式令》承续了南京临时政府创立的公文文体制度,并适当地作了修补。临时政府只存在3个月,"政令不出百里",其创立的新型公文制度,实施范围其实很小,北洋政府这个《公文程式令》则逐步把临时政府的新型公文制度及其承载的民主共和精神推广到全国,逐步扫除了封建王朝的公文文体制度。

1914年5月26日,企图复辟帝制的袁世凯一连公布了3个《公文程式令》,规定大总统使用策令、申令、告令、批令、咨5种公文,政事堂使用封寄(或交片)、公函、咨3种公文,普通官署(包括人民)使用呈、详、饬、咨、咨呈、咨陈、示、批、禀9种公文。这些规定最大的特点是恢复了封建社会的公文文体,也恢复了封建专制和等级制度。比如策令、申令等和封建帝王的敕谕、诏书实质上没有什么区别;封寄、交片乃前清军机处寄信、交片的翻版;呈、详、禀等文体,同为上行文,然其等级之分明,与封建时代毫无二致。1915年12月,奏折也复活了。从公文文体的变化上,足可看出袁世凯政治上的反动。

1916年7月29日,袁世凯死后,北洋政府重新公布了《公文程式令》,基本上是对1912年11月《公文程式令》的恢复,只略微作了局部调整,撤销了处分令,增加了咨呈。这个《公文程式令》一直沿用到1928年北洋政府覆灭时。

(二) 文书工作制度

公文用纸制度——北洋政府初期,公文用纸各行其是,互有参差。1913年10月16日,国务院颁布《国务院厘定公文书用纸程式条例》,通饬"凡京外大小官署,一律适用"。该条例规定,公文纸型一律用折式,纸幅连续之处盖用官署印信,纸幅"周围划线,横线四寸一分,纵线六寸一分。上方留边二寸一分,下方留边一寸零半分。左方留边五分,右方留边一寸六分",每幅纸面"行格均分六行"。各官署稿纸及公文清册附件可参照此标准。这是民国以来官方首次明确规定公文的用纸制度,促进了公文用纸的标准化。

发文编号制度——北洋政府《公文程式令》规定,各项公文各依发文年月日先后编号,自第一号起,每年更易一次。这已类似于现代公文字号,除便于统计、查阅和引用,也使公文格式更加完整、规范。

副署制度——北洋政府规定,凡大总统颁发的公文,除盖用大总统印外,还须由国务总理记入年月日副署,或由国务总理与主管国务员共同副署。也就是说,总统的行政行为必须由内阁总理或内阁阁员副署,才能发生法律效力。副署制度是责任内阁制在文书工作上的一种具体表现,因而从法理上讲也是一种必须遵循的文书工作制度。然而,北洋政府时期屡屡发生破坏副署制度的事件,以致副署徒具形式,变成了发文时的一道手续而已,原本的"责任"意义也消失殆尽。

总结说来,北洋政府的文书工作在承续南京临时政府文书工作的基础上,作了完善修订,各项法令也比较完备。只是文书工作虽有法可依,但军阀们通常各行其是,并不按照规章办理,文书工作制度难以完全贯彻,封建作风保留了不少。

四、档案工作

(一) 机关档案机构的普遍建立和健全

北洋政府时期,各机关普遍设置了比较健全的档案机构,只是名称不一,有称档案房,有称档案科,还有称文件保管室、保存文件股的,这都是专职档案机构,统归秘书厅(处)或总务厅(处、科)等总秘书机构领导。各档案机构主要保管本机关在管理活动中形成的文件、档案,有的也兼管过去的旧档。

新的机构成立后,分别对应接管了清代的旧有档案,如国务院秘书厅接管了清内阁承宣厅的档案。但接管工作散乱而无计划,使清代一些"闲散衙门"(如翰林院)的档案无人接管,后不知去向。地方档案的散失更为严重。可知北洋政府仅仅是为了当时统治的需要而进行接管工作,并不重视档案工作的长期建设。

此外,北洋政府还设置了三个独立的档案机构:国史馆、清史馆、故宫博物院文献部,以整理档案、编修国史、选录出版史料文献。

(二) 档案工作制度

北洋政府时期先后制定了一些档案工作规则与办法,如外交部先后制定了《外交部编档办法》《保存文件规则》《编档办法》等。这些专门的工作规则与办法,对档案的整理、保管、利用、查阅及销毁等环节都作了具体规定。

与清代相比,北洋政府档案工作的进步主要表现在：第一,规定了文书处理部门立卷、移交的原则;第二,已有类似区分全宗整理档案的具体做法;第三,明确地提出了编目和编制检索工具的规定;第四,创制了卷套;第五,规定了档案的保管期限;第六,规定了销毁档案的原则、方法和手续;第七,健全了查阅档案的制度。这些奠定了近代档案工作的规则。

同时,这一时期的档案工作仍存在许多缺点,如整理中缺乏科学的鉴定,编目比较简单,机械地以 10 件为一卷,并且仍沿用清末的一些落后方法,如《千字文》编号法等。

(三) 档案工作中的腐败现象

北洋政府的档案工作中也存在着严重的腐败现象,出现了对重要档案大破坏的恶性事件,其中最典型的有两件：

一是袁世凯大量销毁复辟帝制档案。袁世凯为了称帝,曾大耍阴谋,比如,他指使心腹爪牙在幕后秘密通电各省,组织请愿,伪装民意,频发函电,广造声势,上《推戴书》,由此形成了大量有关帝制活动的档案文件。袁世凯登基前后,为使他的一切阴谋不留下蛛丝马迹,通电各省：将改革国体("称帝")文电信函,一律查明销毁,试图掩盖袁世凯逆历史潮流而动的丑恶勾当。

二是教育部公开拍卖档案的"八千麻袋事件"。1921 年,北洋政府教育部以经费不足为名,将其接手保管的部分清末内阁大库档案,装了八千麻袋(十五万斤),以大洋四千元的价格出售给北京纸商作为造纸原料,造成历史档案的大流失,史称"八千麻袋事件"。自此开辟了档案买卖市场。

综上,北洋政府时期的档案工作,一方面继承了以往档案工作的先进经验,又有所发展和开创,基本确立了我国近代档案工作的规范;另一方面,统治阶级对现行档案的焚毁和对历史档案的拍卖,又对档案工作造成了很大的破坏。

第三节 国民党政府的秘书工作

1927 年,国民党取代北洋军阀,建立了全国政权。其秘书工作承袭南京临时政府和北洋政府,有所开拓发展,尤其对秘书工作的多次改革和学术探讨,值得研究。

一、秘书机构和人员

(一) 中央政府的秘书机构

国民党政府称"国民政府",总揽军政要务。自 1928 年 8 月起,国民政府实行五院制,即由立法、行政、司法、考试、监察五院组成,五院各司其职,对国民政府负责。

国民政府中初设秘书处,置秘书长 1 人、秘书 8 名、科员 8 至 12 名,此外,还另设书记官若干名。秘书处下设总务科、机要科、撰拟科,负责公文的拟制、处理、保管等事务。

国民政府改为五院制后,将秘书处改名为文官处,设文官长1人,秘书8至12名。文官处下设文书、印铸两局。

五院中各设有秘书处,设秘书长1人,秘书6至8名,负责本院的秘书工作。

五院中以行政院为最重要,下属各部中也各设有秘书处,负责部长交办的机密函电,另设有总务处文书科,负责处理一般的日常公文。

(二) 侍从室

蒋介石为国民党政府实际上的首脑,他集军政大权于一身。为了指挥政府,他于1932年设立侍从室,1938年1月以法律形式确定为他的机要秘书机构,1945年抗战胜利后才撤销。

其职责为:驻留时与办公厅密切联系,掌机要之承启传达,委员长行动时随侍行动。

侍从室下设若干处,其中负责秘书工作的一个处最为重要,它处于蒋介石与政府各机构之间的枢纽位置,负责与五院,行政院各部、会,国防最高委员会,国民党中央执行委员会等单位沟通、联系。凡是各省、市主官向蒋介石请示、汇报的有关政务都由它处理。

(三) 其他秘书机构

国民党政府的省(市)、专署、县各级地方政府内设有秘书厅、秘书室,配备有秘书长、秘书、事务员、录事等秘书人员。国民党军队内各级都设有秘书人员,如连队中配备有文书上士,负责文书事宜。在一些大中企业中,也设置了秘书机构。一般都有直属企业首脑的秘书室,配备有秘书主任、秘书等。许多社会团体中也设置了秘书机构和人员。

(四) 秘书人员的选用

据《国民政府秘书及科员任用规则》规定,秘书须是国民党员,有国内外大学或专门学校以上的学历,要具备担任文职3至4年的阅历,由国民政府委员2人推荐或主管长官批准。

至于侍从室的秘书,则须由蒋介石直接审查、亲自召见后而定。一般要求出身于黄埔军校,或已在政府中任职多年,有工作经验,能干而精力充沛,善于保密者。

可见,国民党政府任用秘书已考虑到了政治、业务能力、资格、学历、身体、保密等多方面条件,是颇为严格的。秘书的地位也较高。省、部中的秘书长均为简任级的高级文官,各厅、局中的秘书则为荐任级,相当于科长。

但是,由于国民党政府的腐败,不少机关选用秘书并不遵照上述规定,而是任人唯亲。

二、对秘书工作的改革

国民党政府为了整顿机关工作,提高行政效率,强化其统治,曾对以文书档案业务为主的秘书工作进行过多次改革,较重要的改革有如下几次:

(一) 1927年至1933年的改革

国民党政府建立伊始,就颁布了一系列条令,对地方秘书部门的名称和政府公文程式作了新的规定。

1928年6月,该政府内政部颁布了《改革县政府书吏及改编政务警察令》,下令将县政府内以往称为房、科等的秘书部门,统一改为办公室或档案室,废止旧名称。

同年,还颁布了《暂行公文革新办法》,下令取消公文中的套语和艰涩难懂、孤僻深奥、阿谀溢美、令人难堪的用词;承转公文中不应套录全文;公文要分段、分行叙述,批示、布告类公文应一律以白话文拟写,并采用新式标点。

次年,又颁布了《划一公文用纸办法》,规定公文采用平折装订,用纸大小划一,装订牢固;文面分别列有"事由"、"附件"、"拟办"、"批办"等栏目,以替代以往的"摘由"一纸。

这次改革重点是制定了公文程式,确定了新的行文关系,上述条令、规则成为国民党政府公文工作的基本模式。

(二) 1933年至1935年的改革

当时,国民党政府机关内官僚主义盛行,文牍主义流行,事无巨细,都要行文;从中央到地方机关,处理公文手续繁多;文件由基层达于最高层,层层盖章,连锁阅稿,迂回曲折,耽搁时日,加上各机关间相互推诿,使行政效率低下,国家机器运转不灵。

为此,该政府提出了"提高行政效率,建立万能政府"的口号,推行"行政效率运动",它以"文书档案改革运动"为中心,在内政部次长甘乃光主持下,对秘书工作进行再次整顿、改革。"文书档案改革运动"又以"文书档案连锁法"为中心内容,即规定各机关由总收发室将全部收文、发文分类、编号、登记,然后,将公文送往主办单位。这种统一编号的方法,将文书工作和档案工作连锁起来,以改变公文运转迟缓,档案分散和垄断的状况。此外,对公文的会稿、收发文簿格式、标点符号、减少公文往复等也作了规定。

这次改革,统一了文书档案工作中的程序,简化了公文处理环节。但是,"文书档案连锁法"只是在一些机关试验,未能推广普及,在种种阻力下终致夭折,没有产生应有的效果。

(三) 1938年至1945年的改革

这次改革的中心内容是推行"行政三联制",将行政工作中的设计、执行、考核三者联系起来。即由各机关对各项工作拟出计划,层层呈报,由中央政府汇总,进行总设计,然后指示各机关贯彻执行,在执行中和事后进行考核。此外,对公文的判行、会稿、承转、叙法、编号等提出了改革方法。颁行了《公文改良办法》、《处理案件注意要点》等条令。这一改革加强了对秘书工作的集中指导,实行了分层负责,有利于推进秘书工作。

(四) 1947年的改革

当年,国民党政府组织了一次规模甚大的"文书工作竞赛运动",专门成立了"工作竞赛推行委员会",拟制了《文书处理竞赛实行办法纲要》、《缮写工作竞赛实施办法纲要》、《档案管理竞赛实施办法纲要》三个规则。竞赛内容包括个人拟办公文和机关处理公文,比速度、数量、质量。缮写分为毛笔书写、刻钢板、打字三类,在一定的时间内,看谁写、刻、打的字多、快、好,而以字数定分,字多者分高,分高者取胜,以促进秘书人员个人业务能力的提高。

国民党政府对秘书工作的多次改革,取得了一些效果,使其秘书工作比北洋军阀政府时期有较大发展。然而,由于官僚主义根深蒂固,其秘书工作仍是弊端丛生,总体效率不高。

三、文书工作

(一) 公文处理程序

1928年,国民党政府颁布了《修正内政部办事细则》,对公文处理程序作了规定,此后,在历次改革中又屡作修改,成为该政府公文处理程序的基本规则。它规定收文处理程序为:验收、拆封、编号登记、摘由、呈阅、分送、拟办、检查、归档。编号登记采用三种方法:

第一种为混合编号登记,即将各类来文不分文种、来源,以收到先后为序统一编号登记;

第二种为分级编号登记,即将收到的来文依据发文单位的地位,区分为上级来文、下级来文、平级来文,分别登记编号;

第三种为分类编号登记,即将各级来文按文种的不同,分别登记编号。

发文处理程序为:交拟、拟稿、判行(如系两个以上机关联合发文,还须经会签、会稿、会行、会印等手续)、缮校、用印、编号、录由、登记、封发、立卷、归档。

发文中的每一道手续都有规定和要求。如拟稿要求字迹清楚,分清段落,加用新式标点符号,凡人名、地点不得潦草,机关名称要写出全称,数目字,尤其是银钱数目必须大写,每行右侧要留有余地,以便核稿人修改。又如盖印这道手续,规定印章须盖在"中华民国"的"国"字下面,与日期中的"年"字齐,并覆盖"月"字,称为"齐年盖月";正文和附件都须盖印,正文加盖正印,附件则在粘连处加盖叙印(骑缝章)。

国民党政府将公文根据轻重缓急予以分类,收文分为急要件、重要件、次要件、密件、普通件五类;发文则分为急要件、要件、普通件、密件四类。凡属密件,规定在登记簿上不得注明事由,文件须用火漆封缄,封面注明编号,派专人传送,可见,其保密工作也很严格。

(二) 公文格式

国民党政府的公文,文面分别列有事由、附件、拟办、批办、备考等栏,另有由发文机关填写的摘由。下行文则不附摘由,首页也不印事由一栏。此外,文面上还有文种、编号、发文时间、收文机关、正文、签署、印章等。

对于公文用纸格式,规定凡令、训令、指令、批、呈、公函等,一律采用平装订式。文面纸、稿面纸、稿心纸等都印成统一式。文面纸印有长文格,列事由、拟办、决定办法、批办、附件、收发文单位、文种、收文日期、编号等栏,供收文单位填写;稿面纸印成长方形线格,格内印有发文机关全称、事由、编号、送达机关、类别、附件、判行官、撰稿及核稿人、盖印及封发日期;稿心纸每页十行,印有红直线格,双面使用;稿底纸印有长方线格,标明发文日期、缮写、校对、监印人姓名;文底纸也印有长方线格,格中间印有年、月、日等。

(三) 公文文体

根据国民党政府1928年11月公布的《公文程式条例》,其公文文种基本上沿袭南京临时政府的文种,有令、训令、指令、布告、任命状、呈、咨、公函、批等九种。

1942年，国民党政府为了纠正行文中的混乱，调整行文关系，作了一次改进。此后，公文文种分为下列九种：

下行文：命令、训令、指令、布告、批；

上行文：呈、报告；

平行文：函、通知。

此外，各级政府机关在实际上还使用多种杂体类的文种，如代电、电令、手谕、告书、通告、牌示、便函、通电、提议案、电函、电呈等。

（四）文书工作的弊端

在国民党政府的公文用词中，虽经多次改革，仍带有封建色彩，如称呼上级官员为大人、老爷、台府、钧座等，自称则有"卑职"、"贱职"等。在公文正文的写作中，采用叙由、叙案、申述、结论四段式，用语烦琐，像是一种新的八股文。公文用语数量繁多，有开首语、称谓语、引叙语、关界语、到达语、承转语、经过语、关顺语、请求语、准许语、勉强准许语、训诫语、诰诫语、警告语、严厉驳斥语、奖励语、勉励语等，在每一种用语之下又规定许多用词。如上行文中，表示自己意见的开首语就有"窃以、窃忠、窃维、窃按、窃查、窃奉、窃准、窃据"等。每一用语之下的用词累计有700多个，实属烦琐，所以，时人称为"繁文缛节，混乱不堪"。

同时，各机关中文牍主义泛滥，事无大小都随意发文，导致公文数量剧增，一般机关每天收到的文书数以千计，真是汗牛充栋，别说办理，光拆阅也来不及。因此，大多数公文成为一堆废纸。

四、档案工作

（一）档案工作的发展

国民党政府建立后，在中央各部、委先后成立了一大批档案机构，大多数设置于各部、委的总务司内，也有的隶属于秘书科、文书科。如内政部总务司第二科内设有总档案室，各司分设档案室。外交部则设立档案处，其他各部分别称为掌卷室、管卷室、管卷股等，名称不一。1934年，行政院一度成立过档案整理处，作为领导全国档案工作的机构。并决定建立国立档案库，但是，一直未建成。

国民党政府对档案的管理大多数采用集中保管本机关档案的形式，时称"集中制"，制定有较系统的管理条例。规定从立卷开始，可由文书部门、档案室或这两者合二为一的部门立卷。档案的分类则依据本机关下属的部门或业务来划分，有的机关分为类、节、目、宗四级，也有的单位分为类、纲、目三级。

在档案的查找、使用方面也创设了多种形式，如设置了归档文件总登记簿、卷目分类簿、索引簿、目录卡片等，比以往方便多了。

在推行"文书档案连锁法"的过程中，将文书和档案从分类、登记、编号三方面统一起来，以利于档案的归档和统一管理。对档案的统计制度也已较为系统。登记的表格簿册种类齐全，除总目、分目以外，凡电报、附件、人事等都另有专门登记。

国民党政府的档案工作,已从政府部门扩展到企业。不少企业有了专门的档案部门和职员,制定有档案工作制度、规章,其分类、装订、立卷、调阅使用等都颇有条理。

(二) 档案工作的弊病

国民党政府的档案工作虽较北洋政府有明显发展,但是,仍然存在不少弊端。

该政权曾于1927年接收了北洋政府的档案,因组织不善,重视不够,使相当部分珍贵档案被廉价拍卖和流散,运至南京的那部分,也在日本侵略军进攻南京时丢失殆尽,造成令人痛心的损失。

该政权的档案工作,从全国范围来说,没有建立长久的统一领导机构,也没建立国家档案库,使档案从整体上说处于分散状态;从各机关的范围来说,许多机关未执行"集中制",档案分别收存在各所属部门中,各自为政,也趋于分散状态,影响了档案的利用。档案的组成也缺乏内在联系,登记手续虽多,但是重复严重,编目中目录、索引的性质划分不清,管理设备缺乏。

五、学术研究和培养秘书人才

(一) 学术研究

国民党政府在对秘书工作的多次改革中,曾派员赴欧美考察,回国介绍国外先进的文书档案工作。在"文书档案改革运动"中,行政院还于1934年12月成立了行政效率研究会,对秘书工作进行学术探讨,并开办了《行政效率》杂志,刊登了大量介绍欧美秘书工作和总结国内秘书工作的文章;还出版了一批有影响的学术著作,如许同莘的《公牍学史》、徐望之的《公牍通论》、周连宽的《档案管理法》、龙兆佛的《档案管理法》、傅振伦的《公文档案管理法》等,掀起了中国现代史上第一次秘书工作学术研究的高潮,对文书、档案的概念,两者的关系及工作程序、方法分别作了界定和论述,使文书学、档案学开始形成。

(二) 学校培养秘书人才

为了培养秘书人才,国民党政府在一些训政学校中开设了公牍课,如河北训政学院中由徐望之主讲公牍课。1939年,国民党政府教育部在湖北私立武昌文华图书馆专科学校内开设档案管理专科,从高中毕业生中招生,学制两年,前后毕业30余人。三年后,该校又开办档案管理专业训练班,招收在职人员,培训四个月,共办七期,培训人员约200名。

1941年6月,国民党政府还制定规则,对县政府的文书档案人员进行培训,开设文书处理、档案管理等课程。

1946年,重庆开办的私立崇实档案学校设置文书处理科、档案管理科,设高级、低级班,开办两年多,共招生近300人。

此外,在上海、江苏、四川等地也开办过以文书档案工作为主的秘书类学校或专业。

纵观国民党政府的秘书工作,有如下特点值得我们研究:

第一,秘书机构的越权现象不再出现。在中国历史上一再出现的中央秘书机构的膨胀回位现象,至此消失。秘书机构成为领导机关的辅助部门,起助手、桥梁作用,而不再权限膨胀,转化为决策、执行机构。

第二,对文书档案工作进行的一系列改革,使秘书人员的个体业务水平明显提高,文书档案工作趋于规范化。

第三,向国外学习文书档案工作经验,使我国几千来处于封闭状态的秘书工作首次吸收国外先进方法,有助于我国秘书工作向现代化方向发展。

第四,对文书档案工作进行的学术研究及其取得的成果,使秘书工作中的这两类重要业务开始学科化。

第五,学校培养专业秘书人才,使秘书人员的素质有所提高,拓宽了秘书人员的来源。

因此,国民党政府的秘书工作与北洋政府时期相比,整体上有所发展。[①]

【知识链接】

侍从室

蒋介石为国民党政府实际上的首脑,他集军政大权于一身。为了指挥政府,他于1932年设立侍从室,1938年1月以法律形式确定为他的机要秘书机构,1945年抗战胜利后才撤销。其职责为:驻留时与办公厅密切联系,掌机要之承启传达,委员长行动时随侍行动。侍从室下设若干处,其中负责秘书工作的一个处最为重要,它处于蒋介石与政府各机构之间的枢纽位置,负责与五院,行政院各部、会,国防最高委员会,国民党中央执行委员会等单位沟通、联系。凡是各省、市主官向蒋介石请示、汇报的有关政务都由它处理。

胡汉民——(1879—1936年),幼名胡衍鹤,后改名胡衍鸿,字展堂,晚号不匮室主,汉民是他的笔名。资产阶级革命家,中国国民党早期主要领导人之一,南京临时政府秘书长。胡汉民天资聪颖,从小能文能诗,年轻时追随孙中山,加入了中国同盟会,投身革命。辛亥革命后,随孙中山至南京,任中华民国临时大总统府秘书长。其间,胡汉民坚决贯彻孙中山历来的革命精神,制定了低薪制,规定总统府自秘书长以至录事,每人月薪30元,宿食由政府供给,不分官级,一律平等,一扫清政府贵族官僚的腐败习气和等级特权。胡汉民是一个秘书型人才,有很强的管理能力,得到了孙中山的充分肯定。胡汉民还是民国四大书法家(谭延闿(楷书)、于右任(草书)、胡汉民(隶书)、吴稚晖(篆书))之一。

陈布雷——(1890—1948年),名训恩,字彦及,笔名布雷、畏垒。年轻时加入同盟会,1927年加入国民党。历任浙江省政府秘书长、国民党中央党部秘书长,1935年后历任蒋介石侍从室第二处主任、最高国防委员会副秘书长等职。长期为蒋介石草拟文件,参与议政,

---

① 杨剑宇:《国民政府的秘书工作》,载中共中央办公厅《秘书工作》,1992年第6期。

执掌军国机要。蒋介石的文告、演讲词,十有八九出自其手。他忠于职守,尽心尽力,加之为官清廉,不拉帮结派,以权谋私,从不卷入派系争斗,所以,深得蒋介石信任,在政府中也声望甚高,被称为国民党的"文胆"。抗日战争胜利后,任总统府国策顾问。1948年在南京自杀。著有《畏垒评论集》、《陈布雷回忆录》、《陈布雷文集》。

【练习题】

(一) 单项选择题

1. 南京临时政府在秘书工作中体现出(　　)思想。
   A. 封建等级思想　　　　　　　　B. 反封建的民主
   C. 无产阶级革命　　　　　　　　D. 社会主义革命

2. 北洋政府时期,秘书机构的设置逐渐(　　)。
   A. 趋向一致　　　　　　　　　　B. 趋向庞大
   C. 趋向越权　　　　　　　　　　D. 趋向分散

3. 南京临时政府临时大总统府(　　)是唯一直接为总统工作服务的办事机构。
   A. 办公室　　　　　　　　　　　B. 办公厅
   C. 秘书厅　　　　　　　　　　　D. 秘书处

4. 湖北军政府的秘书机构先叫秘书厅,后改称文书局,最后又称(　　)。
   A. 办事处　　　　　　　　　　　B. 秘书处
   C. 参事室　　　　　　　　　　　D. 幕僚府

5. 南京临时政府的各级政府中,凡以"秘书"为职务名称的秘书人员,其地位都(　　)。
   A. 很高　　　　　　　　　　　　B. 不高
   C. 比较高　　　　　　　　　　　D. 比较低

6. 南京临时政府的公文文体共计有(　　)种。
   A. 6　　　　　　　　　　　　　　B. 7
   C. 9　　　　　　　　　　　　　　D. 8

7. 南京临时政府对公文处理时限有严格规定:自收文至发送,不得逾(　　)日。
   A. 5　　　　　　　　　　　　　　B. 3
   C. 4　　　　　　　　　　　　　　D. 2

8. 北洋政府的总统府内一般设(　　),作为秘书机构。
   A. 总务厅　　　　　　　　　　　B. 秘书厅
   C. 承政厅　　　　　　　　　　　D. 办公厅

9. 参院、众院秘书厅是（　　）机构。

　A. 临时　　　　　　　　　　B. 庞大

　C. 决策　　　　　　　　　　D. 常设

10. 北洋政府1916年7月29日公布的《公文程式令》，规定"凡处理公事的文件"通称（　　）。

　A. 文件　　　　　　　　　　B. 文书

　C. 公函　　　　　　　　　　D. 公文

11. 北洋政府档案工作的腐败，集中表现在当时的教育部及下属历史博物馆所进行的（　　）档案事件。

　A. 收集　　　　　　　　　　B. 整理

　C. 拍卖　　　　　　　　　　D. 销毁

12. 北洋政府时，不相隶属的官署间往来公文的文体用（　　）。

　A. 公函　　　　　　　　　　B. 咨呈

　C. 咨　　　　　　　　　　　D. 呈

（二）多项选择题

1. 南京临时政府带有秘书性质的三局是（　　）。

　A. 法制局　　　　　　　　　B. 秘书局

　C. 印铸局　　　　　　　　　D. 事务局

　E. 公报局

2. 南京临时政府各部的专、兼职秘书官职有（　　）。

　A. 秘书长　　　　　　　　　B. 参军

　C. 参事　　　　　　　　　　D. 秘书

　E. 办公厅主任

3. 南京临时政府各部的一般秘书人员有（　　）等。

　A. 文牍员　　　　　　　　　B. 公牍员

　C. 书记员　　　　　　　　　D. 监印员

　E. 收发员

4. 南京临时政府各省和特殊地区军政府的秘书机构，除秘书处、秘书局、秘书厅的名称外，有的还称（　　）。

　A. 总务厅　　　　　　　　　B. 文书局

　C. 文书部　　　　　　　　　D. 文事部

　E. 参事处

5. 北洋政府国务院的秘书厅内的秘书官员有（　　）。
   A. 秘书长　　　　　　　　B. 秘书
   C. 录事　　　　　　　　　D. 主事
   E. 佥事

6. 下列哪些是南京临时政府的下行文：（　　）。
   A. 咨　　　　　　　　　　B. 谕
   C. 批　　　　　　　　　　D. 示
   E. 呈

7. 北洋政府各部秘书机构的名目有（　　）。
   A. 总务厅　　　　　　　　B. 秘书厅
   C. 承政厅　　　　　　　　D. 办公厅
   E. 秘书处

8. 北洋政府省、道、县公署的秘书机构的名目有（　　）。
   A. 秘书处　　　　　　　　B. 总务处
   C. 书记处　　　　　　　　D. 总务科
   E. 内务科

9. 国民党政府于1928年6月颁布条令，将县政府内的秘书部门，统一改为（　　或　　）。
   A. 秘书处　　　　　　　　B. 办公室
   C. 总务处　　　　　　　　D. 档案室
   E. 内务处

10. 1947年，国民党政府组织了"文书工作竞赛运动"，竞赛内容包括个人拟办公文和机关处理公文，比（　　）。
    A. 速度　　　　　　　　　B. 数量
    C. 人数　　　　　　　　　D. 层次
    E. 质量

11. 国民党政府将收文分为（　　）。
    A. 急要件　　　　　　　　B. 重要件
    C. 次要件　　　　　　　　D. 密件
    E. 普通件

12. 国民党政府将发文分为（　　）。
    A. 要件　　　　　　　　　B. 普通件
    C. 密件　　　　　　　　　D. 次要件
    E. 急要件

（三）简答题

1. 什么是承政厅？
2. 南京临时政府对收文有何规定？
3. 什么是袁世凯政府的机要局？
4. 什么是《临时政府公报》？
5. 北洋政府各部的总务厅是什么？
6. 什么是北洋政府的副署制度？
7. 什么是故宫博物院文献部？
8. 什么是侍从室？
9. 什么是国民党政府的行政效率运动？
10. 什么是国民党政府档案管理的"集中制"？
11. 国民党政府对秘书工作的学术探究有何成就？

（四）论述题

1. 试述南京临时政府各级政权中秘书人员的主要来源。
2. 南京临时政府如何建立起新的文书工作体系？
3. 试述北洋政府时期秘书机构设置的特点。
4. 试述北洋政府秘书官员的考试任用制度。
5. 试述国民党政府对秘书人员的选用标准。
6. 如何评价国民党政府的秘书工作？

【扩展阅读】

杨剑宇：《论秘书学史研究》，《秘书》，2018年第4期。

第十章
历代秘书工作的经验和鉴戒

第十章 历代秘书工作的经验和鉴戒

本章概述

我国的秘书工作源远流长,国家秘书工作已有4 000多年的历史。在这漫漫的历史长河中,秘书工作总的趋势是沿着其固有的规律在发展,既给我们留下了丰富的经验,也有着许多深刻的教训。对这一宝贵的历史遗产,我们应该认真深入地研究,以资借鉴。本章着重对我国几千年的古代秘书工作作一些归纳总结和探索。

学习目的和要求

通过本章学习,归纳全书内容,在此基础上理解我国历代秘书工作的演进脉络、基本发展规律和秘书机构设置、秘书官吏的选拔、管理、各项主要秘书业务的经验、教训,以及秘书人员的优良传统。

重点、难点

根据本章的学习目的和要求,本章的重点和难点是:

第一,历代中央秘书机构的演进规律——"膨胀回位"及其启迪;
第二,历代秘书选拔、考核制度及其启迪;
第三,历代秘书人员的优良传统;
第四,文书管理和保密制度;
第五,历代信访活动制度.

第一节 秘书机构设置的经验教训

一、中央秘书机构的演进规律——"膨胀回位"

(一) 历代中央秘书机构的嬗变循环

商朝末年产生了我国中央秘书机构的雏形,称太史寮。西周初年,太史寮被扩展,趋于成熟,有了太史、小史、内史、外史、御史等不同等级、职责的秘书官员,承担着拟制、处理文书,以及保管档案、调查研究、组织会议、典礼、宣布政令、联络接待、提供下情、接受咨询等事宜,成为中央政府的一个重要辅助机构。西周后期,太史寮的作用越来越大,与中枢政务机构卿事寮合称为卿史寮。东周时期,王室衰落,诸侯国崛起,太史寮的地位、作用与卿事寮一样不那么重要了。

秦朝攻灭六国、一匡天下后,秦始皇设立丞相府,协助自己处理政务。由于他集大权于一身,事无大小,一决于己。此时的丞相府没有决策权,仅有参谋权,规模很小,相当于皇帝的办公厅,丞相则相当于皇帝的首席参谋兼办公厅主任。

西汉承袭秦制,起初也以丞相府为中央秘书机构,此时的丞相府机构开始扩大,职权也扩大,开始拥有相对独立的决策权。丞相也演化为手握重权的秉政大臣。这就和君主专制政体发生了冲突。于是,自汉武帝起,开始逐步分散、抑制、削弱丞相府的职权,将丞相府划为"外朝",官衙设于皇宫外,属政务系统。同时起用亲信秘书小吏尚书,在皇宫内组成小规模的秘书机构尚书署,协助他处理文书等事务,属皇帝的近侍机构"中朝"系统。尚书署逐渐发展,职掌从起初的收发奏章,发展为拆读奏章、初步裁决奏章。

到了东汉,尚书署扩展为尚书台,分六曹,配备了大批官员。除了掌理奏章的收发、拆读、初步裁决、审查,诏书的起草、封印、转发、记录,皇命的传宣以外,还增加了选用、奖罚百官等权限,膨胀为无所不统的权力机构。

为此,东汉末年,曹操又将尚书台转化为中央政务机构,另以亲信幕僚为秘书令,下隶秘书左丞、右丞,负责收发、处理文书和拟制、颁发命令,以取代昔日的尚书台,组成新的中央秘书机构。曹丕称帝建魏后,将其组建成中书省,负责起草诏书,掌管章奏,成为新王朝的中央秘书机构。

三国两晋南北朝时期,中书省的职权再度扩展、膨胀,发展为参与机密、处理政务、执掌21方面的事务,人员猛增。统治者为此增设了门下省、尚书省,以分散中书省之权,使三省各承担部分中央政府的秘书事务,使之相互配合,又相互制约。

唐朝,三省扩展为中央政府机构,皇帝又起用翰林学士,作为自己的机要秘书。后又发展为翰林学士院,成为皇帝的机要秘书机构,并为宋朝所承袭。

明朝,由翰林学士组成内阁,作为皇帝的机要秘书机构。内阁从成祖时的7人,发展到清初已扩展为300多人,分12房办事的大衙门,其职掌也从最初的收阅奏章、充当顾问,膨胀为总理政务。为此,清康熙帝、雍正帝先后设立南书房、军机处作为中央政府的秘书机构,而将内阁转化为政务机构。

军机处的职权从起初的办理往来军报,颁发皇帝任命将帅、出师征剿等命令,发展为拟写诏旨、收受奏折、参与政务、审理大案、奏补文武官员等,又一次膨胀,成为决策中枢。由于辛亥革命推翻了清王朝,才终止了新的封建中央秘书机构的产生。

综上所述,历代中央秘书机构总是由小到大,职权、规模逐步增强,最后膨胀为实权机构。封建统治者就予以抑制、削弱、解散,或将其转化为政务机构。然后,重新起用身边职位低微的秘书官吏,组建成新的秘书机构。这一现象自秦朝起,直至清末,2 000多年中反复出现,已成为一条规律,导致封建王朝的中央秘书机构处于建立、扩展、膨胀、削弱、解体或转化,又重新建立的周期性演变之中,形成一道循环轮回的怪圈,使中央秘书机构的名称不断变更,权限时弱时强,具有明显的不稳定性。这一规律可以称之为"膨胀回位"。

（二）中央秘书机构"膨胀回位"的原因

历代中央秘书机构"膨胀回位"的根本原因是封建君主专制，分析其具体原因，可有以下几方面：

1. 皇权周期性地由强转弱

封建社会中，皇帝通过颁布诏书，下达口谕来指挥国事。凡有为之君，无不力求强化皇权，事无大小，都须经自己过目，由自己批阅裁定。如秦始皇严令各级地方政府凡事都须层层上报，他每天批阅的简牍奏章就重达120斤，以此牢牢控制政权。这种时期，皇权很强。

但是，如此一来，朝廷公文骤增。如西汉武帝时，仅刑事文书就"盈于几阁，典者不能偏睹"[①]，公文堆满房间，大量积压。又如朱元璋为强化皇权，取消中书省，废除丞相，自己直接处理国事，忙得早朝外，又增设午朝，仍忙不过来。只得设立起内阁、六科、通政司等众多的秘书机构，协助自己处理公文。

起初，这些帝王只是将大量文书交给秘书机构初阅，将要件、急件筛选出来，呈送皇帝批答。要件、急件增多，又迫使皇帝授权秘书对此提出初步意见，如明代内阁大学士的"票拟"。后来，又发展为由秘书官吏代拟批答，经皇帝过目，以皇帝的名义颁发。如南朝齐、梁时期的中书舍人几乎包揽了诏命的拟制、章奏的批答。这样，皇帝客观上将决策权一步步授予秘书机构，自己通过公文指挥国事的作用相对削弱，政令由权臣控制的秘书机构拟制，加盖皇帝的御玺下颁，皇权逐步象征化了。

随着皇权的弱化，从贫民百姓到政府官员对皇权的崇拜也日益淡化。如北宋末年，中书省的一些秘书官员公然指出："至于君，虽得以令臣，而不可违于理而妄作，臣虽所以共君，而不可贰于道而曲从。"[②]"政事由中书则治，不由中书则乱，天下事当与天下共之，非人主所可得私也。"[③]这些言论大胆地表明了，皇帝并非神，而是人，官员对皇帝的错误命令不必屈从，凡政务应当经过中书省商议，不应由皇帝一人说了算。这是皇权衰弱时期秘书官员要求扩大职权的具有代表性的言论。因此，无论从实际上还是观念上，皇权都在周期性地由强转弱，为秘书机构的扩权创造了条件。

2. 实务性的秘书机构周期性地由弱转强

自秦始皇建立起统一的中央集权的封建君主专制王朝后，历代帝王为了管理幅员辽阔、人口众多的大国，必须加强纵向沟通，即由帝王发出指令，经过沟通渠道，传递给朝廷百司和各级地方官衙，付诸实施，并将实施情况通过沟通渠道，反馈给统治者。沟通渠道的职能是：将帝王的指令拟制成公文，或以口语传达给接收者，并通过调查、了解等方法将指令实施情况拟制成公文，或以口语反馈给帝王。这沟通渠道就是中央秘书机构。它是封建政体中必不可少的辅助机构，王朝可以更迭，帝王可以废立，它却始终存在，使国家机器得以运转。

---

① 《汉书·刑法志》。
② 罗大经《鹤林玉露》卷十三。
③ 《宋史·刘黻传》。

与象征性的皇权相对照,它是一个实务性的办事机构。秘书官吏在长期从事实务中,专业水平日益增进,经验越来越丰富,既熟悉统治者的决策意图、方式,又熟悉执行机构的实施方式、技巧,培养了参政、理政能力,这使每一个王朝的中央秘书机构总是由弱至强。

这样,历代中央秘书机构在皇权强盛、皇帝直接指挥政务时,它只从事公文收发、命令宣达等事务,附属性明显,服从性很强,职权较弱;当皇帝无法处理全部政务,将公文拟制、初阅、处理及交办事项委托给它时,它的职权开始扩展,机构扩大,地位、作用随之提高;当皇权衰弱时期,它的独立性增强,遂逐步部分或全部地替代了统治集团中的决策、执行职能,插手政务,导致职权膨胀。

象征性的皇权总是由强至弱,实务性的秘书机构总是由弱转强,这对矛盾的双方呈反比同步发展。当皇权衰弱,秘书机构职权膨胀时,统治集团经过激烈的内争或外争,推举出中兴之主或开创新王朝后,再度强化皇权,将已膨胀的秘书机构转化为政务中枢或解散,重新设立起附属性、服从性很强的秘书机构。由此,又开始了下一轮的循环。如此循环往复,就形成了规律性的"膨胀回位"的怪圈。尽管封建统治者力图吸取前朝的教训,尝试种种措施,试图制止中央秘书机构职权膨胀,摆脱这一怪圈。但是,由于他们无法解决这对矛盾,其结果,至多只能延长一段时期,而始终阻遏不住这怪圈的旋转循环。

3. 权限不明为秘书机构扩权推波助澜

历代中央秘书机构权限界定不明确,是形成"膨胀回位"怪圈的又一原因。

封建政体的统治中枢以地位、作用而论,分为三个层面:至高无上的皇帝处于第一层面,是统治中枢的核心,其他两个层面遵照他的旨意运转;以宰相为首的朝廷百官处于第二层面,秉承皇帝的旨意办事;第三层面是中央秘书机构,它为第一、第二层面服务,是附属性很强的辅助机构,上无决策之权,下无执行之权。如果这一结构保持稳定的话,它将一直是个辅助机构,不可能职权膨胀。

然而,由于帝王只是将中央秘书机构视为个人得心应手的工具,常随心所欲地授予一些决策权、执行权,使这一结构时有被打破,致使第三层面和第二层面出现交叉、混杂的状况。其最典型的例子,是南朝宋、齐时期的典签。典签本是中央秘书机构中处理文书的小吏,由于经常接近皇帝,受到信任,常被派往各地,监视方镇、宗室诸王及各州刺史,名为去典领文书,实际是去控制地方的行政权、兵权,使他们揽权一方,势倾一地,号称"签帅"。

如果说典签的大权加身只是帝王对个别秘书官吏的特殊任用的话,那么,帝王派遣御史去巡视地方和监军,允许尚书台官员裁决奏章,唐代的翰林学士被称为"内相",明内阁大学士可以"票拟",则是从制度上授予中央秘书机构以决策权。明通政使司有六项职掌,前五项为秘书业务;第六项规定它可以参与议决大政、大狱及"廷推"(即商议任命朝廷重要官员),即授予了它决策权和执行权。①

---

① 《明会典·通政使司》。

当皇权逐步象征化、弱化，皇帝授予中央秘书机构的决策权与执行权就越多、越大。因此，从史实上看，历代中央秘书机构职权的扩展、膨胀，并非它本身在夺权、侵权，而是皇帝在向它放权、授权。正由于这些职权是由皇帝明文授予、见诸于规章制度，具有合法性，因此，其职权的扩展、膨胀没有受到朝官集团的非议、阻止，而是潜移默化地进行着。当皇权衰弱时期，它就当仁不让地承担起统治集团中的决策、执行职能，实际上嬗变为一个政务中枢，使其职权膨胀到顶峰。由此可见，职权界定不明确，为历代中央秘书机构的扩展、膨胀铺设了阶梯，起了推波助澜的作用。

（三）宦官秘书机构"膨胀回位"的原因

封建皇帝视天下为一家之私产，视宦官为贴身家奴，他们在戒备朝臣的同时，认为宦官既能体察自己的心意，又与朝官无瓜葛，往往引为心腹，选取其中通文墨者，委以秘书官职，组成宦官秘书机构，托付机要。这些宦官秘书机构的职权也一步步发展至膨胀，然后被粉碎，而后又建立、膨胀。这种现象自秦朝赵高弄权始，中经西汉的中书令、东汉的中常侍、唐代的北司，直至明代的司礼监，反复出现，也成为一条规律。

导致宦官秘书机构"膨胀回位"的主要原因，也是象征化的皇权与实务化的秘书机构之间的矛盾。由于宦官秘书贴近皇帝，能最先感觉到皇权的衰弱，每到此时，它就能利用挟天子以令诸侯的政治优势，扩权弄权，操纵朝政，而且能将职权膨胀到主宰皇帝的生死废立，如东汉中后期的不少皇帝多由中常侍集团废立，唐朝肃宗以后的13个皇帝也由宦官废立。

另一个原因是宦官与朝官的矛盾。

按照封建正统观念，宦官秘书机构干预政事是非法的。明朝朱元璋开国后就明令："内宦不得干预政事，预者斩。"因此，宦官秘书职权的扩张不但受到强盛时期的皇权所抑制，也为朝官集团所不容。朝官集团代表着封建王朝的整体利益，多少有利于社会稳定、生产力发展；而宦官秘书机构的扩权往往只为了一部分宦官的私利。因此，它在扩权过程中势必遭到朝官集团的极力抵制，东汉的宦官和朝官之争、唐朝的南衙北司之斗，明朝的司礼监与内阁之争，都是这种扩权和抵制的表现。为了冲破这种强大的抵抗，宦官秘书机构使用极端残酷的手段，如东汉的十常侍就往往将反对他们的朝官集团中的骨干斩尽杀绝。它的扩权导致朝政昏暗，社会动荡，具有严重的破坏性。

朝官集团具有相对的合法性和社会基础，宦官秘书集团恰恰缺少这两个条件，从总体上相比，两者力量悬殊。所以每一朝代的斗争，都以宦官秘书集团的失败、机构被粉碎而告终。

二、历代地方秘书机构相对稳定发展及其原因

与中央秘书机构的循环嬗变相反，历代地方官衙的秘书机构却很少出现"膨胀回位"现象，其机构和秘书人员的名称长期趋于稳定。

（一）历代地方秘书机构的演进

自秦朝建立中央集权的统一帝国后，为加强统治，在全国推行郡县制，也随之设置了统

一的地方秘书官职,以后历代地方秘书机构即在此基础上稳步发展。

历代地方行政区划大多分为三级,其中少数为两级或四级,大致情况是:秦朝分为郡、县两级;汉朝在郡上设州,遂为州、郡、县三级;魏晋南北朝沿袭两汉;隋、唐时复改为州、县两级;宋朝在州上设路,为路、州、县三级;元代设行中书省(简称行省)代表中央政府管理地方事务,共有行省、路、府、县四级;明朝为布政使司(俗称省)、府、县三级;清朝则为省、府、县三级。总体上变化不大。

秦朝开始在县府设"主簿"一职,负责处理日常事务和典领文书,为府中总管,历代相袭,直至清朝仍为县府的秘书首脑。秦在主簿下设"书吏",为专职秘书人员。汉朝进一步发展,设立了主记室为县府秘书部门,内有众多秘书吏员。以后各代略有变化,其趋向是分工更细,清代县衙内已分为六房办事。

县之上的郡、州、路、府、省,其级别虽然不尽相同,但其秘书机构的设置却相差不大。秦朝时也以主簿为郡府秘书首脑,汉代后州、郡均设此职,魏晋时主簿的作用很大;南北朝和隋、唐时,州刺史多带军职,秘书首脑的名称也带军事色彩,为录事参军和录事参军事;汉朝设立的记室,沿用到元朝才撤消;元朝在路、府、州内均设经历司,明朝因袭,清朝除袭用外,另增照磨所、理问所。

(二) 历代地方秘书机构相对稳定发展的原因

与中央秘书机构的频繁更迭相比较,地方秘书机构则相对稳定地演进。究其原因,主要有以下几点:

首先,地方主官和秘书机构间的关系,与皇帝和中央秘书机构间的关系有很大区别。虽然秘书部门都是辅助部门。皇帝有权决定一切,地方主官则没有这种权力,要受朝廷和上级的制约、监督。因此,当皇帝担忧大权旁落时可以随意变换秘书机构;而地方主官如被架空时,却不能任意另设机构。

其次,即便某一个地方秘书机构扩权,也只是个案,不会引起全国所有各级地方秘书机构的扩权。

第三,地方秘书首脑和秘书吏员有着正常的逐级升补途径,大多数能忠于职守。尤其是前者,为了升迁,多不愿越职行事以误前程。

三、历代秘书机构设置的启迪

今天,我国的社会制度和领导体制已从根本上杜绝了秘书机构的"膨胀回位"现象。今天的秘书机构与专制时代的秘书机构也有着本质的区别,两者不能同日而语。但是,既然同为秘书机构,必然具有某些共性。因此,探索历代秘书机构的设置、演变与发展规律,有助于古为今用,对进一步明确我国现代秘书机构的性质,界定职责范围,制定规章制度,乃至精简机构,提高效率,防止文牍主义等都有一定的借鉴作用。从中我们能认识到:

第一,秘书机构是领导机关的办事机构,应紧紧围绕领导工作开展服务。它不适宜兼负其他职能，以免形成尾大不掉的局面和影响其做好为领导服务的工作。

第二，设置秘书机构应因事设人，力求精干，避免重叠，减少环节，提高效率。

第三，明确规定秘书机构和秘书人员的权限，既有利于充分发挥其参谋助手作用，又可防止因越权而干扰领导的工作。

第四，机构相对稳定，减少人员流动，以保证工作的连续性和稳步发展。

第二节　秘书官吏的选拔和管理

一、历代秘书官吏名目的演变

国家秘书工作形成后，秘书人员开始分工。

商代，史官的名目已多达十几种，分成不同的层次，各有不同的职掌，大致可划分为贞卜史官、祭祀史官、作册史官、记事史官四类。

西周朝廷秘书机构中的史官，其层次、职掌更为分明，自上而下，分为太史、小史、内史、外史、御史。地位最低的御史到了东周后期，上升为各诸侯国国君身边的重要秘书官员。

春秋战国时期，史官逐渐衰落。大批士充实到秘书队伍中，各诸侯国设置了新的秘书官职，如秦国的尚书、齐国的掌书；魏国的主书、鲁国的令正。秦、汉时期，尚书成为朝廷中重要的秘书官员，一般秘书吏员有令史、掾史、谒者、符玺令、女史等。

东汉末年，曹操创设了秘书令一职，并配备了秘书左丞、秘书右丞为助手，负责收发、处理章奏文书等秘书事务。这三个官职是我国历史上首次出现的名实相副的秘书官职。

曹丕建魏后，将秘书左、右丞改称中书监、中书令，作为朝廷秘书机构的首脑，中书监、中书令之下有中书舍人、主书、书吏、书助等秘书官吏。

三国两晋南北朝时期，中书舍人是地位颇为重要的秘书官员。他们起草诏书，收转章奏，出宣帝命，参与机密。朝廷和军队中的一般秘书官吏称令史，如掌记《起居注》的秘书官称起居令史，军队中将军幕府的文字秘书称记室令史。

唐、宋时期，皇帝的御用秘书官是翰林学士，中书省内的重要秘书官员有中书舍人、通事舍人、起居舍人、起居郎；门下省内有给事中、典仪、符宝郎；尚书省中则有左司郎中、右司郎中、都事、主事等。三省中普通秘书人员有令史、制书令史、录事、记室史等。军队中的秘书官有掌书记、判官、孔目、记室参军、记事参军等。宋代各路分设帅、漕、宪、仓四司，四司中的重要秘书官有主管机宜文字官、主管书写机宜文字官等。在县衙中，则有贴司、押司等。

辽代中央政府设置林牙、林牙承旨及左、右林牙等秘书官员，负责拟写诏书等事务，作为皇帝的机要秘书，朝中的秘书官员则有知院贴黄、知圣旨头子事等，一般的秘书官吏有令史、笔译公文的译史等。

金代，朝廷中的重要秘书官有奏事官，负责传达皇帝的命令，将需由皇帝裁决之事上奏皇帝;地方政府内的秘书官则有知事、都目、典吏、书吏、抄事、主文、贴书、知印等名目。

元代,官衙中处理公文的人员称案牍吏员,有院掾、台掾、司吏、书吏、必阇赤、照略案牍、提控案牍、主案、写发等名目;传达主官旨意、催促各项事务落实的人员称传达吏员,有奏差、宣使等名目。

明代,六科给事中、中书舍人、前朝的内阁学士、司礼监的秉笔太监都属秘书之列。

清代,内阁中的中书、贴写中书、笔帖式,六科中的给事中,军机处的军机章京都属秘书官吏。

二、历代秘书官吏的选拔制度

选拔秘书是秘书队伍建设的首要环节,历代统治者都很重视,并积累有许多经验。

秦朝对各级各类秘书人员——史的任用规定严格,职务是世袭的;不是秘书人员,即使能拟写文书者,也不准代史草拟文书;犯过罪的人不准任用为史;史的子弟学成后被派往中央政府各部门任秘书官吏;地方官衙则采用吏试法选拔秘书官吏。采取这些措施,是为了保证秘书官吏政治上可靠、工作作风上勤政廉政,客观上有助于提高秘书队伍的整体素质。

汉代,由于中央集权的统一封建王朝已趋于巩固,选用秘书人员则着重于业务能力。中央政府机构尚书台和御史府任用秘书,需经过严格考试,年龄须在17岁以上,要能背诵籀书9 000字以上,并考其大篆等八种字体。每年年底,先在郡一级考试,合格者送于京城,再经太史面试,取其中优秀者录用。

对尚书台中起草公文的尚书侍郎要求更高,除注重其文采外,还很重视实际工作的锻炼。初入台时只能任尚书郎中,为见习官员,满一年后升为尚书郎,协助侍郎办理文书事务,三年后才能任尚书侍郎。

三国两晋南北朝时,秘书写作已发展为一门专业性很强的技艺,出现了文、笔之分。产生了许多专事拟写章、表、书、奏的"手笔",统治者都竞相招纳他们担任秘书。同时,当时书法发展,出现了许多书法家,统治者也纷纷聘请他们担任秘书。

唐代,选用秘书的要求已趋于全面,不但要求文化水平高,工于书法,擅长写作,还要求其娴于辞令和有处理公文的能力,且考虑到了外貌的要求。

宋代哲宗起设宏词科,专门选拔朝廷文字秘书,规定进士才能报考,须试其公文写作能力,从有高学历的知识分子中考选文字秘书,形成了两宋选拔朝廷文字秘书的制度。这种以直接考试拟写公文能力而选用秘书,选拔目的具体,要求明确,将秘书选拔制度推进了一步。

元代,选拔秘书不但要求具有良好的品行、业务能力、实际工作经验,而且还创立了逐级升补的办法,保证了上一级机构中秘书人员的素质。

明代,统治者通过层层科举考试,将最优秀的人才选拔出来,任用为朝廷各部门重要的兼职或专职秘书,并由进士、举人担任地方政府中的秘书,普遍提高了秘书的文化素质和各级官府的秘书工作质量。

清朝,军机处是皇帝的机要秘书处。军机处具体处理文书等事务的秘书官称军机章京,俗称"小军机",名额仅为36人,由军机大臣从中央政府各部门的职官中初选,予以考试。合格者被引见给皇帝,由皇帝亲自录取。其任用的条件有四:"人品端方"、"年富力强"、"字画端楷"、"庶官之敏慎者"。[①] 特别要求"敏"和"慎","敏"即处理事务敏捷,拟写公文迅捷;"慎"指办事谨慎、守口如瓶。同时,为防止结党营私、泄露机密,还规定凡曾跟随过三品以上官员者,不得任用为军机章京;如现任者其原来跟随的主官已为从三品,则令其退出军机处。这样精选出来的军机章京,以区区36人,协助皇帝处理着庞大王朝的军政事务,其机构之精干、效率之高,实为历代皇帝机要秘书处之最,表明了清代秘书选拔制度的高度完善。

综上所述,我国古代的秘书选拔制度是由低级至高级、由简单至复杂逐步完善起来的。就其选拔方式而论,有学校培养、科举考试、聘用,还有从有实际经验的职官中简选和从下级机关秘书中提拔等。就其选拔标准而论,有政治上可靠、文化水平高、博学多才、工于书法、业务能力强、实际工作经验多、年富力强、敏捷、能够保守机密等要求。这些宝贵的经验都是值得我们借鉴的。[②]

三、历代秘书官吏的考核制度

历代王朝对秘书官吏奖优罚劣、奖勤罚懒,都制定有考核制度,以督促他们守职尽责、勤政廉政,防止腐败。

秦建立起封建君主专制政体后,在"明主治吏,而后制民"思想的指导下,指定了对秘书官吏的考核标准,称为"五善"和"五失"。在全国施行。

汉朝规定朝廷百司中的秘书官吏由主官每年考核一次,称为"常课"或"小考"。每三年大考核一次,称为"大课"。分出好、差等第,然后分别予以赏罚。郡、国、县的秘书官吏则由郡守、国相、县令考核而鉴定,好的评定为"最等",差的评为"殿等"。据此分别予以赏罚。可见,汉朝已建立起对秘书官吏定期考核制度,比秦朝更制度化了。

三国两晋南北朝时期,北魏孝文帝吸取汉族政权的经验,为了"令愚滞无妨于贤者,才能不雍于下位"[③],也建立起对秘书官吏的考核制度,规定每三年考核一次,分为上、中、下三等,据此升迁或罢职。

隋朝统一全国后,制定了对秘书官吏的考核制度,由于隋朝短命而亡,这些制度由唐朝继承、发展。唐太宗修订了考课法,规定四品以下的秘书官吏由吏部等负责考核。州、县官衙中的秘书官吏,则由功曹参军事和司功负责考核,并接受吏部考功司的指导。

考核的标准包括德、行两方面。德包括秘书官吏的道德品行、对君主是否忠顺;行包括其才能、守职的勤懒和实绩。德的基本标准称"四善",简称德、慎、公、勤。行的标准称"二十

---

① 梁章钜:《枢垣记略》。
② 杨剑宇:《中国古代秘书选拔制度》,载《秘书工作文萃》,大百科全书出版社1993年2月版,第608—613页。
③ 《魏书·高祖记》。

七最"。考核的程序是每年一小考,五年一大考。评出等第,决定奖罚。

可见,唐朝对秘书官吏的考核制度已趋于完整。

宋朝,朝廷专门设立了审官院、考课院,主持对秘书官吏的考核。其考核标准参照唐朝,列为"四善四最"。规定每年考核一次,每一任为三年,考核三次。先由主官对下属秘书官吏的德、绩予以记录,称为"历纸",然后评定等第,将结果报送朝廷,由审官院、考课院审定,称"磨勘"。据此予以奖罚。其考核采取下对上层层汇报、上对下层层审核,比唐朝的考核制度更为严格。

元朝,由中书省主持对秘书官吏的考核,地方官府的秘书官吏每人先填写一份"历子",即自我鉴定,交上级审查。规定朝廷百司的秘书官吏每30个月考核一次,地方官府内的秘书官吏每20个月考核一次,考核及格,即可升职,不及格者就罢职。这种考核方法以年资为主要依据,使秘书官吏但求无过,不求进取,只图熬到年资合格,就可升迁,弊端显著,因此,元朝秘书官吏的素质普遍不佳。

明朝对秘书官吏的考核方法发展为考课和考察两种形式并用。

考课即以传统的形式对秘书官吏的德、能诸方面进行考核。规定每三年一次,九年考课三次,然后决定奖罚升降。考课时由主官对他们的表现进行评估,送上级审阅,再由吏部复核,鉴定其表现优劣。考课的评定分称职、平常、不称职三等。考察即由吏部会同都察院,派员对京城百司和地方官衙中的秘书官吏进行检查,看其是否犯有"八条"罪过。凡犯有"八条"之一者,就予以淘汰。

清朝,对秘书官吏的考核基本上承袭了明朝的制度,稍有改进。规定每三年考课一次,考课的措施称"四格八法"。凡评为第一等者予以加官;对评为第三等者,分别扣除一个月至两年的薪俸,以示警告,称为"罚薪"制度。至于犯了"八法"中"贪"这一条,只要贪污十两银子以上者,就可处以极刑。①

四、防止秘书官吏舞弊腐败

防止和打击秘书官吏的舞弊、腐败,是加强秘书队伍建设必不可少的一个方面。中国的封建社会漫长而黑暗,各级官衙的秘书官吏,腐败现象比比皆是,在封建社会没落时期,尤为普遍。历代有为的统治者为了稳定统治秩序,都力图消除这些腐败现象,实施过许多措施。主要是把牢三关:秘书官吏任用关、严格考核关和制定法规、制度。

唐朝的秘书工作法规、制度,最为全面,其中又以对中书舍人的"四禁"制度最为典型。

清朝秘书官吏的腐败现象达到登峰造极的地步,统治者在反腐败上做了颇大的努力,具有代表性,其打击的重点是书吏。如雍正规定书吏不得干预政务,职责仅为"缮写文书、收贮档案",任职以五年为期,期满遣返回原籍,不许更换姓名窜入别地重任书吏;招用书吏时,应

---

① 杨剑宇:《历代秘书考核制度》,载《秘书工作文萃》,大百科全书出版社1993年2月版,第602—607页。

聘者必须持有原籍地方官的证明,证实其确未假冒姓名、籍贯,才可录用,否则,应聘者及地方官将遭一并问罪。这些严禁"缺主挂名、冒籍"的措施,一度压制了书吏的气焰,改善了吏治。光绪时,书吏的腐败再度严重。清廷连下三道谕旨,令将枉法的书吏"尽行裁汰"。一些中央和地方官署执行,一切事宜均由司员亲手处理,一度限制了书吏的作弊作恶。但是,由于官员与书吏往往相互勾结,加上所有公事,皆依赖书吏,一旦去之,如失左右手。如兵部裁减书吏后,接办公事的司员茫无头绪,无从下手,无奈,只得召回20名书吏,但所有书吏却联名要挟说:要用必须全部召回,并担保以后永不裁撤,态度嚣张。所以,这次裁撤书吏极不彻底,真正实行的衙门寥寥无几,书吏之害一直延续到清王朝覆没。

第三节　历代秘书人员的优良传统

一、秉笔直书

自西周初年起,秘书官吏在记录君臣言行、朝廷政事时,产生了规则,称为"书法不隐","书法"的核心是"君举必书"和"秉笔直书"。"君举必书"是指凡天子、诸侯的言行都得直录,"秉笔直书"是指凡政事都得如实记载。

如太史董狐直笔"赵盾弑其君";齐国太史前仆后继、视死如归地直书:"崔杼弑其君。"

这一规则使秘书官吏的记录保持了事件的原貌,具有真实性和可靠性;对天子、诸侯的言行起了约束作用,要他们遵循礼治制度,非礼莫动,以维护封建政治制度。从此,这一"职业道德"成为古代秘书的一大优良传统,代代相传。

如宋太祖赵匡胤,见天下太平,就懈怠于理政,常在后花园弹鸟取乐。一次,有官员前去奏事,他玩兴正浓,不予理睬,那官员再三请求,才得以奏说,他一听并非要事,大怒,训斥道:"如此小事也来烦扰朕!"那官员辩解说:"臣以为最小的政事也比弹鸟重要。"赵匡胤气得抽出腰间小钺,以钺背击其嘴,打落了其一粒门牙。那官员也不求饶,只是弯下腰捡起门牙,赵匡胤见了,更加发怒,骂道:"你还想去告朕不成?"那官员俯首对答说:"臣无权告陛下,只是将牙交给史官,史官自会记录下来。"赵匡胤一听,忙陪着笑脸说:"算了,算了,朕知错了。"赶紧批阅了那所奏之事,生怕史官真的会记录下此情节,有损自己的名声。

二、忠于职守、严守制度

历代秘书官吏忠于职守、严守制度,一丝不苟,令人钦佩。

如西汉昭帝时,有一天,皇宫中出现了异常现象,群臣整夜惊恐不安。执政重臣霍光担心发生变故,命符节令,将御玺交给自己来保管,符节令按照制度予以拒绝,霍光发怒,欲自行去取,符节令猛然拔剑,挡住他去路说:"要想夺走御玺,除非先取走小臣的头颅!"霍光大惊,仔细一想,符节令的做法是忠于职守,严守制度。于是,次日,他特地奏请皇帝,赏赐了那符节令。

古代不少秘书官吏为了严守制度,忠于职守,甚至对皇帝的不合理要求也敢于拒绝。

唐高祖李渊的内史令萧瑀,平时敢于依据制度,驳正高祖批发的诏书,曾将高祖考虑不周的诏书压下不予下颁,高祖生气,训斥他,他以隋朝"内史宣敕,前后相乖",致使"百司行之,不知何所承用"的史实,陈述政令不经仔细审核而颁发的危害性,说明自己每收到高祖的诏书,都仔细审核,使它不和以前下颁的诏令相矛盾,以保证政令一致性、连贯性。高祖听后心服口服,赞扬他尽心尽职,为自己分忧。

唐德宗贞元年间的门下省给事中李藩,掌文书封驳之权,每当皇帝下颁的制、诏有失宜之处,他都在上面批改意见。同僚提醒他小心谨慎为好,说这是御笔亲批的诏书,你还是另用白纸写上自己的意见,附于其后为妥。李藩却不以为然,依据给事中有权在认为不当之处"涂窜而奏还"的"涂归"制度,仍然在诏书上批改意见,其敢于尽职的精神令人感动。

隋、唐时期,每当皇帝召集大臣议事,都有"起居郎一人执笔记录于前",记录必须真实,记录后任何人不得更改。记录日积月累,按季度转交史官,编撰成册,无关人员不得阅读,连皇帝要查阅也不容易。唐文宗李昂时,统治集团骄奢淫逸,为此,文宗特地召集宰相们讨论此事。起居郎郑朗在场记录,宰相们的谈话中涉及不少内部丑闻,郑朗都一一记录下来。事后,文宗担心这些丑闻日后见诸史书,会受后人耻笑,想查看一下记录。郑朗据理拒绝道:"微臣所记录之事,要编入史书,按照制度,陛下是不能索取去看的。"文帝也只得作罢。

又如记录文宗日常生活的起居舍人魏謩,有一次,文宗想看《起居注》,命人去取。魏謩拒绝说:"记录陛下言行是为了监督告诫,陛下有善行,臣不会不记;陛下有错事,即使臣不记,天下人也会记下的。"文宗不甘心,再命人传话说:"朕以前曾经取阅过。"魏謩据理答复道:"那是因为史官废坏制度,渎职行事,这样做是陷陛下于非法,会导致善恶不辨,失去记录的真实性,后人会不相信它。"文宗自知理亏,也只得作罢。

三、落笔神速

拟写公文是古代秘书的主要职责之一。古代秘书都来自士人,具有很高的文字修养,撰写公文的技能都很过硬,大多落笔神速。

三国时期的阮瑀,曾受学于大学者蔡邕,擅长拟写公文,被曹操礼聘为司空军谋祭酒之职,掌管记室。一时,曹操府中的章、表、教、令、军国书檄等多出于他和陈琳之手。有一次,他奉命作檄文《为曹公作书与韩遂》,他在大军待发之际,在马背上飞笔疾书,文不加修改,一挥而就,一气呵成。曹操审阅时,竟不能增损一字,大加赞叹。可见,阮瑀撰拟公文的技能已达到炉火纯青、下笔成章的境地。

南朝任昉,少年时即以好学而闻名乡里,16岁时就被刘宋丹阳尹刘秉聘为府中主簿,开始了他的秘书生涯,后在齐、梁数朝中一直任高级秘书官。他才思无穷,以撰拟表、奏、书、记等公文而著称。他写公文,也是不加点窜,下笔即成,令人叹服。当时,不但朝廷的制、诏多出于其手,连许多王公大臣的表、奏也以请他撰制为荣。他是南朝最负盛名的文字秘书官,与当时著名诗人沈约并称为"沈诗任笔"。

南朝梁时的裴子野,一生中历任录事参军、记室参军、尚书比部郎、中书舍人等秘书官职。他学识广博,文思敏捷,落笔神速,起草文书、撰写檄文都不拟草稿,一挥而就,首尾贯通,颇具气势。他对自己的落笔神速曾作过自述:一曰文书,"人皆成于手,我独成于心",即腹稿酝酿充分;二曰"剪截繁文,删撮事要",即反对辞饰,提倡文风简练朴实,辞能达意。

唐朝的陆贽,德宗时被召为翰林学士,负责撰拟诏书,参与机要。他擅长撰写表、疏、奏、议等公文,为此行之大家。

德宗建中四年(公元783年),朱泚叛乱,他随德宗避乱于奉天,当时军政事务繁忙,一天中要下颁数十道诏书,都由他撰写。他写诏书时,略一思索,操笔即成,而且诏书能忠实地表达出德宗的旨意,文笔又洗练畅达,议论深切,说服力、感染力甚强,同僚无不钦佩。著名的《奉天改元大赦制》就是其杰作之一。此诏书原由别人草拟,他看后不满意,自己动笔。他一开头就为德宗引咎自责,痛切检讨。所以,诏书一宣喻,士卒无不为之感动哭泣,效果显著。陆贽的这些公文被后人编辑成《陆宣公奏议》22卷传世,成为古代公文的精华。

宋朝的翰林学士都是落笔神速的快手。当时规定,凡遇拜相或有重大决策时,皇帝于当晚宣他们进宫,口授机宜,他们神速记下,回到学士院,锁门撰写,当晚必须拟毕,立即呈送宫中,让皇帝审阅,再由他们誊清于白麻纸上。清晨,即由阁门使将诏书送出,交中书舍人宣读。诏命的撰制于一晚上即完成,不可谓不神速。

清朝军机处的军机章京,承办谕旨的拟写,从接折、拆阅、进见请旨、草拟、审阅、誊清,整个过程多在当天完成。遇到紧急谕旨,当时交下,立即撰拟,动笔千言,从起草到誊清只需一个多时辰;遇到夜间送来的紧急军报,皇帝宣他们入宫授意,命他们当场撰就,由皇帝审阅后立即发出。如果皇帝出巡,有所旨意,向他们授意后,他们立即歇马路旁,摆开纸笔,挥笔撰写,写成再上马,赶到下一行在进呈皇帝,其速度着实惊人。

古代秘书官吏的落笔神速,对今天的秘书人员足资借鉴。

四、处变不惊

处变不惊是我国古代秘书的又一优良传统,他们遇变不乱,临危不惧,或以高超的专业技能,补救窘局,或以聪明才智,化解危机。

南朝齐高帝萧道成在位时,专掌起草诏书的是中书舍人。当时,萧道成欲废撤苍梧郡这一地方建制,以加强中央集权。这天,他命值班的中书舍人虞整起草诏书,次日早朝就得颁告天下。不料,虞整因整夜狂饮,昏睡不醒,失职误事。

清晨,萧道成只得另召中书舍人刘素宗拟制。刘素宗仓促受命,却不慌不忙,当即挥笔拟就,经萧道成审阅后,刘素宗又立即指挥主书10人,书吏20人,抄录数十份,完成了任务,补救了同僚的失误。萧道成为此对刘素宗大加赞扬,说:"今天地重开,赖卿之力也!"

唐武则天天授元年(公元690年),寿春郡有五兄弟出就藩封,得在朝堂上举行仪式,同时接受册命。朝廷各部门作了许多准备,忙乱中却独独遗忘了制作册文,待百官到齐,仪式即将开始,才发觉此失误,宰相们相顾失色。

中书舍人王教得知此事,处变不惊,立即召来5名书吏,命他们各执毛笔,由自己口授,书吏分别录写,不一会儿,就写成5份册文。宰相们审阅时,见册文写得既合礼仪,文辞又美,大为叹服。此事在朝中一时传为美谈。

唐朝名士令狐楚曾任节度使郑儋的掌书记,郑儋暴卒时,因未能及时处理后事,部下骄兵悍将喧哗骚乱。令狐楚在白刃相迫的险境中镇定自若,挥笔疾书,顷刻拟就遗表,并声情并茂地向三军宣读,将士们听了感动落泪,甚感满意,军心稳定下来,一场暴乱被制止。

五、具有民族气节

民族气节是爱国主义的重要基础,具有民族气节是我国古代秘书的一大优良传统。由于古代秘书官吏来自士大夫阶层,以治国安民为己任,所以,民族气节都很强。这在两宋时期表现得尤为突出。

宋代规定,起居舍人和起居郎因仅为六品官,如欲发表政见,须先求得中书省长官的允准。从神宗时起,他们面对民族危机深重,一再争取向皇帝面陈政见的权利,终于使高宗答应。自此,秘书官纷纷进言,如起居郎胡寅上疏,痛切地指出:目下二帝被俘,国家蒙辱,陛下理应纠合义师北上收复失地。他提出七大建议。虽然他为此而被免职,然而,其拳拳爱国之心溢于言表,实属可嘉。

先后任给事中、中书舍人兼侍讲学士的胡安国,曾上《时政论》21篇,劝谏高宗励精图治,恢复大宋。绍兴八年(公元1138年),高宗、秦桧要向金称臣求和,受命起草国书的翰林院直学士曾开极力劝谏,无效,乃请求辞官,拒绝起草。秦桧劝他要识时务,他凛然反驳,并联络了许多朝臣,联名上书,反对屈膝求和,表现出坚贞不屈的民族气节。

历任起居舍人、起居郎、中书舍人、直学士院、翰林学士等秘书官职的洪迈,于绍兴三十二年(公元1162年),受遣出使金国,国书中对金国以敌国相称,高宗亲手将国书交于他手,寄予厚望。洪迈至金后,金主见国书不悦,命令他删改,并须以臣礼拜见,洪迈坚决拒绝,金国遂封锁使馆,三日不供应水食,洪迈仍不屈服,金人无奈,只得放他回宋。洪迈出使敌国,不辱使命,为时人所赞誉。

南宋秘书官员在危难当头之际,置个人生死荣辱于度外,以各种方式反对屈膝求和、主张抗敌的气节是令人钦佩的。当然,他们的着眼点只是为了赵宋封建王朝的复兴,而且,古代的民族和国家的概念与今天有所不同,这是需要分清的。

六、擅长书法艺术

古代秘书对文字的改进、书法艺术的发展作出了重要贡献。

西周初年,历事文王、武王、成王三朝的史官史佚就受动物形体启示,创制出"虎书"。武王时,他依据鸟、鱼的形状,又创制出"禽书"、"鱼书"。

周宣王时,太史史籀制出"籀书",又称大篆,并授命教授贵族子弟写籀书。

秦朝,秦始皇的高级秘书官李斯和宦官秘书赵高,受命以古籀文为基础,创制出王朝的统一字体——小篆,推行于全国。

古代秘书因书法成就而入仕或名垂青史者不计其数,但因书法影响到个人的生死荣辱、命运大起大落者,当首推秦朝的程邈。

程邈,字元岑,下杜(今陕西省西安市南)人。起初,他担任县衙中管理监狱事务的小吏,一直喜欢研究书法。后来,他因触犯了秦朝的刑律,被判处长期监禁,因于云阳(今陕西省淳化县北)牢中。秦朝的法律繁细而严酷,像程邈那样的重刑犯,即使不因死于牢中,也会被遣送出去服苦役,十有其九死路一条。面对绝境,他没有颓丧悲伤,而是仍然潜心研究书法。他发现当时推行的小篆笔画仍很复杂,写起来颇为费事,于是,他将自己多年搜集的民间流传的字体加以整理,去其繁复之处,省减篆书笔画,将长形改成方形,圆折改为方折。经过整整十年的努力,他终于成功地将小篆改造成一种新的字体,有 3 000 个字,先在徒隶(地方官衙中办理文书的小吏)中试用,人皆称便,大受欢迎,故称为"隶书"。然后,他又将隶书上呈皇帝。

正在实行"书同文"的秦始皇,正苦于小篆笔画繁复,加上他实行君主集权制,全国各地的官员,事无巨细,都得具文奏报,一时公文浩繁,他每天得阅读、批示 120 斤重的竹简文书,感到十分吃力。因此,一见程邈上呈的隶书,他十分高兴,立即下令释放了程邈,并破格升任他为御史大夫。

秦朝的御史大夫为朝廷最高官爵"三公"之一,为副丞相,掌收受和处理公卿奏章、四方文书,并监察百官等,相当于皇帝的秘书长,位尊权重。秦始皇还命程邈在全国文书工作中迅速推行简捷易写的隶书,使隶书很快取代小篆,成为文书工作中流行的字体,并奠定了我国汉字发展的基础,对我国书法艺术、文化和文书档案工作产生了重大的促进作用。程邈因书法成就而从阶下囚一跃而为高官,成为中国秘书史上一大趣闻。

到了汉朝,朝廷对秘书官吏书法上的要求更高,尚书台、御史府等中央秘书机构选拔秘书时,须考其大篆、小篆、刻符、书、摹印、署书、殳书、隶书等 8 种字体,合格者才能被录用。东汉灵帝光和年间,朝廷还特地设立了鸿都门学,专门教授辞赋、书法等,毕业后授官,其中不少学子被用为秘书官员,使秘书官吏的书法水平显著提高。

三国两晋南北朝时,书法艺术大有发展,楷书、行书、草书流行。统治者都聘请书法家担任秘书官吏。如东汉末年擅长隶书的梁鹄、毛弘,梁武帝萧衍时的王褒,北齐时的赵彦深,东晋时的王羲之、王献之、王徽之等都曾被礼聘为秘书官职。

自此,任用书法家为秘书,成为历朝一大特色,它大大提高了公文字体的艺术性,使公文面貌整洁、美观。

古代秘书的优良传统还有知识广博、富有谋略、敢于直谏等。

由于历代秘书具有这些良好的素质，往往为皇帝、主官所赏识，成为不离左右的得力助手。而他们通过秘书工作的锻炼，往往承担起重任。自秦朝始，皇帝的亲信秘书升任为丞相者比比皆是。唐代，宰相多自翰林学士中提拔，至明代，"非翰林不得入内阁"，清代的军机章京升任为军机大臣的数以十计。同时，由于秘书官员涉足政界，见多识广，能查阅各种典籍、档案，洞察社会，往往容易出文化成果。班固编《汉书》，蒲松龄写《聊斋志异》，都得力于他们的秘书生涯。所以，历代秘书官职是招纳、储存和造就人才的岗位。

由于历代封建统治者长期重儒学而鄙视科学技术，导致秘书官员中通晓科学技术者甚少，直至鸦片战争后，随着国外科学技术的传入，才有所改变。这是历代秘书素质中的一个缺陷。

第四节 主要秘书业务的经验教训

一、文书管理和保密制度

自殷商开始，历代的文书档案工作长期混为一体，由同一机构、人员承担，唐代开始初步分离，宋代全面分离，蒙古族入主中原建立元朝后，又出现两者合一的倾向，明代虽一度重新分离，但清代又有混合的状况。

每次改朝换代后，新王朝都继承了前朝的文书档案工作制度，加以增补，使文书处理、档案保管的各个环节逐步健全，发展成一套严密的制度。

（一）文书工作制度

远在殷商，甲骨文书的拟制已有了一定的格式；西周产生了副本制度；春秋战国时，文书拟制已初步分有起草、讨论、修改、润色、定稿等环节，并产生了文书用印和传递制度；秦朝，建立了避讳、校勘等制度，并初步以法律的形式予以固定下来；汉代，产生了发文、收文登记、转发等制度；三国两晋南北朝时期，有了文书勾检、骑缝、押缝、卷轴等制度；唐代，出现了公文用纸、一文一事、签押、判署、誊录、催办、折叠、装封、编号、移交、传送期限、贴黄等制度，并以法律形式详细规定了文书工作制度；宋代，产生了实封、批答、进草、录白、录黄、引黄等制度；元代，创设了照刷、磨勘、朱销文簿、缮写翻译、当面交卷、周年交案等制度，传递制度尤其成熟；明代，产生了票拟、贴黄等制度；清代，在总结历代经验的基础上，加强了催办、稽查等环节，使文书工作制度趋于完备。

（二）保密制度

历代文书工作中最重视的莫过于保密。商代，已将甲骨文书收贮于宗庙的地窖内；周代，将全国人口、地图的档案正本收藏于"天府"，并由世代相袭的人员保管、守护；春秋后期，开始以封泥盖印、封合文书；秦朝，机密军事文书由专人传送，沿途各地方官不得查问、阻拦；

汉代,公文已产生密级,凡机密文书称"合檄",由专人专送;唐代,则以名目繁多的法律条文来防止公文泄密;明代,产生了由内阁直达皇帝的机密文书"揭贴";清代,创设了实封进奏、廷寄等文章保密方法,雍正帝建立的密奏制度,则集历代文书保密措施于一体,达到完备的程度。

(三) 历史上的文牍主义

古代文书工作中存在着文牍主义的弊端,这是我们应当吸取的主要教训。自秦朝开始,随着中央君主专制的建立,公文开始泛滥,文牍主义开始流行。如"文书盈于几阁,典者不能徧睹",①"寸晷之下,唯务贪多;累牍连篇,何由精妙"。② 文牍主义和官僚主义相互助长,恶性循环,愈演愈烈,使许多时期国家机构的行政效率低下,至明清时文牍主义发展到极端。无论有识之士如何惊叹,如何为之出谋划策,如何三令五申,如何制定种种法规,也始终无法根绝,成为秘书工作中的一大痼疾。

此外,历代文书制度中同名异实者不少,如贴黄制度,在唐代是对诏书中写错之处的纠误办法,在宋代是摘由叙事之法,也用作附件,金代则是官职名称,明代为章奏摘要之法,显得混淆不清。历代公文文体名目繁杂,其使用对象、范围经常变化,界限不明。这一切都是我们应当引以为戒,予以避免的。

二、公文文体的演进

对公文的总称,历代不尽相同,大致情况是:商代叫"典册";西周称为"官书""治中";春秋战国和秦代叫"典籍";汉代始称"文书""文案";唐宋元时期通称"文卷",有时也叫"案卷""案牍"或"簿籍",明清则称"文牍""案牍"。

公文种类在西周以前很简单,有典、谟、誓、诰、命、训等。西周时,开始形成由下行文、平行文、上行文组成的文书体系,但名目不多,至战国时仍然比较简单。下行文除沿用上述名目外,还有策、檄移、令;平行文有盟书、移书、载书;上行文有事书、上书等。

自秦朝开始,对各种行文分门别类,作了严格的限定,并且等级森严。随着君主专制的日益加强,公文文体也越来越复杂,名目越来越多。

皇帝下达的文书,主要有:制、诏、策、戒、敕、册、诰命、御札、宣命、诰、符、檄、谕、旨等。

呈送皇帝的文书,主要有:奏、章、表、疏、议、状、书、启、榜、札、题、揭贴等。

各级官府的下行文,主要有:告、令、教、符、帖、判、告身、宣、札、刺、牒、指挥、照会等。

平行文,主要有:移、品约、关、刺、书、咨报、密白、牒及平咨、平关、平牒等。

各级官府的上行文,主要有:牒、笺记、行状、辞、申状、白札子、呈、呈状、咨呈、牒呈等。

古代的公文文体,由简到繁,越来越多。尤其是由皇帝下达的和呈送皇帝的公文,名目

---

① 《汉书·刑法志》。
② 《宋史·选举志二》。

繁多,十分复杂。不仅不同用途的公文名称有异,同一用途的公文因事者的地位、级别不同,名称也不一样。相比之下,各级官府之间使用的公文名称则相对简单,但数量仍不少。从古代公文文体中显示出森严的封建等级。武昌起义后,孙中山领导的南京临时政府,废除了几千年来封建王朝使用的大部分公文名称,保留了令、咨、呈、状,并简化了公文种类。

三、档案的管理与利用

夏代,设有保管档案的官职"太史令";商代,按照一定的规则收藏、保管甲骨档案;周代,建立了我国最早的档案机构"天府",并首创"金藤之匮"制度;秦朝,筑有"藏府"、"书府"等档案库,并建立了防火、防盗及定期检查等保管制度;汉代,建造了石渠阁、兰台、东观等颇具规模的档案库;三国两晋南北朝时,各政权都有档案科,另盛行谱牒档案;唐代,档案工作与文书工作开始分离,建立了归档、鉴定、一案一卷、检查修缮、查阅等制度;宋代,档案工作与文书工作全面分离,各级官衙普遍设立档案库,档案的集中、整理、保管、鉴定、销毁、查阅、保密等制度发展完备;明代,修建了"皇史宬"等规模巨大、具有很高建筑水平的档案库,其保卫、保密制度十分严格,档案的分类、装订、保管、查阅等制度进一步发展;清代,产生了档案上缴、分类存放、定期修缮等制度。

远在夏代,先民们便已认识到了档案的重要作用,商代已利用档案作为施政的重要工具,春秋战国以后,档案更被广泛利用。将其归纳起来,大致如下:第一,直接用为施政的工具;第二,利用档案修史和汇编典籍;第三,利用档案作教材从事教育。

历代文书档案工作的经验,有许多已被我们加以改造和利用。但是,还有不少的经验有待于我们去挖掘、整理,吸取其精华,做到古为今用。

四、信访活动经验

(一) 历代信访机构的演进

早在原始社会末期的尧舜时期,就已经产生了进善旌、华表木、敢谏之鼓等方式,由部落联盟首领直接听取民众的意见,开创了信访工作之先河。舜时的纳言,其职责之一为"听下言纳于上",即听取民众的建言陈事,汇报给首领,同时兼管信访事务。

西周,在朝门外置肺石,供平民上访;悬置大鼓,凡吏民有事,即可击鼓求见官员,反映情况,申诉冤屈。由御仆接待,将来访者反映的事由向主管大鼓的太仆汇报,再由太仆上奏天子。约自晋代始,此鼓称为"登闻鼓",一直沿用至清代,成为信访活动中的一项重要制度。隋代已将击鼓者申诉的内容由专人记录下来,上奏皇帝,①此可视为信访活动中登记制度的起始。唐初于朝堂左右分置肺石、登闻鼓,上访者可立于肺石之下,由左监门卫入内奏报,也可击登闻鼓,由右监门卫通报,等待负责信访事务的官员的接见。

---

① 《文献通考·刑考》。

历代信访机构的演进经历了先由某些官员兼管,到由某一机构兼管,最后设置专职信访机构,并逐步健全的过程,信访活动制度也随着这一过程逐渐完善。

秦、汉时,官城外门设有公车司马令一职,其副手为公车司马丞,他们的职责之一是接待和安排上书或请求面见皇帝陈言的吏民,也是兼管信访事务的官员。

隋代,炀帝设置了谒者台,以谒者大夫为主官,下隶有通事谒者等属官,负责吏民申奏冤屈等事,可视作早期兼职的信访机构。

唐代,武则天创设专职的中央信访机构——匦使院,首开了一条使民间下情大量上达中央政府的渠道,掀起了一个历史上信访活动的高潮,建立了比较正规的信访制度,如地方官员不得查询上访者投书内容;接待人员在受理上访时,须及时办理,否则,将受处罚;上访投书,须备两份,正本呈皇帝,副本交知匦使等。

宋代,中央信访机构分为两个,鼓院为初级机构,检院为高级机构,隶属门下省,规定吏民须先投诉鼓院,遭拒绝或认为处理不公,可再至检院上访,使上访者多了一个申诉机会,以防被一个部门所压制,也使信访机构相互制约,趋于合理。检院处理上访件,规定急事当天须奏报皇帝,一般的事每5天呈进一次,以便区分其轻重缓急而受理之。后又专置匦函,命御史中丞为理匦使,负责处理屡经申诉而未得解决或事关机密的投书,相当于今天专门处理老大难信访案件的小组,这都说明信访制度已很严密,日渐成熟。

明代,皇帝对中央信访活动直接指导、过问,由通政司兼理信访事务,直接对皇帝负责。在承袭前代制度的基础上,还创设了一些新制度,如,凡吏民的信访书函均须实封递入,由通政使初阅,节写副本密封呈送皇帝;凡应引见的臣民,接待官员不得刁难;百姓如受豪强欺凌,地方官员不予受理的,可以直接进京向皇帝申诉。为此,朱元璋特地下令在通政司门口放置一块红牌,上写"奏事使"三字,吏民取了此牌,就有权直入内宫,各门禁卫不得阻拦。又如,黄州府同知安贞被诬陷入狱,再三申诉,地方大员不予受理,他的女儿就赶进京城,大胆取下红牌入宫,终于告赢了御状,使父亲官复原职。

清代,顺治帝在开国初年就仿效前代制度,设立登闻鼓厅,康熙年间将其并入通政司,负责信访事务。规定凡军民有冤屈,可投书申诉,也可至通政司前击鼓呼冤,由通政使亲自接待、受理,如确有冤屈,即奏报皇帝,获准后交有关官衙平反。这一制度一直延续至清末。此外,历代信访事件除由行政机构综理外,凡属刑事案件,还可向监察机关上访申诉。

(二) 历代信访制度

我国古代在长期的信访活动中,逐渐形成了一套信访制度。主要内容有:

1. 逐级上访制度

历代只在中央政府设置信访机构,各级地方政府中行政、司法不分,故不专设信访机构,其信访事件由地方行政长官或僚属处理。小民百姓有所冤屈,须先至县衙门申诉,然后逐级上诉,不许越级上访,更严禁动辄赴京城告状。如明初规定:凡民间词讼,皆须自下而上,或府、州、县、省官及按察司不为审理,及有冤抑,方许进京击登闻鼓申诉。

清初也规定：自今以后，凡有奏告之人，在外省应先于各该管司、道、府、州、县控诉，若司、道、府、州、县不予审理，应于该管总督、巡抚、巡按内控诉，若总督、巡抚、巡按不准或审断冤枉，再赴都察院衙门击鼓鸣冤。

此外，有些朝代规定，赴中央信访机构投诉，也要逐级上访，不得越级申诉。如宋朝规定，先得去鼓院投诉，不行，方能再去检院申诉。不少朝代还规定，平民百姓即使冒着九死一生的危险，进京击鼓上访，也得先挨一顿杀威棒。明宣德年间进一步规定，凡违例越级上访者为有罪，如所诉经查属实者，可予免罪，不实者戍边。景泰年间更严令，凡赴京告状者，不论冤屈是否属实，一概发配口外充军。如此明文规定不问青红皂白一律严惩，可见禁止越级上访制度之严厉。

2. 交办制度

古代凡中央信访机构收受的信访事件，一般交原告所在地的上级衙门办理；有的则交原告所在地的衙门办理。如明代就有规定：来皇宫门外击鼓鸣冤者，由值班官员收受状纸，待皇帝批示后，即派校尉带着状纸、御批，押着原告，回原衙门审理。

3. 派员审理制度

有些重大的上访案件，经皇帝审阅后，为弄清事件真相，委派朝官，赴地方调查处理，这些朝官常被冠以"钦差大臣"的名衔。有时，也指派地方大员审理。

4. 会审制度

古代对一些重大的冤假错案，信访机构无法解决，就由皇帝命朝廷各职能部门共同审理。明朝称为"园审"，清朝称为"九卿会审"。

5. 御裁制度

古代中央政府的信访机构权力很小，凡所收受的诉状，一般都进呈皇帝裁决，皇帝为了表现自己的尊严，大多及时批阅，并能使原告的冤屈得到解决。历代告御状成功者不绝于史书，如北宋王元吉获罪，嘱其妻张氏击登闻鼓告御状，太宗召见张氏，当面讯问，了解其夫的冤情后，遂予以平反。

分析历代信访制度，从客观上而论，逐级上访制度、交办制度，减轻了中央信访机构的压力；派员审理制度和会审制度有助于提高信访处理的质量；御裁制度则使信访活动置于天子的恩威之下，起震慑作用，有助于整肃吏治。然而，由于封建社会大多数时期政治黑暗，贿赂风行，平民百姓有理无钱，有冤屈而无背景，上访能得到伸张正义者，实属少数。所以，历代封建王朝的信访活动中，自然也是黑暗大于光明，邪恶多于正义。

历代信访工作对统治阶级了解民情、调整方略、制定政策，整肃吏治、缓和各种矛盾，稳定统治起了重要作用。我们可以从中吸取有益经验，如借鉴唐代设置匦的方法，广泛设置意见箱；借鉴宋代两院的经验，设置不同层次的信访机构以相互制约；运用宋代"匦函"的方式，建立专门处理老大难信访案件的小组；等等，以将信访工作做得更好。

五、发挥秘书的参谋作用

（一）历代秘书发挥参谋作用的史实

纵观历史，历代有作为的封建政治家，无不鼓励秘书官吏积极出谋献策，或补正自己的缺失，以有益于政事。所以，我国秘书的功能，历来包括助手性的事务工作和参谋性工作两部分，参谋助手是秘书的传统功能。

殷商时期，我国秘书的鼻祖史官就一方面从事事务性工作，另一方面起着参谋咨询作用，在神权统治中以解释天意、神意的形式，对军国大政、重大行动起了举足轻重的参谋作用。可见，我国的秘书从诞生之时起就具有参谋功能。

西周朝廷中设置有行人一职，负责直接了解民情，以接受天子的问询，提供社会信息，名为采风，实际上对统治者的决策、施政起着参谋作用。

三国时蜀国丞相诸葛亮是善于发挥秘书官员参谋作用的典型，他除了要求秘书官员忠于职守外，还对他们提出了违覆、直言、进人的要求，称为参署制度。

隋、唐开始设置的翰林学士，属皇帝的高级秘书官兼智囊，起着重要的参谋作用。

唐太宗李世民也善于发挥秘书官员的参谋作用，鼓励秘书官员积极进谏。如，他明令中书舍人在处理公文时，必须"各执所见，杂署其名"，即提出各自的意见，分别签名，这一制度称为"五花判事"。他还设置了主要职责为进谏的众多的官职，实际上起着参谋作用，并从制度上规定了进谏的各种途径。唐太宗的虚心纳谏和秘书官员以进谏为主要方式所起的参谋作用，对防止王朝内外政策的失误、约束皇帝的行为起了重要作用，使当时的政治较为清明，政令上下畅通，君臣关系较为协调，是产生"贞观之治"的一个重要原因。

明清的通政司主官通政使有参与议决大政、大狱和推荐文武大臣人选之职能，这是从制度上规定了他的参谋权。

至于清代京内外官衙中的幕僚，更是主官名正言顺的亲信秘书兼主要参谋，在理政中起着举足轻重的作用。

（二）历代秘书发挥参谋作用的途径

上述史实说明，历代开明的、有远见的政治家无不要求其身边的秘书官员发挥主观能动性，起参谋作用。历代秘书发挥参谋作用主要有四种形式：

第一，提供信息。为统治者决策提供依据，反馈决策实施后的情况和提出对策。如西周行人的职责、明朝皇帝对通政司的训令等就作了这样的规定。

第二，校正公文。在公文拟制、传发过程中，发现有误，有责任指出、修正。如唐朝中书舍人的五项职责中，有一项是"制敕既行，有误则奏而正之"[①]；门下省的给事中对失宜的诏命有封还之权，对臣子有违误的奏章有驳正之责，合称"封驳之权"。

---

① 《旧唐书·职官志》。

第三，规劝进谏。就政事乃至统治者个人的言行进谏。如诸葛亮、唐太宗对秘书官吏所提的要求等。

第四，参与政务。高级秘书官有权参与军国大事的谋划，直接参与决策。如明朝通政司主官通政使有权议决大政、大狱和推荐文武大臣人选。

纵观历史，历代秘书官吏在发挥参谋职能上表现出一些不同的现象，如参谋职能发挥得如何，取决于统治者开明的程度；在特定的历史条件下，如宋朝出现过秘书官员争取参谋权的情况；中下层秘书官员发挥助手作用的形式，则多在提供信息、拟文把关等方面；高级秘书官才有资格参与谋划、决策。

【知识链接】

宋朝政事堂职权的演变

宋初，仿唐制设立政事堂，置于宫中，是内中书省、内门下省长官的联合办公所在。它和枢密院、三司组成了宋初王朝的中央政府。政事堂的长官为正宰相，称"同中书门下平章事"，简称"同平章事"，职掌为"佐天子，总百官，平庶政，事无不统"，是朝廷最高行政长官，每天至政事堂办公值日，遇有国家大事，议定后奏告皇帝。

宋太祖为牵制正宰相，特设参知政事，为副宰相，太宗时为进一步削弱正宰相职权，提高参知政事地位，使其和正宰相同登政事堂，轮班掌印，押班奏事，遂成定制。正宰相和参知政事合称"宰执"。不久，太宗又同时设置了七位正宰相（同平章事），轮流值日掌印，彻底结束了一位宰相擅权的局面，同时，设立了理检院、差遣院、审官院、审刑院等一系列机构，分解了政事堂的职权。

元丰改制后，政事堂被移至尚书省的都堂，故别称都堂，后称制敕院，职权已大大下降，宰相们很少能裁决军国大事，事无大小均须奏明皇上，然后奉命起草诏书，其主要职责降为办理文书、处理事务，由当初的决策中枢降为三省的秘书机构。如，唐制，政事堂的宰相们拥有行政指挥权，可以通过颁布"堂帖"，号令四方。宋初，皇帝为加强集权，诏令政事堂的宰相们不得下颁"堂帖"，宰相们只得改用札子，后来，札子也不准下发，必须将札子上奏皇帝，由皇帝裁决后才能下颁，完全剥夺了宰相们的行政指挥权。对没有由皇帝裁决批示过的札子，下属官衙可以不理会，将原札子封还皇帝。

这是皇权再一次削弱相权，也就是皇帝再次打压职权膨胀的中央秘书机构，又一次重演了中央秘书机构的"膨胀回位"现象。

杨　修——（175—219年），字德祖，三国时期文学家、曹操的秘书官。杨修为人好学，学问渊博，极为聪慧，建安年间被举孝廉，除郎中，后担任丞相曹操的主簿（相当于丞相府办公厅主任）。当时曹操军国事务繁杂，杨修总管丞相府内外事务，办得有条不紊，很合曹操心意，据说，其才华曹操亦曾自叹不如。渐渐，杨修恃才放旷，多次显示能猜测曹操心意，炫耀自己才华。

如有一次，有人送给曹操一杯奶酪，曹操吃了一点，就在杯盖上写了一个"合"字给大家看，没有谁能看懂是什么意思。传到杨修那里，杨修便吃了一口，说："曹公教我们每人吃一口啊，还有什么好犹豫的？"

《后汉书》云：曹操屯兵斜谷，"……欲因讨刘备而不得进，欲守之又难为功，护军不知进止何依。操于是出教，唯曰：'鸡肋'而已。外曹莫能晓，修独曰：'夫鸡肋，食之则无所得，弃之则如可惜，公归计决矣。'乃令外白稍严，操于此回师。"杨修通过曹操随口说出的口令"鸡肋"，猜测出曹操将要下令退兵的心意，于是，擅自布置撤退事宜。这应属泄露军事机密。杨修还常常擅权行事，先斩后奏，甚至斩而不奏，致使曹操渐渐不悦和反感，对他产生疑虑和戒心，后加以"漏泄教言、交关诸侯"的罪名而杀之，年仅44岁。

杨修结局的例子说明，秘书要继承古代秘书的优良传统，甘居幕后，埋头工作，谦虚谨慎，不求闻达。如恃才放旷、锋芒毕露、炫耀自己，或擅权行事等，都是秘书的大忌。

【练习题】

（一）单项选择题

1. 历代中央秘书机构的职权一旦膨胀，封建统治者就予以抑止、削弱、解散，或将其转化为（　　）。

   A. 决策机构　　　　　　　B. 参谋机构
   C. 闲置机构　　　　　　　D. 政务机构

2. 历代中央秘书机构的职权一旦膨胀，封建统治者就予以抑止、削弱、解散，或将其转化。然后，重新起用身边的（　　）的秘书官吏，组建成新的秘书机构。

   A. 职位很高　　　　　　　B. 职位低微
   C. 职位荣耀　　　　　　　D. 名声显赫

3. "膨胀回位"规律使历代中央秘书机构的名称不断变更，权限时弱时强，具有明显的（　　）性。

   A. 固定　　　　　　　　　B. 凝固
   C. 不稳定　　　　　　　　D. 稳定

4. 秦朝产生的郡、县衙门中的（　　）一职，职掌为典领文书工作，处理官衙中日常事务，相当于现代的办公室主任，此职一直延续到清朝灭亡为止。

   A. 主簿　　　　　　　　　B. 掌书记
   C. 孔目　　　　　　　　　D. 判官

5. 西周朝廷秘书机构中地位最低的史官（　　），到了东周后期，上升为各诸侯国国君身边的重要秘书官员。

A. 太史 B. 小史
C. 内史 D. 御史

6. 春秋战国时期,诸侯国设置了一批新的秘书官职,齐国设置有(　　)。
A. 掌书 B. 主书
C. 令正 D. 尚书

7. 三国两晋南北朝时期,(　　)是地位颇为重要的秘书官员,他们轮流值宿于皇宫,起草诏书,收转章奏,出宣帝命,参与机密,作用重要。
A. 令史 B. 起居令史
C. 中书舍人 D. 记室令史

8. 金朝,朝廷中的重要秘书官(　　),负责传达皇帝的命令,将需皇帝裁决之事上奏皇帝。
A. 知事 B. 奏事官
C. 都目 D. 书吏

9. 元朝,官衙中处理公文的人员称(　　)吏员。
A. 案牍 B. 司吏
C. 主案 D. 写发

10. 秦朝地方官衙的秘书官吏,采用(　　)选用。
A. 考书法 B. 岁贡
C. 吏试法 D. 科举考试

11. 清朝几次严厉打击(　　)的枉法行为,以抑制秘书官吏的腐败,但收效甚微。
A. 书吏 B. 幕僚
C. 记室 D. 中书舍人

12. 唐朝(　　)在白刃相迫中,挥笔拟就遗表,稳定了军心,这是古代秘书处变不惊的典型例子。
A. 虞整 B. 刘素宗
C. 王教 D. 令狐楚

13. 古代秘书的民族气节,在(　　)时期表现尤为突出。
A. 两周 B. 两宋
C. 唐朝 D. 两汉

14. 以封泥盖印、封合文书起始于(　　)。
A. 夏朝 B. 西周
C. 春秋后期 D. 秦朝

(二)多项选择题

1. 商代,史官的名目已多达十几种,分成不同的层次,各有不同的职掌,大致可划分为(　　　)。

　　A. 贞卜史官　　　　　　　　B. 祭祀史官
　　C. 作册史官　　　　　　　　D. 记事史官
　　E. 生活史官

2. 西周朝廷秘书机构中的史官,其层次、职掌更为分明,自上而下,分为(　　　)。

　　A. 太史　　　　　　　　　　B. 小史
　　C. 内史　　　　　　　　　　D. 外史
　　E. 御史

3. 曹操任大丞相时创设的(　　　)几个官职,是我国历史上首次出现的名实相副的秘书官职。

　　A. 秘书令　　　　　　　　　B. 秘书长
　　C. 秘书左丞　　　　　　　　D. 秘书右丞
　　E. 掌书记

4. 唐宋时期,中书省内的重要秘书官员有(　　　)。

　　A. 给事中　　　　　　　　　B. 中书舍人
　　C. 通事舍人　　　　　　　　D. 起居舍人
　　E. 起居郎

5. 清代内阁中的秘书官吏有(　　　)。

　　A. 中书　　　　　　　　　　B. 给事中
　　C. 帖写中书　　　　　　　　D. 军机章京
　　E. 笔帖式

6. 清代军机章京的任用条件是(　　　)。

　　A. 出身豪门　　　　　　　　B. 人品端方
　　C. 年富力强　　　　　　　　D. 字画端楷
　　E. 庶官之敏慎者

7. 汉代对秘书官吏的考核制度,有(　　　)。

　　A. 考课法　　　　　　　　　B. 常课
　　C. 五善　　　　　　　　　　D. 五失
　　E. 大课

8. 明代对秘书官吏的考核方法发展为(　　　)两种形式并用。

A. 四善 B. 四最
C. 磨勘 D. 考课
E. 考察

9. 下列哪些是历代秘书官吏忠于职守、严守制度的史实：（　　）。
A. 符节令拒绝将御玺交给霍光保管　　B. 萧瑀敢于驳正唐高祖批发的诏书
C. 唐给事中李藩敢于执行"涂归"制度　　D. 郑朗据理拒绝唐文宗索取记录
E. 起居舍人魏謩拒绝文宗查看《起居注》

10. 下列哪些是古代落笔神速的秘书官员：（　　）。
A. 三国时期的阮瑀 B. 南朝任昉
C. 南朝梁时的裴子野 D. 唐朝的陆贽
E. 清朝的军机章京

11. 古代秘书官员中对书法艺术作出重要贡献的有（　　）。
A. 史佚 B. 史籀
C. 程邈 D. 梁鹄
E. 王褒

12. 三国两晋南北朝时期，产生了文书的（　　）等制度。
A. 避讳 B. 勾检
C. 骑缝 D. 押缝
E. 卷轴

13. 元代，创设了文书处理的（　　）等制度。
A. 照刷 B. 磨勘
C. 朱销文簿 D. 缮写翻译
E. 当面交卷

14. 汉代将公文统称为（　　）。
A. 典册 B. 文书
C. 官书 D. 文案
E. 文卷

（三）简答题

1. 为何说秦始皇时的丞相府实际上是中央秘书机构？
2. 简述我国古代的秘书选拔制度的经验。
3. 宋代的"磨勘"是什么？
4. 什么是明代的考课和考察？

5. 什么是"君举必书"和"秉笔直书"?
6. 什么是逐级上访制度?
7. 什么是交办制度?
8. 简述历代秘书官员发挥参谋作用的主要形式。

(四) 论述题
1. 用史实说明历代中央秘书机构的"膨胀回位"规律。
2. 历代中央秘书机构"膨胀回位"的原因是什么?
3. 历代地方秘书机构相对稳定发展的原因是什么?
4. 历代秘书机构的设置能给我们什么启迪?

【扩展阅读】
杨剑宇:《继承优良的传统秘书文化》,《秘书》,2012年第9期。

模拟试题·第一套

(一) 单项选择题

(在备选答案中只有一个是正确的,将其选出并把它的标号写在题后括号内)。

1. 社会组织的领导部门需要有人辅助,为他们处理日常事务,撰写文书,上传下达,参谋咨询,这导致了( )的诞生。

    A. 文字　　　　　　　　　　B. 文书
    C. 公务文书　　　　　　　　D. 秘书人员

2. 各诸侯国不仅从旧的低级史官中提拔秘书官员,还重新设置了一批秘书官职,如秦国设立了( )。

    A. 尚书　　　　　　　　　　B. 掌书
    C. 主书　　　　　　　　　　D. 令正

3. 西汉武帝时,中央秘书机构被划分为皇宫和朝廷两部分,即( )秘书机构和外朝秘书机构。

    A. 里朝　　　　　　　　　　B. 内朝
    C. 东朝　　　　　　　　　　D. 中朝

4. 曹丕废汉建魏后,立即改称秘书令为中书令,建立其官署,称( ),作为中央政府的秘书机构。

    A. 中书省　　　　　　　　　B. 门下省
    C. 散骑省　　　　　　　　　D. 尚书省

5. 宋代中央信访机构中的高级部门是( )。

    A. 鼓院　　　　　　　　　　B. 匦使院
    C. 检院　　　　　　　　　　D. 枢密院

6. 辽代的秘书机构分为( )两套班子,以适应不同民族、地区的行政管理。

    A. 南北　　　　　　　　　　B. "辽官"
    C. "汉官"　　　　　　　　　D. "南面官"

7. 能代替皇帝以朱笔批阅奏章的是司礼监中的( )。

    A. 秉笔太监　　　　　　　　B. 随堂太监
    C. 提督太监　　　　　　　　D. 掌印太监

8. 军机处的日常工作主要由( )承担。

    A. 大学士　　　　　　　　　B. 军机大臣

C. 军机章京　　　　　　　　　　D. 学士

9. 北洋政府时期,秘书机构的设置逐渐(　　　)。

A. 趋向一致　　　　　　　　　　B. 趋向庞大

C. 趋向越权　　　　　　　　　　D. 趋向分散

10. 北洋政府时,不相隶属的官署间往来公文的文体用(　　　)。

A. 公函　　　　　　　　　　　　B. 咨呈

C. 咨　　　　　　　　　　　　　D. 呈

(二) 多项选择题

(在备选答案中有二至五个是正确的,将其全部选出并把它们的标号写在题后括号内。错选或漏选均不给分)。

1. 下列哪些是夏朝的公务文书,即讨伐敌方的军事动员令:(　　　)。

A.《甘誓》　　　　　　　　　　B.《书断》

C.《世本·作篇》　　　　　　　D.《胤征》

E.《帝典》

2. 史官是当时社会上(　　　)的群体。

A. 学识渊博　　　　　　　　　　B. 见闻广异

C. 家境富裕　　　　　　　　　　D. 最有知识

E. 文化素质优秀

3. 秦、汉两代,除尚书和宦官秘书以外,皇宫的秘书官职有(　　　)。

A. 谒者　　　　　　　　　　　　B. 太史令

C. 符玺令　　　　　　　　　　　D. 秘书监

E. 女史

4. 曹操设置的(　　　)是我国历史上首次出现的名实相副的秘书官职。

A. 秘书令　　　　　　　　　　　B. 尚书令

C. 秘书左丞　　　　　　　　　　D. 中书令

E. 秘书右丞

5. 唐代地方大员幕府中的秘书人员有(　　　)。

A. 记事参军　　　　　　　　　　B. 掌书记

C. 判官　　　　　　　　　　　　D. 孔目

E. 记室参军

6. 元代皇帝、皇后、皇太子及诸王颁下的文书名目有(　　　)。

A. 懿旨　　　　　　　　　　　　B. 令旨

C. 圣旨　　　　　　　　　　　　D. 故牒

E. 指挥

7. 朱元璋识字不多,注重实际,他提倡公文应(　　　)。

　　A. 开门见山　　　　　　　　B. 直叙事由

　　C. 简短扼要　　　　　　　　D. 明白易懂

　　E. 辞藻华丽

8. 鸦片战争后,清代档案的成分发生了变化,陆续产生了各种新的档案,如(　　　)等。

　　A. 照片、影片档案　　　　　B. 政治档案

　　C. 皇家档案　　　　　　　　D. 技术档案

　　E. 教育档案

9. 1947年,国民党政府组织了"文书工作竞赛运动",竞赛内容包括个人拟办公文和机关处理公文,比(　　　)。

　　A. 速度　　　　　　　　　　B. 数量

　　C. 人数　　　　　　　　　　D. 层次

　　E. 质量

10. 国民党政府将收文分为(　　　)。

　　A. 急要件　　　　　　　　　B. 重要件

　　C. 次要件　　　　　　　　　D. 密件

　　E. 普通件

(三) 简答题

1. 什么是檄文?

2. 什么是"四禁"制度?

3. 军机处的职掌怎样?

(四) 论述题

1. 简述史官衰落的原因。

2. 历代中央秘书机构"膨胀回位"的原因是什么?

【答案】

(一) 单项选择题

1. D　2. A　3. D　4. A　5. C　6. A　7. A　8. C　9. A　10. A

(二) 多项选择题

1. A、D

2. A、B、D、E
3. A、B、C、E
4. A、C、E
5. A、B、C、D、E
6. A、B、C
7. A、B、C、D
8. A、D、E
9. A、B、E
10. A、B、C、D、E

(三) 简答题

1. 什么是檄文?

答:是周天子、各国诸侯或卿大夫用来征召、晓喻或声讨敌方的文书。产生于战国时期,其特点是叙事明白、说理雄辩、气势强盛、话辞果断,忌隐晦曲折、和缓细巧。声讨性质的檄文往往要宣扬己方的英明,揭露敌方的罪行,分析敌我形势和人心向背、算计彼此力量的强弱,以鼓舞士气,有些类似于古代的誓。

2. 什么是"四禁"制度?

答:唐朝要求中书省秘书官员中书舍人遵守的职业规范。内容为文书工作必须做到保密、及时、不发生差错、不遗忘误事。"四禁"虽然是为中书舍人制定的,但是,凡从事文书工作的官吏,身处各级机要部门,显然也应参照遵守。"四禁"中以"漏泄之禁为急",它与律令中的泄露机密罪相配合,起了防止、制裁高级秘书泄密的作用。

3. 军机处的职掌怎样?

答:军机处的职掌广泛而重要,它既参与政务,就军国大事提出意见,又为皇帝拟撰、处理文书,催办、稽查公文,收贮档案;既当参谋、顾问以供咨询,又承理皇帝交办的参与审理大案、奏补文武官员等各种具体工作;既有固定的职责,又有临时的差遣,如出外检查、处理政务或专办某种指派事项。但是,尽管其职掌宽泛,职权颇重,仍必须一切听命于皇帝,并无决策之权。它起着"行政枢纽"、联系上下内外、辅助皇帝施政的作用,是皇帝的机要秘书处兼参谋部。

(四) 论述题

1. 简述史官衰落的原因。

答:史官在战国时期,已不能在国君身边参与政务、辅助决策,地位明显衰落。究其原因,有如下几个因素:

第一,人治观念继续增长。战国时期,各国诸侯认识到,要在残酷的兼并战争中求生存、图发展，靠的是实力，而实力来自人治，并非靠天和神的恩赐。所以，神职史官的势力、影响被大大削弱，趋于衰落。

第二，史官与国君观念上发生冲突。各国统治者在剧烈的兼并战争中觉察到，不改革无以自强，不自强无以站稳脚跟、争霸天下，而改革首先必须抛弃旧传统、旧观念。所以，各国统治者纷纷选用具有新观念、新思想的人才参政，以实施改革。旧有的人事史官由于"世守官业"，思想趋于保守，不易接受新思想、新观念，不自觉地起着维护旧制度的作用，难以适应变化了的形势。这样，作为秘书人员的史官和其服务对象——国君，在政治见解、斗争策略、社会观念上都发生了冲突、对立，也就必然会被剥夺参政议政的权益。

第三，选官制度变化。春秋战国时期，随着生产关系的变化，各国一定程度上废除了世卿世禄制。这样，世代相袭的史官就被新兴贵族所取代，逐渐离开了国君身边，无权参与政务，不能发挥辅助决策作用了。

史官地位的衰落，说明每当社会大变革之时，秘书人员如不站在改革的前列以新观念、新眼光去研究、解决新问题，支持、辅助改革，顺应历史潮流，就势必落伍，为形势所抛弃。

2. 历代中央秘书机构"膨胀回位"的原因是什么？

答：探究史实，有以下原因：

第一，皇权周期性地由强转弱。

封建社会中，皇帝通过颁布诏书，下达口谕来指挥国事，凡有为之君，事无大小，都由自己批阅裁定。如此一来，朝廷公文骤增。帝王只是将大量文书交给秘书机构初阅，分别其轻重缓急，将重要的、急迫的公文筛选出来，呈送皇帝批答。重要的、急迫的公文的增多，又迫使皇帝授权秘书官员对之提出初步意见，如明代内阁大学士的"票拟"权。后来，又发展为由秘书官吏代拟批答，经皇帝过目，以皇帝的名义颁发，如南朝齐、梁时期的中书舍人。这样，皇帝客观上将决策权一步步授予秘书机构，政令都由权臣控制的秘书机构拟制，自己通过公文指挥国事的作用相对减弱，逐渐成为一具偶像，皇权象征化了。皇权如此周期性地由强转弱，为秘书机构的扩权创设了条件。

第二，实务性的秘书机构周期性地由弱转强。

中央秘书机构是封建王朝政体中必不可少的一个辅助机构，它使封建国家机器得以连续运转。它从事着公文拟制、处理，和命令传颁、调查研究、情况上报等具体事务，与象征性的皇权相对照，它是一个脚踏实地的实务性的办事机构。实务性成为秘书机构的一个重要性质。这一性质决定了秘书机构的组成成员必须是实干家，而且，历代中央秘书机构吸收的成员，大多是优秀人才，以保证它的业务素质。这些秘书官吏在长期事务实践中，既熟悉了统治者的决策意图、方式，又熟悉了执行机构的实施方式、技巧，培养了参政、理政能力，使每一个王朝的中央秘书机构总是由弱至强。

这样,历代中央秘书机构在皇权强盛、皇帝直接指挥政务时,它一般只从事公文收发、命令宣达等事务,附属性明显,服从性很强,职权较弱;当皇帝无法处理全部政务,将越来越多的公文拟制、初阅、处理及交办事项委托给它时,它的职权开始扩展,机构扩大、人员增加,地位、作用也随之提高;当皇权衰弱时期,它的附属性、服从性减弱,独立性增强,遂逐步部分或全部地替代了统治集团中的决策、执行职能,插手政务,导致职权膨胀。

象征性的皇权总是由强至弱,实务性的秘书机构总是由弱转强,这对矛盾的双方呈反比同步发展。当皇权衰弱,秘书机构职权膨胀时,统治集团经过激烈的内争或外争,推举出中兴之主或开创新王朝后,再度强化皇权,将已膨胀的秘书机构转化为政务中枢或予以解散,重新设立起附属性、服从性很强的秘书机构。由此,又开始了下一轮的循环。如此循环往复,就形成了规律性的"膨胀回位"的怪圈。

第三,权限不明为秘书机构扩权推波助澜。

历代中央秘书机构权限界定不明确,是形成"膨胀回位"怪圈的又一原因。

由于封建帝王只是将中央秘书机构视为个人得心应手的工具,常随心所欲地授予一些决策权、执行权。如南朝宋、齐时期处理文书的小吏典签,由于经常接近皇帝,受到信任,后常被派往各地,监视、控制地方的行政权、兵权,使他们揽权一方,势倾一地,号称"签帅"。又如允许尚书台官员可以裁决奏章、内阁大学士可以"票拟",这从制度上授予中央秘书机构决策权。当皇权逐步象征化,皇帝授予中央秘书机构的决策权与执行权就越多、越大。因此,从史实上看,历代中央秘书机构职权的扩展、膨胀,并非它本身在夺权、侵权,而是皇帝在向它放权、授权,使它带有合法性。因此,其职权的扩展、膨胀是潜移默化地进行的。当皇权衰弱时,它就理直气壮地承担起统治集团中的决策、执行职能,使职权膨胀到顶峰。

可见,历代中央秘书机构在处于弱小时,其职能基本上限定在文书、档案等秘书事务范畴内;当其扩展时,增加了些决策、执行权,已不是纯粹的秘书机构;当其膨胀时,它嬗变为一个政务中枢。所以,职权界定不明确,为历代中央秘书机构的膨胀起了推波助澜的作用。

模拟试题·第二套

(一) 单项选择题
(在备选答案中只有一个是正确的,将其选出并把它的标号写在题后括号内)。

1. 秘书工作的产生需要两个社会条件,即:有了文字和公务文书,有了(　　)。
   A. 社会组织的领导部门　　　　B. 原始人群
   C. 社会组织　　　　　　　　　D. 氏族公社

2. 太史寮中掌拟制简册、宣示天子诰命的秘书官员是(　　)。
   A. 太史　　　　　　　　　　　B. 小史
   C. 内史　　　　　　　　　　　D. 外史

3. 秦始皇统一中国后,全国范围内(　　)的秘书机构也随之形成。
   A. 大规模　　　　　　　　　　B. 完备
   C. 统一　　　　　　　　　　　D. 多样化

4. 自曹操开始,(　　)与散文开始正式分家,成为一种独立的文体,有了"文"、"笔"之分。
   A. 文件　　　　　　　　　　　B. 公文
   C. 档案　　　　　　　　　　　D. 诗词

5. 唐朝,武则天设立的中央信访机构称(　　)。
   A. 鼓院　　　　　　　　　　　B. 匦使院
   C. 检院　　　　　　　　　　　D. 枢密院

6. 辽、金、元的秘书工作既带有原有的痕迹,又糅合了(　　)一些经验,表现出两者混合的特点。
   A. 辽　　　　　　　　　　　　B. 金
   C. 唐、宋　　　　　　　　　　D. 元

7. 六科是协助皇帝处理(　　)事务的秘书机构。
   A. 吏部　　　　　　　　　　　B. 兵部
   C. 六部　　　　　　　　　　　D. 户部

8. 在地方官衙中,(　　)巡抚冯煦于光绪三十三年(公元1907年)上书,奏请设置辅助人员,佐理文牍、分科办事,经皇帝批准后,在巡抚衙门最早设立了秘书、助理秘书等官职。
   A. 江苏　　　　　　　　　　　B. 山东
   C. 广东　　　　　　　　　　　D. 安徽

9. 南京临时政府在秘书工作中体现出（　　）思想。
A. 封建等级思想　　　　　　　　B. 反封建的民主
C. 无产阶级革命　　　　　　　　D. 社会主义革命

10. 北洋政府时期,秘书机构的设置逐渐（　　）。
A. 趋向一致　　　　　　　　　　B. 趋向庞大
C. 趋向越权　　　　　　　　　　D. 趋向分散

(二) 多项选择题
(在备选答案中有二至五个是正确的,将其全部选出并把它们的标号写在题后括号内。错选或漏选均不给分)。

1. 社会组织的领导部门为了（　　）,需要拟写文书。
A. 显示地位　　　　　　　　　　B. 颁布命令
C. 记录事件　　　　　　　　　　D. 制定规章制度
E. 轻松省力

2. 周代秘书人员的"职业道德"包括：（　　）。
A. 分工、分层次　　　　　　　　B. 君举必书
C. 宗教色彩浓　　　　　　　　　D. 秉笔直书
E. 宗教色彩淡

3. 两汉从丞相府到尚书台的演进过程先后经历了如下阶段：（　　）。
A. 削弱相府　　　　　　　　　　B. 起用尚书
C. 设立尚书台　　　　　　　　　D. 重用太尉府
E. 尚书台取代丞相府

4. 我国古代"秘书"一词有这样几种含义：（　　）。
A. 宫中秘藏之书　　　　　　　　B. 谶纬图录等书
C. 秘藏财宝　　　　　　　　　　D. 官员
E. 官署

5. 宋代中书省内的秘书部门有：（　　）。
A. 主房事　　　　　　　　　　　B. 点检房
C. 催驱房　　　　　　　　　　　D. 班簿房
E. 制敕库房

6. 金代秘书官吏的名目有（　　）。
A. 知事　　　　　　　　　　　　B. 都目
C. 吏目　　　　　　　　　　　　D. 典吏
E. 书吏

7. 明代中央所建立的著名档案库有（　　）。

A. 皇史宬　　　　　　　　　B. 古今通集库

C. 后湖黄册库　　　　　　　D. 内阁大库

E. 大本堂

8. 清代除内阁、军机处以外，其他中央秘书机构有（　　）等。

A. 六科　　　　　　　　　　B. 中书科

C. 通政司　　　　　　　　　D. 稽察钦奉上谕事件处

E. 捷报处

9. 国民党政府将发文分为（　　）。

A. 要件　　　　　　　　　　B. 普通件

C. 密件　　　　　　　　　　D. 次要件

E. 急要件

10. 1947年，国民党政府组织了"文书工作竞赛运动"，竞赛内容包括个人拟办公文和机关处理公文，比（　　）。

A. 速度　　　　　　　　　　B. 数量

C. 人数　　　　　　　　　　D. 层次

E. 质量

（三）简答题

1. 什么是进善旌？

2. 什么是卷轴制度？

3. 什么是急递铺制度？

4. 什么是国民党政府的"行政三联制"？

5. 北洋政府各部的总务厅是什么？

（四）论述题

1. 为何说我国古代秘书工作形成于殷商？

2. 试述国民党政府对秘书人员的选用标准。

【答案】

（一）单项选择题

1. A　2. C　3. C　4. B　5. B　6. C　7. C　8. D　9. B　10. A

（二）多项选择题

1. B、C、D

2. B、D
3. A、B、C、E
4. A、B、D、E
5. A、B、C、D、E
6. A、B、C、D、E
7. A、B、C、D、E
8. A、B、C、D、E
9. A、B、C、E
10. A、B、E

(三) 简答题

1. 什么是进善旌？

答：据古籍记载，尧在位时，曾于庭前设置一面旗帜，史称"进善旌"，让百姓站在旗下，向他提出对政事的建议、评论。一时，进善言治理天下者甚众。这是我国官方信访活动起源的标志之一。

2. 什么是卷轴制度？

答：三国两晋南北朝时期，将写在若干张纸上的一篇公文粘连起来，成为一幅，在一端粘附上一根细木棍，作为轴，可以将公文自左至右卷拢在轴上，成为一束，因为古人写字是自右至左直行书写，这样卷起，能使右面文首的内容在最外面，便于展开顺序阅读。这种方法称为卷轴制度，它在缣帛文书中已见使用，公文普遍用纸后，这一制度遂普遍推广。它开则便于阅读、批答，合则便于携带、收藏，是公文形式的一大进步。

3. 什么是急递铺制度？

答：是金代创设的快速传递官方文书的制度。朝廷设有提控急递铺官，掌管急递铺事务。在军马要道上每10里设置一铺，设铺兵乘快马传递公文，规定每天须驰300里。急递铺的路线分为北路和南路两个系列，涉及地域甚广。急递铺制度大大提高了公文传递速度，为元以后各朝所沿用，是金代对文书工作的一大贡献。

4. 什么是国民党政府的"行政三联制"？

答：这是国民党政府对秘书工作的第三次改革，推行于1938年至1945年。这次改革的中心内容是推行"行政三联制"，就是将行政工作中的设计、执行、考核三者联系起来。即由各机关对各项工作拟出计划，层层呈报，由中央政府汇总，进行总设计，然后指示各机关贯彻执行，在执行中和事后进行考核。此外，对公文的判行、会稿、承转、叙法、编号等提出了改革方法。颁行了《公文改良办法》、《处理案件注意要点》等条令。这一改革加强了对秘书工作的集中指导，实行了分层负责，有利于推进秘书工作。

5. 北洋政府各部的总务厅是什么？

答：是多数部中唯一的秘书机构。以负责秘书工作为主，同时兼掌本部人事管理、财政管理、物质管理等机关行政事务管理，及不属各司、局的事项，是综合性的办事机构，类似于现代的办公厅。它一般不设主管的厅长，而是由秘书或参事分别掌管厅务，后逐渐采用"管理总务厅事务"的名义，指定某人主管。厅内分科办事，如机要、文书（文牍）、会计、统计、庶务科等。厅内的职员有参事、秘书、佥事、主事等。

（四）论述题

1. 为何说我国古代秘书工作形成于殷商？

答：商朝的史官众多，已经分成层次，有了分工，初步形成一支秘书队伍；商朝末年，朝廷中出现了我国历史上最早的中央秘书机构的雏形——太史寮，有层次不同、职掌各异的史官，它的主要职责是负责商王的册命及祭祀等事宜；有了我国已发现的最早的、成熟的古文字，即甲骨文，有了甲骨文书，文书档案工作已经起步。因此，我国古代的秘书工作从部落联盟昌盛时期孕育，经夏朝萌发，至迟在殷商已经形成。

2. 试述国民党政府对秘书人员的选用标准。

答：国民党政府对各级秘书人员的选用有明确规定。据《国民政府秘书及科员任用规则》规定，秘书须是国民党员，有国内外大学或专门学校以上的学历，要具备担任文职三至四年的阅历，由"国民政府"委员二人推荐或主管长官保准。

至于侍从室的秘书，则须由蒋介石直接审查、亲自召见观察而定。一般要求出身黄埔军校，或已在政府中任职多年，有工作经验，能干而精力充沛，善于保密者。

可见，国民党政府任用秘书已考虑到了政治、业务能力、资格、学历、身体、保密等多方面条件，是较为严格的。

国民党政府中秘书的地位也较高。省、部中的秘书长均为简任级的高级文官，各厅局中的秘书则为荐任级，相当于科长。

但是，由于国民党政府的腐败，任人唯亲，不少机关选用秘书并不遵照上述规定，使条文徒有形式而已。

模拟试题·第三套

(一) 单项选择题
(在备选答案中只有一个是正确的,将其选出并把它的标号写在题后括号内)。

1. 我国古代的秘书工作萌发于( )。
   A. 部落联盟昌盛时期　　　　B. 夏朝
   C. 殷商　　　　　　　　　　D. 西周

2. 我国最早的中央档案机构是( )。
   A. 外府　　　　　　　　　　B. 泉府
   C. 天府　　　　　　　　　　D. 职内府

3. 秦朝中央政府的秘书工作以( )为主承担。
   A. 御史寺　　　　　　　　　B. 丞相府
   C. 太尉府　　　　　　　　　D. 尚书台

4. 曹操设置的以秘书令为首的机构是我国历史上首次出现的( )的秘书机构。
   A. 中央政府　　　　　　　　B. 最早
   C. 名实相副　　　　　　　　D. 地方政府

5. 宋朝进奏院每月将朝廷颁行事状编写后,传送各地,以交流信息,让地方了解朝廷政务情况,类似于今天的《情况交流》,它称( )。
   A. 月报　　　　　　　　　　B. 动态
   C. 抄报　　　　　　　　　　D. 邸报

6. 元代中央政府内专门总管公文传递的机构是( )。
   A. 枢密院　　　　　　　　　B. 大都院
   C. 上都院　　　　　　　　　D. 通政院

7. 明朝秘书人员主要源于( )。
   A. 推荐　　　　　　　　　　B. 辟除
   C. 应聘　　　　　　　　　　D. 科举考试

8. 清朝的内阁经历了一个从( )到内三院,再从内三院到内阁的过程。
   A. 文馆　　　　　　　　　　B. 国史院
   C. 内秘书院　　　　　　　　D. 内弘文院

9. 南京临时政府临时大总统府( )是唯一直接为总统工作服务的办事机构。
   A. 办公室　　　　　　　　　B. 办公厅

C. 秘书厅　　　　　　　　　　D. 秘书处

10. 南京临时政府的各级政府中,凡以"秘书"为职务名称的秘书人员,其地位都（　　）。

A. 很高　　　　　　　　　　B. 不高

C. 比较高　　　　　　　　　D. 比较低

（二）多项选择题

（在备选答案中有二至五个是正确的,将其全部选出并把它们的标号写在题后括号内。错选或漏选均不给分）。

1. 商朝的史官名目众多,可初步分为几类：（　　）。

A. 贞卜史官　　　　　　　　B. 祭祀史官

C. 作册史官　　　　　　　　D. 记事史官

E. 传达史官

2. 两周时期的文书载体主要有：（　　）。

A. 甲骨文书　　　　　　　　B. 金文文书

C. 简牍文书　　　　　　　　D. 缣帛文书

E. 石头文书

3. 下列哪些是秦朝秘书官吏考核制度的内容：（　　）。

A. 五善　　　　　　　　　　B. 五失

C. 常课　　　　　　　　　　D. 试吏法

E. 集簿

4. 诸葛亮创建的秘书的"参署"制度的主要内容有（　　）。

A. 违覆　　　　　　　　　　B. 端直

C. 直言　　　　　　　　　　D. 廉洁

E. 进人

5. 唐、宋的朝廷秘书机构主要由（　　）三省兼任。

A. 政事堂　　　　　　　　　B. 中书

C. 枢密院　　　　　　　　　D. 门下

E. 尚书

6. 金朝的翰林学士院中,自侍读学士至应奉翰林文字,规定由（　　）各若干名担任。

A. 汉人　　　　　　　　　　B. 蒙古人

C. 女真人　　　　　　　　　D. 契丹人

E. 回鹘人

7. 明朝内阁中的专职秘书部门有（　　）。

A. 中书科　　　　　　　　　B. 承敕监

C. 司文监 D. 考功监
E. 制敕房

8. 可被视为我国近代研究秘书工作的首批著作有(　　)。

A.《办案要略》 B.《续佐治药言》
C.《刑幕要略》 D.《幕学举要》
E.《佐治药言》

9. 国民党政府于1928年6月颁布条令，将县政府内的秘书部门，统一改为(　　)或(　　)。

A. 秘书处 B. 办公室
C. 总务处 D. 档案室
E. 内务处

10. 国民党政府将收文分为(　　)。

A. 急要件 B. 重要件
C. 次要件 D. 密件
E. 普通件

（三）简答题

1. 什么是试吏法？
2. 什么是照刷、磨勘制度？
3. 什么是后湖黄册库？
4. 南京临时政府对收文有何规定？
5. 什么是北洋政府的副署制度？

（四）论述题

1. 为什么说秦、汉时期是我国古代秘书工作确立时期？
2. 南京临时政府如何建立起新的文书工作体系？

【答案】

（一）单项选择题

1. B 2. C 3. B 4. C 5. C 6. D 7. D 8. A 9. D 10. A

（二）多项选择题

1. A、B、C、D
2. A、B、C、D

3. A、B

4. A、C、E

5. B、D、E

6. A、C、D

7. A、E

8. B、D、E

9. B、D

10. A、B、C、D、E

(三) 简答题

1. 什么是试吏法?

答:试吏法是秦朝简选基层政权机构秘书人员的方法,即根据各地民意反映,对地方闲散人才进行调查、了解,然后,召集有关人士,由县以上官员对他们目测外貌、口试问题,选其中较优秀者,派至县以下基层当秘书吏员的。萧何就是通过试吏法被任用为县衙中的秘书吏员的。

2. 什么是照刷、磨勘制度?

答:这是元朝监督公文处理的制度。照刷是检查公文有否稽迟、失误、遗漏、规避、埋没、违枉等情况发生;磨勘是指照刷之后,再作一次检查,看其中的错处是否已经改正。它由各级监察机构执行。中央由御史台负责,地方由行御史台和肃政廉访司负责。它定期施行,起初规定每季一次,后改为半年一次,其内容、方法及处罚都有详明的细则。凡经过照刷、磨勘的公文,根据其处理质量,分别标明"稽迟"、"违错"、"未绝"或"已绝"(即已经处理完毕、经检查没有差错的)。"已绝"的公文才能按规定送交架阁库收存。这一制度对于防止、纠正文书处理中的疏忽、错失,提高公文质量,防止文书丢失、涂改、毁损,保持其完整,并揭发和纠正各级官员在处理政务中产生的弊端起了积极作用。

3. 什么是后湖黄册库?

答:是明代专门收藏全国黄册的库房。明初规定,由户部侍郎兼领该库工作,宣宗时,改由南京户科和户部清吏司主管。洪武初年,开始在南京后湖(今玄武湖)中心的小岛上建库,故名后湖黄册库。初仅库房八间,随着黄册逐年增加,不断扩建库房,很快布满了湖中各小岛,库房最多时曾达900余间,收贮黄册达150多万册。该库规模之大、收贮之富、管理人员之多,均是古代档案库中前所未有的。

4. 南京临时政府对收文有何规定?

答:为了防止作弊,临时政府对收文作了严格规定:凡到总统府投递文件者,由外传事处将文件呈交收发处验阅,决定收受与否,如收,则由收发处加盖印戳,注明日期,发给收据;凡不属总统府权限所管者,不予收受,但须注明该公文主管公署及地址,交由该投递人自行向主管公署投递;凡条呈文件均一律存查,分别批答;凡投送总统府的文件,如外传事不为其呈交,刁难勒索,则准投递人举报查办,以保证秘书机构的清正廉洁。

5. 什么是北洋政府的副署制度?

答:副署制度是北洋政府文书工作制度之一,它规定大总统颁发的所有公文,均须有国务员副署,如大总统令、布告、任命状等,事关全体的由国务院总理及全体国务员副署;关系一部或数部的由国务总理会同主管或有关国务员副署;关系国务总理主管的由国务总理副署;大总统对国会的咨文,也由国务总理副署。副署制度是实行责任内阁制的一种具体表现,从法理上讲,非经国务员副署,不能发生效力。北洋政府时期虽然一直实行这一制度,但对于大军阀来说,只是一种形式,一种发文的手续而已。

(四) 论述题

1. 为什么说秦、汉时期是我国古代秘书工作确立时期?

答:秦、汉是我国封建社会的确立时期。

秦始皇统一中国后,创设起一整套中央集权的国家机构,从中央到地方,在全国范围内统一的秘书机构也随之形成。同时,又建立起全国划一的各项秘书工作制度,并初步试图以法令的手段使这些制度稳定起来,从而为封建社会的秘书工作举行了奠基礼。

由于秦王朝的短命而亡,这些制度未在秦朝得到充分发展,继起的两汉王朝在巩固统一的封建王朝的过程中,对秦朝的秘书工作制度增损变通,予以充实,使之逐步趋于稳定,并随着统一的封建王朝确立下来,其基本内容为以后历代王朝所仿照、沿袭,视作基本模式。

因此,秦、汉时期是我国古代秘书工作确立时期。

2. 南京临时政府如何建立起新的文书工作体系?

答:南京临时政府是这样建立起新的文书工作体系的:

第一,创建新的公文文体。临时政府成立后,立即发布了《公文程式令》,紧接着,临时大总统和内务部又发布了一系列命令、公告,全面废弃了沿用了几千年的制、诏、奏、章等封建公文文体,规定了公文新文体,大大简化了文体数量,使之整齐划一,便于使用,并对这些新文体的名称、用法多次作了解释、补充。

第二,规定了新的公文格式。临时政府在划一公文文体后,对旧式公文格式也作了改革,废除了其中的恭维语、虚浮套话,避讳制度,以及对纸色、字体的刻板规定等,重新作出规定,如:公文不限页数,随文而止等。这些规定,革除了公文格式上的封建色彩,使公文形式服从于内容,反映出资产阶级民主政权的务实精神。

第三,废除公文中的封建称呼。临时政府专门发文明确指出:废除公文中的"圣上"、

"大人"、"老爷"等封建称呼,各官厅人员相互称官职,民间普通称呼先生、君,不得再沿用前清官厅恶称。这一规定明显地反映出反封建的民主思想。

第四,规定了新的公文纪年法。临时政府规定以公元1912年1月1日为中华民国元年正月初一,据此,临时政府公文中均采用此新的纪年法。

第五,建立新的文书工作制度。临时政府坚决奉行务实、高效的办文宗旨,力求摒弃封建王朝文书处理中相互推诿、拖延的官僚作风、文牍主义,各部局据此纷纷建立起办文制度。

第六,创设新的公文下达方法。临时政府的公文除了运用投送、邮发的下达方法外,还创设了两种新办法:一是由总统府秘书处在总统府东、西栅门外设立了揭事处,"凡来本府投递呈件者,分别事项量予以批答,揭示该处,以三日为限,过期揭去";二是利用公报下达文件。临时政府出版《临时政府公报》,每日一期,用来发布政府文件。

南京临时政府的文书工作,对封建社会的文书工作进行了一次较彻底的改革,形成了自己的特色,为整个民国时期的秘书工作奠定了基础,成为我国秘书史上的一块里程碑。